JOHN C. MAXWELL

TODOS SE COMUNICAM, POUCOS SE CONECTAM

Desenvolva a comunicação eficaz e potencialize

sua carreira na era da conectividade

Tradução
Bárbara Coutinho e Leonardo Barroso

Rio de Janeiro, 2

Este livro é dedicado a John Wesley Maxwell,
nosso quinto neto. Ele já se "conectou" com sua
vovó e com seu vovô. Oramos para que, quando
for mais velho, aprenda a se conectar
com os outros de forma eficaz.

Título original
Everyone Communicates, Few Connect

Copyright © 2010 por John C. Maxwell
Edição original por Thomas Nelson, Inc. Todos os direitos reservados.
Copyright da tradução© Vida Melhor Editora LTDA., 2010

Publisher	Omar de Souza
Editores responsáveis	Aldo Menezes e Samuel Coto
Coordenação de produção	Thalita Aragão Ramalho
Capa	Valter Botosso Jr.
Tradução	Bárbara Coutinho e Leonardo Barroso
Revisão	Margarida Seltmann
	Magda de Oliveira Carlos
	Joanna Barrão
Projeto gráfico e diagramação	Julio Fado

CIP-BRASIL. CATALOGAÇÃO NA FONTE
SINDICATO NACIONAL DOS EDITORES DE LIVROS, RJ

M419t

Maxwell, John C., 1947-
Todos se comunicam, poucos se conectam: desenvolva a comunicação eficaz e potencialize sua carreira na era da conectividade / John C. Maxwell; [tradução de Bárbara Coutinho e Leonardo Barroso]. - Rio de Janeiro: Thomas Nelson Brasil, 2010.

Tradução de: Everyone communicates, few connect
Inclui bibliografia
ISBN 978.85.6699.727-9

1. Comunicação empresarial. 2. Comunicação interpessoal. 3. Relações humanas. I. Título.

10-2674.   CDD: 658.45
           CDU: 005.57

Thomas Nelson Brasil é uma marca licenciada à Vida Melhor Editora LTDA.
Todos os direitos reservados à Vida Melhor Editora LTDA.
Rua da Quitanda, 86, sala 218 – Centro – 20091-005
Rio de Janeiro – RJ – Brasil
Tel.: (21) 3175-1030
www.thomasnelson.com.br

Sumário

Agradecimentos 7
Prólogo 9

Parte I: Princípios da conexão

1. Conectar-se aumenta sua influência em todas as situações 15
2. Conectar-se tem tudo a ver com os outros 34
3. Conectar-se vai além das palavras 56
4. Conectar-se sempre exige energia 78
5. Conectar-se é mais habilidade que talento natural 100

Parte II: Práticas de conexão

6. Os que se conectam o fazem por intermédio de um ponto em comum 125
7. Os que se conectam fazem o trabalho difícil de manter tudo simples 148
8. Os que se conectam criam uma experiência que todos apreciam 168
9. Os que se conectam inspiram as pessoas 193
10. Os que se conectam vivem o que comunicam 219

Conclusão 237
Colaboradores de JohnMaxwellonLeadership.com 240
Notas 245

Agradecimentos

Obrigado a
Charlie Wetzel, meu escritor.
Stephanie Wetzel, minha assessora de imprensa
e administradora do meu *blog*.
Sue Caldwell que digitou o primeiro rascunho.
Linda Eggers, minha assistente.

E obrigado
às milhares de pessoas que leram o manuscrito
em johnmaxwellonleadership.com
e que me deram seu *feedback*.

Prólogo

No mês passado, recebi uma ligação internacional de Sangeeth Varghese, autor, colunista e fundador da LeadCap, uma organização que desenvolve líderes na Índia. Ele estava me entrevistando para a *Forbes*. Gostei muito de falar com Sangeeth, mas tínhamos um problema: nossa ligação estava péssima. Aposto que nossa ligação caiu quase umas doze vezes. Em um minuto, estávamos adorando nossa conversa sobre liderança, e, no outro minuto, a linha caía.

Todo mundo já passou por isso durante uma ligação. Foi a razão pela qual a Verizon fez sua campanha: "Você está me ouvindo agora?" Quando uma ligação cai, você sabe que caiu, não é? E qual é a sua reação? Como você se sente? Aborrecido? Frustrado? Zangado?

Você já pensou sobre por que reage dessa forma quando o telefone se desconecta? Desconectar-se desperdiça seu tempo. Isso atrapalha o ritmo do que você estava tentando dizer e mina sua produtividade. A questão é que se conectar é tudo quando falamos de comunicação.

Você sabe quando não tem uma boa conexão ao telefone, mas e quando está se comunicando com as pessoas ao vivo? Você sabe quando uma conexão foi feita? Você pode me dizer quando uma conexão começa a ir mal? Você pode identificar quando a "ligação" caiu?

A maioria das pessoas reconhece facilmente quando a conexão ao telefone está boa. Mas não têm ideia se estão se conectando com outros em outras situações do dia a dia.

Como posso saber? Como posso saber que me conectei com os outros? Procuro por sinais. Quando interajo com as pessoas, seja individualmente, seja em grupo, seja com uma plateia, sei que me conectei quando sinto:

- **esforço extra** — as pessoas vão além;
- **apreciação não solicitada** — eles dizem algo positivo;
- **abertura da guarda** — eles demonstram confiança;
- **melhoria da comunicação** — eles se expressam mais prontamente;
- **experiências agradáveis** — eles se sentem bem com o que estão fazendo;
- **ligação emocional** — eles demonstram uma conexão na esfera emocional;
- **energia positiva** — suas "baterias" emocionais estão carregadas;
- **sinergia crescente** — sua eficácia é maior do que a soma das contribuições;
- **amor incondicional** — eles aceitam sem reservas.

Todas as vezes que interajo com as pessoas e vejo evidências desses sinais, sei que estou me conectando. Aprendi o que é necessário para me conectar com os outros e aprendi a medir quando estou conseguindo isso.

Como você tem feito suas conexões? Quando você interage em um diálogo com alguém importante em sua vida, recebe esses sinais? Quando você lidera um encontro ou faz parte de um trabalho em grupo, essas características de conexão são evidentes? Quando fala para uma plateia, você se conecta com todos de forma que não seja apenas eficaz na comunicação, mas que também seja uma experiência agradável para você e para eles? Se não consegue responder a essas perguntas com um sim certeiro, então precisa melhorar sua habilidade de se conectar com as pessoas. Todo mundo fala. Todo mundo se comunica. Mas poucos se conectam. Aqueles que se conectam levam seus relacionamentos, seus trabalhos e sua vida para um outro patamar.

Se você quer aprender como se conectar e, consequentemente, tornar-se mais eficaz em tudo que faz, tenho boas notícias. Mesmo que o se conectar com os outros não seja algo que faça bem hoje, você pode aprender como fazê-lo e tornar-se melhor amanhã. E é por isso que escrevi este livro. Aprendi como me comunicar bem com as pessoas, e esse é um de meus maiores pontos fortes. É uma das principais razões pelas quais me comunico bem com as pessoas. É uma das bases da minha liderança. E estou até mesmo aprendendo como me conectar com as pessoas usando uma nova tecnologia. De fato, coloquei o manuscrito deste livro em meu blog, JohnMaxwellonLeadership.com, para que pudesse me conectar com pessoas sobre este assunto e pegar suas opiniões a respeito do que expus. Os capítulos receberam mais de cem mil visitas durante as onze semanas em que eles foram postados. Mais de setenta citações, histórias e anedotas dos leitores entraram neste livro e fiz aproximadamente cem mudanças e melhorias no manuscrito com base nos comentários das pessoas. Até pedi para as pessoas que comentaram para me mandarem fotos para incluir no livro. As imagens na capa e nas últimas folhas são das pessoas que tiraram um tempinho para dar sua opinião e tornar este livro melhor.

Mas essa não foi minha motivação principal ao colocar o manuscrito, nem é minha motivação para estar no Twitter ou usar alguma outra tecnologia. Faço essas coisas porque quero agregar valor às pessoas. Em 1979, comecei a escrever livros para causar um impacto nas pessoas que nunca teria a oportunidade de encontrar pessoalmente. Em 2009, comecei a usar o meu blog e outras mídias para expandir meu ciclo de conexões com mais e mais pessoas. Agora, até mesmo posso agregar valor às pessoas que nunca leram um de meus livros. É apenas outra forma de me conectar com as pessoas.

Estou convencido de que posso ajudar você a aprender a se conectar com outras pessoas. Essa é a razão pela qual escrevi *Todos se comunicam, poucos se conectam*. Na primeira parte do livro, ensino cinco princípios que são a base para entender como se conectar com as pessoas. Na segunda parte, você aprenderá cinco práticas que todos podem fazer para se conectar com os outros — não importando a idade, experiência, nem habilidade natural. Aprender a se conectar com as pessoas pode mudar sua vida.

Pronto? Vamos começar.

PARTE I

Princípios da conexão

Capítulo 1

Conectar-se aumenta sua influência em todas as situações

De acordo com especialistas, somos bombardeados com trinta e cinco mil mensagens por dia.[1] Todos os lugares aonde vamos, todos os lugares para onde olhamos, alguém está tentando chamar nossa atenção. Todos os políticos, publicitários, jornalistas, membros da família e conhecidos têm algo para falar para nós. Todos os dias, deparamo-nos com *e-mails*, mensagens de texto, *outdoors*, televisão, filmes, rádio, *twitter*, *Facebook* e *blogs*. Acrescente aí jornais, revistas e livros. Nosso mundo é um amontoado de palavras. Como escolhemos a que mensagens devemos prestar atenção e a quais não devemos?

Ao mesmo tempo, também temos mensagens que passamos para os outros. Li que, em média, a maioria das pessoas fala dezesseis mil palavras por dia.[2] Se você transcrevesse essas palavras, elas preencheriam um livro de trezentas páginas todas as semanas. No fim do ano, você teria uma estante cheia de palavras. Em uma vida toda, chegaria a preencher uma biblioteca. Mas quantas de suas palavras seriam importantes? Quantas fariam a diferença? Quantas chegariam aos outros?

Capítulo 1

Falar é fácil. Todo mundo fala. A pergunta é a seguinte: como você faz suas palavras contarem? Como você *realmente* se comunica com os outros?

Conectar-se pode engrandecê-lo ou destruí-lo

As pessoas não podem ser bem-sucedidas na vida sem comunicação efetiva. Não é suficiente só trabalhar duro. Não é suficiente fazer um trabalho maravilhoso. Para ter sucesso você precisa aprender a se comunicar de verdade com os outros. Como Ralph G. Nichols mostra: "O critério número um para os profissionais avançarem e ganharem uma promoção é a habilidade de se comunicar efetivamente."

Você já se sentiu frustrado enquanto fazia uma apresentação porque as pessoas não entendiam? Já quis que seu chefe entendesse quanto valor você agrega à empresa, assim você ganharia uma promoção ou um bom aumento? Se você tem filhos, já quis que eles o ouvissem para que fizessem boas escolhas? Já quis melhorar seu relacionamento com um amigo ou causar um impacto positivo em sua comunidade? Se não consegue achar uma forma de se comunicar efetivamente, você não poderá atingir seu potencial, não será bem-sucedido no que você deseja e ficará para sempre frustrado.

> "O critério número um para os profissionais avançarem e ganharem uma promoção é a habilidade de se comunicar efetivamente."
> — Ralph G. Nichols

Qual o segredo? Conexão! Depois de mais de quarenta anos de casamento, uma carreira longa e com bastante sucesso como orador, décadas liderando várias organizações e com experiência em ajudar as pessoas por todos os Estados Unidos e em vários países do mundo, posso dizer-lhe isto: se quer ter sucesso, você deve aprender a se conectar com os outros.

Conectar-se é a chave

Estou convencido mais do que nunca de que uma boa comunicação e liderança têm tudo que ver com conexão. Se você pode se conectar com outros em todas as esferas — individual, em grupos e com uma plateia — seus relacionamentos são fortes, sua percepção de comunidade melhora, sua habilidade de criar um trabalho de equipe melhora, sua influência aumenta e sua produtividade vai à estratosfera.

O que quero dizer quando digo "conectar-se"? Conectar-se é a habilidade de se identificar com pessoas e se relacionar com elas de forma que aumente sua influência sobre elas. Por que isso é importante? Porque a habilidade de se comunicar e se comunicar com outros é um fator importante que determina seu potencial. Para ter sucesso, é preciso trabalhar com os outros. E para fazer isso da melhor forma possível, você deve aprender a se conectar.

Quão mais saudáveis seus relacionamentos seriam se você dominasse a técnica de se conectar? Quanto seu casamento e sua vida familiar melhorariam? Quão mais feliz seu relacionamento com seus amigos seria? O quão melhor você seria se dando bem com os vizinhos se você pudesse se conectar com eles?

Como conectar-se melhor poderia melhorar sua carreira? O que aconteceria se você fosse fantástico se conectando com seus colegas de trabalho? Como as coisas mudariam no trabalho se você pudesse se conectar melhor com seu chefe? De acordo com a *Harvard Business Review*: "O critério número um para um avanço na carreira e para uma promoção é a habilidade de se comunicar de forma eficaz."[3] Isso significa conectar-se! Se aprendesse a se conectar melhor, isso mudaria sua vida!

> Conectar-se é a habilidade de se identificar com pessoas e se relacionar com elas de forma que aumente sua influência sobre elas.

Capítulo 1

Conectar-se é crucial para líderes

Sou, provavelmente, mais conhecido por meus livros e palestras sobre liderança. Se você quer se tornar mais produtivo e influente, aprenda a ser um líder melhor porque tudo se resume à liderança — quer os sucessos, quer as falhas. E os melhores líderes são sempre os que se conectam melhor.

Se você está interessado em um estudo de caso no contexto de liderança, tudo que você precisa fazer é olhar para os presidentes dos Estados Unidos dos últimos trinta anos. Como todos os passos dos presidentes são documentados pela imprensa doméstica e do mundo inteiro, a maioria das pessoas está familiarizada com eles.

> "O critério número um para um avanço na carreira e para uma promoção é a habilidade de se comunicar de forma eficaz."
> — Harvard Business Review.

O historiador presidencial Robert Dallek diz que presidentes de sucesso demonstram cinco qualidades que permitem que eles alcancem coisas que os outros não alcançam: visão, pragmatismo, consenso, carisma e confiança. Como o consultor de liderança e comunicação John Baldoni mostra,

> Quatro desses fatores dependem muito da habilidade de se comunicar em múltiplas esferas. Presidentes, como todos os líderes, precisam estar aptos a decidir aonde vão (visão), persuadir pessoas para se unirem a eles (consenso), conectar-se na esfera pessoal (carisma) e demonstrar credibilidade, isto é, fazer o que dizem que farão (confiança). Até mesmo o pragmatismo depende de comunicação... Então, em um sentido bem real, a eficiência na liderança, para presidentes e para todos em uma posição de autoridade, depende de um grau mais alto de boas habilidades de comunicação.[4]

E de que essas habilidades de comunicação dependem? Conexão!

Deixe de lado suas opiniões e tendências políticas por um momento e veja as habilidades de alguns presidentes do passado. Considere essas diferenças em habilidades de conectar-se de Ronald Reagan e Jimmy Carter quando eles se candidataram no mesmo ano. No debate final, do dia 28 de outubro de 1980, Carter estava frio e impessoal. Para todas as perguntas que respondia, Carter dava fatos e números. Walter Cronkite descreveu Carter como um homem sem humor. Dan Rather chamou Carter de insensível e descomprometido. E quando Carter fez sua campanha para ser reeleito, ele parecia querer impressionar as pessoas mostrando fatos frios e tentando fazer com que os ouvintes sentissem pena dele pelo peso de seu trabalho. Ele chegou a declarar: "Sozinho, tenho que determinar o interesse do meu país e o envolvimento do meu país", e mais: "É um trabalho solitário." Ele nunca focou seu público e os problemas deles.

Em contraste com isso, Reagan estava engajado com seu público e, até mesmo, com Carter. Antes do debate, Reagan foi até Carter para apertar sua mão, o que pareceu deixar o presidente com medo. Durante o debate, quando seu oponente falava, Reagan ouvia e sorria. Quando era a vez de Reagan falar, seus apelos eram sempre voltados para seu público. Ele não estava tentando parecer um especialista, embora tenha citado números e discordado de alguns dos fatos de Carter. Ele estava tentando se conectar. Muitos se lembram de seus comentários finais, em que perguntava à plateia: "Vocês estão melhor agora do que quatro anos atrás?" Reagan disse a seu público: "Vocês tornaram este país um país extraordinário." Seu foco era a pessoa. Não poderia haver contraste maior entre o Grande Comunicador e seu antecessor.

Um contraste similar pode ser visto entre Bill Clinton e seu sucessor, George W. Bush. Clinton levava a comunicação a sério como presidente. Ele possuía habilidade igual à de Reagan de se conectar individualmente e com as câmeras. Quando ele disse: "Sinto sua dor", muitas pessoas no mundo inteiro se conectaram a ele. Clinton não só tinha a habilidade de conexão de Reagan, mas também acrescentou um domínio das entrevistas e de programas de entrevistas, ponto crítico quando concorreu às eleições. Ele parecia não perder uma oportunidade para tentar se comunicar. Até agora, nenhum político ultrapassou sua habilidade de se conectar com os outros.

Bush, por outro lado, parecia perder quase *todas* as oportunidades de se conectar com as pessoas. Seu momento claro de conexão ocorreu

CAPÍTULO 1

imediatamente depois de 11 de setembro de 2001, quando ele falou no local dos ataques. Depois disso, ele, em geral, tropeçava quando tentava falar com os outros. Sua falta de habilidade para se conectar alienava pessoas e marcava tudo que ele fazia como presidente.

Bert Decker, especialista em comunicação, publica, todo ano, uma lista dos dez melhores e dos dez piores comunicadores do ano. Adivinhe quem foi o pior comunicador de todos os anos durante todo seu mandato? Isso mesmo, o presidente George W. Bush. Em 2008, Decker escreveu sobre Bush: "Logo depois [do 11/9], ele voltou para suas dificuldades de falar e sua embolação com gramática e sintaxe. Talvez tenha atingido seu ponto mais baixo na resposta ao Katrina. Essa não é a comunicação de um líder. Tendo tão pouca influência nesse ano que passou, dizem que isso o colocou na lista do pior comunicador de 2008."[5]

> "Se voltasse para a faculdade de novo, certamente me concentraria em duas áreas: aprender a escrever e a falar perante uma audiência. Nada na vida é mais importante do que a habilidade de se comunicar de forma eficaz."
> — Gerald Ford

Se você segue política, provavelmente tem uma opinião forte sobre Jimmy Carter, Ronald Reagan, Bill Clinton e George W. Bush. Você pode dizer o que quiser — seja positivo seja negativo — sobre o caráter, a filosofia ou as políticas deles. Mas a eficiência deles como líderes foi definitivamente impactada por sua habilidade ou inabilidade de se conectarem.

Conectar-se é crucial caso você esteja tentando liderar uma criança ou uma nação. O presidente Gerald Ford uma vez disse: "Se voltasse para a faculdade de novo, certamente me concentraria em duas áreas: aprender a escrever e a falar perante uma audiência. Nada na vida é mais importante que a habilidade de se comunicar de forma eficaz." O talento não é o bastante. A experiência não é o bastante. Para liderar os outros, você deve estar apto a se comunicar bem, e conectar-se é a chave para isso.

Conectar-se ajuda em todas as áreas da vida

Claro, conectar-se não é só para líderes. É para todos que desejam ser mais eficientes no que fazem ou aproveitar melhor os relacionamentos. Recebi muitos comentários de pessoas em meu *blog*, JohnMaxwellOnLeadership.com, afirmando isso.

Ouvi o comentário de homens de negócios, como Tom Martim, que descreveram a importância da conexão no trabalho. "Conectar-se é unir-se, mas, para se ter uma conexão, tem-se que ter afinidade", escreveu Tom. "É isso que tento ajudar nossa equipe de vendas a enxergar como seu papel em fazer a transição de uma pista a uma prospecção, de uma prospecção a um comprador, de um comprador a um cliente. São esses clientes conectados que se tornam nossos melhores advogados para nos ajudar a fazer crescer nosso negócio."[6]

Também ouvi muitos professores e treinadores. A treinadora da Exceed Resources Cassandra Washington me disse: "Na aula, ensino que a conexão é a chave de tudo. A liderança tem que ver com conectar-se com as pessoas. Servir os clientes é conectar-se. Criar os filhos... é conectar-se."[7] Professora de inglês como segunda língua, Lindsay Fawcett escreveu que, quando estava em Hong Kong e na China, percebeu que, toda vez que ela ia para uma reunião, sempre havia uma hora de conexão planejada antes de começar, com comida e bebidas fornecidas para que as pessoas pudessem conhecer umas às outras. Isso mudou sua perspectiva. "Sou uma dessas pessoas que cresceram aptas a fazer 'coisas' bem, mas nunca entendi a ideia de conexão. Finalmente, aprendi a me conectar com meus alunos, o que me tornou uma professora melhor."[8]

Jennifer Williams, que tinha acabado de se mudar para uma nova vizinhança, disse que fazia de tudo para conhecer os novos vizinhos, falar com eles, descobrir a profissão deles e aprender o nome das crianças e animais de estimação. Conforme ela fazia isso, as pessoas começaram a se unir a ela. "Uau", disse uma vizinha, "antes de você mudar para cá, nós raramente nos falávamos, não nos conhecíamos e nunca sentávamos à noitinha para nos socializarmos. Aqui está você, em menos de dois meses, e já conhece todo mundo!" Jennifer diz que é porque "as pessoas

Capítulo 1

são feitas para se sentirem conectadas e para se sentirem fazendo parte de alguma coisa."[9] Concordo, mas também reconheço que ela é uma das que se conectam!

Quando as pessoas têm a habilidade de se conectar, isso faz uma grande diferença no que elas podem conquistar. Você não precisa ser um presidente ou um grande executivo para que o se conectar agregue valor a você.

Conectar-se é vital para qualquer pessoa que queira alcançar sucesso. É essencial para qualquer um que queira construir grandes relacionamentos. Você só estará apto a alcançar seu potencial — não importa sua profissão ou caminho escolhido — quando aprender a se conectar com outras pessoas. De outra forma, você será como uma usina nuclear desconectada do sistema. Terá recursos e potencial incríveis, mas nunca os poderá colocar em uso.

O desejo de se conectar

Estou convencido de que quase todo mundo pode aprender a se conectar com outros. Por quê? Porque aprendi a fazer isso. Conectar-me não era algo que fazia naturalmente. Quando era criança, queria me conectar com meus pais, não apenas porque os amava, mas porque suspeitava que se tivesse uma boa conexão com a minha mãe, isso me aliviaria de algumas palmadas quando me comportasse mal.

Também aprendi que o humor poderia ser muito valioso para me conectar. Lembro-me de uma vez quando meu irmão mais velho, Larry, e eu nos metemos em uma encrenca, e as risadas nos salvaram. Geralmente, quando somos punidos, pedem para que nos ajoelhemos e peguemos uma cadeira. Aí a mamãe nos dava umas palmadas com uma frigideira de panqueca nas nádegas. Larry, como era o mais velho, sempre ia primeiro, mas, nessa ocasião, quando mamãe deu a primeira pancada, ouvimos um barulho enorme, e um bando de fumaça veio do bumbum de Larry. A explicação? Larry tinha um rolo de espoletas em seu bolso de trás. A mamãe riu muito. Todos acabamos rindo, e o melhor de tudo, não ganhei uma palmada por um dia! Por três semanas, mantive espoletas em meus bolsos de trás só por precaução.

Conforme fiquei um pouco mais velho e entrei para escola, percebi que algumas crianças se conectavam com os professores, e eu não. No primeiro ano, Diana Crabtree era a aluna que se conectava. Na segunda série, Elaine Mosley e, na terceira, Jeff Ankrom. Podia ver que os professores amavam essas crianças. Queria que meus professores gostassem de mim também e comecei a me perguntar o que meus colegas de classe estavam fazendo que eu não estava.

No ginásio era a mesma coisa. Quando tentei entrar no time de basquete, marquei os pontos, mas não consegui entrar, mesmo sendo melhor que os outros dois jogadores que eram iniciantes. Podia ver uma barreira invisível que me mantinha distante de onde queria ir. Senti-me frustrado. Perguntava-me porque o treinador Neff gostava mais deles que de mim. O que descobri foi que aqueles alunos se conectaram com o treinador no ano anterior; e eu não. Minha falta de conexão me deixou para trás.

Você já teve experiências similares? Talvez você seja uma das pessoas mais habilidosas em uma área de seu trabalho, porém nunca foi promovido. Ou você trabalha duro e produz, mas outros parecem não apreciar o que você faz. Ou talvez você deseje construir um relacionamento com pessoas a sua volta, mas eles não parecem ouvi-lo da forma como ouvem os outros. Ou talvez você queira criar uma equipe eficiente — ou fazer parte de uma boa equipe — mas você foi feito para se sentir uma pessoa de fora. Qual o problema? Conexão. Para ter sucesso com as outras pessoas, você precisa estar apto a se conectar.

Finalmente aprendi a me conectar no segundo grau. Minha esposa, Margaret, e eu começamos a namorar. Ela era muito popular e havia outros jovens interessados nela além de mim. Para ser honesto, Margaret tinha suas dúvidas em relação a mim. Estava sempre tentando impressioná-la, mas ela suspeitava toda vez que a elogiava. "Hum", dizia. "Como você pode dizer isso? Você nem me conhece tão bem!"

Como continuei no jogo? Decidi me conectar com a mãe dela! Uma vez que ganhasse a mãe de Margaret, ganharia algum tempo para ganhar

Margaret. E toda vez que fazia algo estúpido, o que devo admitir ter sido frequente, a mãe dela me defendia. Isso me ajudou a ganhar a confiança de Margaret e, anos depois, a mão dela em casamento.

Minha percepção sobre a importância de me conectar com as pessoas estava em evidência quando fui para a faculdade. Sabia que isso faria a diferença entre o sucesso e o fracasso. As pessoas que vi se conectando com as outras tinham relacionamentos melhores, tinham menos conflitos e produziam mais coisas que aquelas que não se conectavam. Você já ouviu falar de alguém que vivia uma "vida dos sonhos"? Em geral, são as pessoas que aprenderam a se conectar. Quando se conecta com os outros, você se posiciona de modo a mostrar o melhor de suas habilidades e talentos. Quando não se conecta, você tem muito a superar só para poder ficar na média, uma posição neutra, de início.

> Quando você se conecta com os outros, você se posiciona de modo a mostrar o melhor de suas habilidades e talentos.

Estava trabalhando a partir de uma posição desprivilegiada. Tinha muitas ambições e metas bem claras durante a faculdade e os primeiros anos de minha vida profissional, mas minha falta de habilidade de me conectar com as pessoas era uma barreira para meu sucesso.

A coragem de mudar

Você conhece a Prece da Serenidade criada pelo famoso teólogo Reinhold Niebuhr e adotada por muitos programas dos doze passos? Ela diz:

> Concede-me, Senhor, a serenidade necessária para aceitar as coisas que não posso modificar, coragem para modificar as que eu posso e sabedoria para distinguir uma da outra.

Essa prece descreve como me sentia quando dava de cara com a impossibilidade de me conectar com as pessoas. Sentia-me encurralado entre minha falta de habilidade e meu desejo de mudar. O que precisava era "distinguir" o que podia e o que não podia melhorar. Simplesmente reconhecer o que estava falhando não era suficiente. Se não pudesse mudar e melhorar nessa área vital de minha vida, isso significaria que o sucesso estaria para sempre fora do meu alcance. Queria poder me conectar com as pessoas a todo tempo, não apenas ocasionalmente.

Durante essa época, avaliei minhas habilidades de comunicação e aqui está o que concluí:

Havia coisas que poderia mudar, mas não sabia como

Podia ver que não estava me conectando com as pessoas, mas não sabia por que não estava conseguindo ou como fazer compensar a diferença. Queria que alguém em meu ciclo de amigos me ajudasse, mas as pessoas a quem poderia pedir ajuda também não estavam se conectando com as outras. Uma coisa boa nessa época foi que comecei a pensar em como resolver o problema.

Minhas habilidades de aceitação eram maiores do que minhas habilidades de conexão

O que você faz quando está frustrado ou falha em algo? A maioria das pessoas se destrói, aceita a situação ou muda. Felizmente, minha criação tinha sido boa. Tinha uma autoimagem e atitude positivas. Então, podia aceitar. Infelizmente, aceitar não é progredir. É estático e inerentemente defensivo por natureza. É reativo. Meramente aceitar não ajuda ninguém a chegar a lugar nenhum. Apenas permite que uma pessoa fique à deriva. O que queria era mudança.

Para se comunicar com eficiência e liderar os outros, você precisa de iniciativa. Precisa ser proativo. Precisa fazer mais que simplesmente aceitar. Eu reconhecia isso. Se quisesse ser uma pessoa que seguisse em frente, conduzisse os outros e dirigisse uma organização de sucesso, precisaria ir além da aceitação. Precisaria me conectar.

Capítulo 1

Queria fazer a diferença, não apenas conhecer a diferença

Existem algumas épocas em nossa vida que percebemos que existem coisas que não podemos fazer. Naqueles momentos, você aceita a situação ou luta por ela. Decidi lutar. Por quê? Porque queria fazer a diferença na vida dos outros e sabia que, se não aprendesse a me conectar com as outras pessoas, minha habilidade seria limitada para sempre. Não estava pronto para viver com poucas conquistas. Queria fazer algo para mudar isso.

Precisava de mais do que coragem para mudar as coisas — precisava de habilidades de conexão

Honestamente, a prece da serenidade é um pouco passiva para um líder naturalmente proativo como eu. Queria mais que coragem para conhecer e aceitar a diferença entre o que podia e não podia mudar. Queria a coragem, a energia e a habilidade para fazer as mudanças necessárias para ir além. Queria me tornar uma pessoa que se conectasse e pudesse ter uma influência positiva na vida dos outros. Queria aprender a me comunicar com todo mundo a qualquer hora.

Mais conversa não é a resposta

Não importa quais sejam suas metas, a conexão pode ajudá-lo. E se você não consegue se conectar, isso lhe custará caro. Claro, existem outros benefícios oriundos do aprendizado de se conectar com pessoas e se comunicar com elas de forma eficaz, como ilustrado em uma história divertida que um amigo me enviou sobre Jorge Rodriguez, um ladrão mexicano de bancos do Velho Oeste que operava na fronteira do Texas por volta de 1900. Rodriguez tinha tanto sucesso que os guardas do Texas estabeleceram uma força especial para tentar pará-lo.

> Não importa quais sejam suas metas, a conexão pode ajudá-lo.

Uma tarde, um desses guardas viu Rodriguez passando pela fronteira para o México e o seguiu a uma distância discreta. Ele viu quando o fora da lei voltou para casa e falou com as pessoas da praça. Quando Rodriguez foi para o seu bar favorito para relaxar, o guarda conseguiu alcançá-lo.

Com uma pistola apontada para a cabeça do ladrão, o policial disse: "Jorge Rodriguez, sei quem você é. Vim para pegar todo o dinheiro que você roubou dos bancos do Texas. Se você não me entregar a grana, estourarei os seus miolos."

Rodriguez viu o distintivo do homem e poderia discernir seu intento hostil. Mas havia um problema. Ele não falava inglês. Ele começou a falar rápido em espanhol. Mas o guarda não conseguia entendê-lo, porque ele não falava espanhol.

Quando um jovem apareceu e disse em inglês: "Eu posso ajudá-lo. Falo inglês e espanhol. Você quer que seja seu tradutor?"

O guarda concordou com a cabeça. O menino rapidamente explicou tudo que o Ranger havia dito.

Nervosamente, Rodriguez respondeu: "Diga ao grande guarda do Texas que não gastei um centavo daquele dinheiro. Se ele for ao poço da cidade, se virar para o norte e contar cinco pedras, encontrará uma mais solta. Puxe-a, e todo dinheiro está lá. Por favor, diga isso a ele rapidamente."

O jovem olhou para o guarda e disse: "Senhor, Jorge Rodriguez é um homem corajoso. Ele disse que está pronto para morrer."

Tudo bem, provavelmente a história é mais engraçada que verdadeira, mas faz sentido. Conectar-se com os outros pode não ser um assunto de vida ou morte para a maioria de nós, mas é sempre uma questão de sucesso ou fracasso. Acho que quanto mais fundo formos na vida, mais conscientes ficamos da importância de nos conectarmos aos outros. É a base para todo esse movimento de redes sociais na Internet. As pessoas estão com muita vontade de se conectar com as outras e farão tudo que puderem para se sentirem conectadas.

Capítulo 1

Começa com sua atitude

A habilidade de se conectar com outros começa com a compreensão do valor das pessoas. Jim Collins, autor de *Good to Great* [De bom a ótimo], observa: "Aqueles que constroem grandes empresas entendem que a peça definitiva para crescimento de qualquer grande empresa não são os mercados, a tecnologia, a concorrência ou os produtos. Mais importante que tudo isso é a habilidade de conseguir e manter as pessoas certas." Você faz isso se conectando com essas pessoas.

Herb Kelleher, ex-presidente e diretor-executivo das Linhas Aéreas Southwest, fez isso. Lembrei-me disso em 21 de maio de 2008, quando vi um anúncio no jornal *US Today* da associação de pilotos da Southwest. Havia uma foto de um guardanapo com as rotas aéreas. Ele em, um texto, dizia o seguinte:

> Obrigado, Herb!
>
> Do guardanapo de coquetel para o *cockpit*, Herb Kelleher construiu o caminho para a companhia mais vigorosa na história da aviação. Com a sua saída do quadro de diretores, os pilotos da Southwest gostariam de lhe agradecer por 38 anos de serviços maravilhosos prestados a nossa empresa e aos nossos pilotos. Foi uma honra e um privilégio.

Herb Kelleher fez tudo que as pessoas mais eficientes fazem. Ele se conectou. Mostrou às pessoas que ele se importava com elas, não apenas na empresa, mas evidentemente onde quer que ele fosse. O editor de jornais e revistas Al Getler participou de uma conferência em São Francisco onde Kelleher foi um dos palestrantes. Al e alguns amigos sentaram-se a uma mesa no salão vazio uma hora antes de Kelleher entrar.

> A habilidade de se conectar com outros começa com a compreensão do valor das pessoas.

"Herb", chamou Al, "venha e junte-se a nós!" Para sua surpresa, Kelleher foi. Ele fez piadas com eles, gravou o nome deles e conversou sobre suas experiências em sua empresa aérea. Quando Al disse para Herb que sua irmã tinha voado pela Southwest pela primeira vez, Kelleher brincou dizendo que ele deveria dizer a ela para nunca voar em outra empresa.

"Diga você isso a ela", Al disse. Quando telefonou para sua irmã, Kelleher pegou o telefone, animado, e deixou uma mensagem em sua secretária. O grupo inteiro morreu de rir.

"Herb Kelleher poderia ter passado por nós para ir checar o seu som e depois comer antes de seu discurso", disse Al. "Em vez disso, ele parou, ficou um tempo e se conectou com cada uma das pessoas à mesa."[10]

Jay Hall, da equipe de consultoria da Teleometrics estudou o desempenho de dezesseis mil executivos e encontrou uma correlação direta entre conquista e habilidade de se importar e se conectar com as pessoas. Aqui estão algumas de suas descobertas:[11]

GRANDES CONQUISTADORES	CONQUISTADORES MEDIANOS	CONQUISTADORES PEQUENOS
Importam-se com as pessoas assim como com os lucros.	Concentram-se na produção.	Estão preocupados com sua própria segurança.
Veem os subordinados de forma otimista.	Focam mais sua própria posição.	Mostram desconfiança básica em seus subordinados.
Buscam aconselhar-se com aqueles abaixo deles.	Relutam em buscar conselhos daqueles abaixo deles.	Não buscam conselhos.
Ouvem todo mundo.	Ouvem apenas os superiores.	Evitam comunicação e se baseiam nos manuais de normas.

Claramente, se quer ter vantagem ao trabalhar com as pessoas, você precisa aprender a se conectar!

Capítulo 1

Para ser eficaz em qualquer área da vida, conecte-se

Se você já se esforça em se conectar com as pessoas, você pode ficar até melhor. E se nunca tentou se conectar, ficará maravilhado em constatar como isso pode mudar sua vida.

Cathy Welch, que canta em um trio, escreveu para me contar a respeito de uma visita que ela fez a um asilo. Ela disse:

> Para encontrar alguém no lugar que poderia nos dar permissão de mover as mesas de jantar para colocar os equipamentos, fiquei perto da central das enfermeiras e fiquei quieta esperando alguém perguntar. Enquanto esperava, percebi uma senhora em uma cadeira de rodas com as costas viradas para mim; sua cabeça caía quase em seu colo. Ela estava sentada estaticamente, com seu braço direito no balcão das enfermeiras. Ela parecia estar em seu próprio mundo.
>
> Como estávamos lá para encorajar e ministrar para os senhores naquela casa, senti-me atraída para ir até essa mulher, abaixar-me e perguntar-lhe como ela estava. Não esperando nenhuma resposta, fiquei sem fôlego quando ela virou sua cabeça para mim, levantou a cabeça alguns centímetros e, com uma expressão alegre em seu rosto, disse: "Estou bem! Meu nome é Abigail e era professora."
>
> Consegui imaginar quanto tempo ela esperou até alguém notá-la. As pessoas são pessoas em todos os lugares e em todas as situações, você não diria isso?[12]

Sim, as pessoas são pessoas. E onde quer que você as veja, elas desejam se conectar com os outros!

Se você está enfrentando desafios para se conectar, como estava anteriormente em minha vida e na minha carreira, você pode superar isso com suas escolhas de conexão. Você pode se tornar mais eficiente ao aprender a se conectar com todos os tipos de pessoas e em qualquer tipo de situação.

Posso ajudar você. Como aprendi a me conectar com os outros e ajudei muitos outros a aprender a se conectar, sinto-me seguro em dizer que também posso ajudá-lo. Meu desejo é primeiramente ajudar você a aprender os princípios por trás de conectar-se com os outros ao:

- focar os outros;
- expandir seu vocabulário de conexão além de meras palavras;
- dominar sua energia para se conectar;
- adquirir percepção de como os grandes comunicadores se conectam.

Aí ajudarei você a adquirir as habilidades práticas da conexão:

- encontrar o ponto em comum;
- tornar sua comunicação simples;
- captar o interesse das pessoas;
- inspirá-las; e
- ser autêntico.

Essas são coisas que todos podem aprender a fazer.

Acredito que quase tudo que nos tornamos e tudo que conquistamos na vida é resultado de nossa interação com os outros. Se você também acredita que isso seja verdade, então sabe que a habilidade para nos conectarmos com os outros é uma das habilidades mais importantes que alguém pode aprender. É algo que você pode começar a melhorar hoje. Este livro vai ajudá-lo a fazer isso.

Conectando-se com pessoas em todas as esferas

Por intermédio deste livro, o foco está em se conectar com os outros em três esferas diferentes: individual, em grupo e com uma plateia. No final de cada capítulo, haverá tarefas para ajudá-lo a aplicar as ideias do capítulo para sua própria vida nessas três áreas.

Princípio de conexão: conectar-se aumenta sua influência em todas as situações.
Conceito-chave: quanto menor o grupo, mais importante é se conectar.

Conectando-se na esfera individual

Conectar-se com as pessoas individualmente é mais importante do que poder se comunicar em um grupo ou com um público. Por quê? Porque de 80% a 90% de todas as conexões ocorrem nessa esfera, e é aí que você se conecta com as pessoas que são mais importantes para você.

Qual sua facilidade para se conectar com amigos, família, colegas e colegas de trabalho? Para aumentar sua influência individual:

- fale mais sobre as outras pessoas e menos sobre você — prepare duas ou três perguntas que você possa fazer a alguém antes de um encontro ou reunião;
- leve algo de valor, como um ditado sábio, uma história, um livro ou CD para dar a alguém quando vocês estiverem juntos;
- no fim de uma conversa, pergunte se há alguma coisa que você possa fazer para ajudar e, depois, siga sua linha de pensamento — os atos de serventia têm um impacto retumbante mais duradouro que as palavras.

Conectando-se em um grupo

Para se conectar com um grupo, você deve tomar a iniciativa com as pessoas no grupo. Para fazer isso, faça o seguinte:

- procure modos de elogiar alguém no grupo por suas ideias e ações;
- procure modos de agregar valor às pessoas em um grupo e no que elas estão fazendo;

- não leve todos os créditos quando o grupo tem sucesso e não espalhe culpas quando ele não se der bem;
- procure modos de ajudar o grupo a celebrar junto o sucesso.

Conectando-se com uma plateia

Uma das melhores formas de aprender a se conectar com uma plateia é observar os comunicadores que se saem bem nessa atividade. Aprenda com eles e adote o que você puder no seu próprio estilo. Enquanto isso, aqui estão quatro coisas que você pode fazer para se conectar com o público:

- mostre aos seus ouvintes que você está empolgado por estar com eles;
- comunique que você deseja agregar valor a eles;
- mostre-lhes como eles ou a empresa deles agrega valor a você.

Diga a eles que seu tempo com eles é sua prioridade mais alta daquele dia.

CAPÍTULO 2

CONECTAR-SE TEM TUDO A VER COM OS OUTROS

Você já ficou empolgado ao dividir experiência com alguém importante, só para depois tudo ir por água abaixo? Isso foi o que me aconteceu alguns anos atrás.

Enquanto estava em uma viagem de negócios na América do Sul, tive a chance de visitar Macchu Picchu, a montanha que era casa dos Incas, considerada uma das Sete Maravilhas do Mundo. Meu guia foi fantástico, a vista era incrível, e a experiência toda, inacreditável. Quando voltei para casa, estava determinado a levar minha esposa, Margaret, para lá.

Não muito depois disso, escolhemos a data e convidamos nossos amigos mais íntimos, Terry e Shirley Stauber, para irem conosco. Para tornar a visita mais especial, fizemos reservas para ficar em um mosteiro do século 16 transformado em um hotel em Cusco. E reservamos passagens para um trem de luxo dirigido pela *Orient Express*. Queria fazer com que essa viagem fosse o mais especial possível.

Grandes expectativas

Com uma grande expectativa, embarcamos no trem com os Stauber e nossos amigos Robert e Karyn Barriger, que viveram no Peru por 25 anos. Eles já estiveram em Machu Picchu muitas vezes, mas concordaram em se juntar a nós como guias não oficiais. Conforme o trem ia fazendo sua subida, não ficamos desapontados. O lindo cenário que víamos de nossas janelas por três horas e meia nos fez sentir como se estivéssemos em um programa especial da *National Geographic*. A comida e o serviço no trem eram espetaculares, e a conversa com nossos amigos, calorosa e envolvente.

Chegamos à estação ao meio-dia e fizemos uma viagem de ônibus para a cidade antiga. Subimos a bordo com outras seis pessoas e com Carlos, nosso guia. Conforme subíamos para o topo da montanha, tentei me conectar com Carlos. Descobri que geralmente temos uma experiência melhor se conhecermos nosso guia, e ele ou ela nos conhecer melhor. Tentei conversar com o Carlos, perguntando coisas sobre a origem dele e sua família de modo a tentar conhecer um pouco mais sobre sua vida, mas ele não se envolvia. Suas respostas eram agradáveis, mas breves. Gostei dele, mas percebi rapidamente que ele não estava realmente interessado em mim e em ninguém mais do grupo. E ele não fazia nada para se conectar conosco.

Machu Picchu é realmente um dos lugares mais bonitos na Terra. A paisagem verde em contraste com o céu azul faz com que você se sinta como se pudesse alcançar e tocar o pico das montanhas. A visão do rio fluindo na cidade antiga é de tirar o fôlego.

Assim que saímos do ônibus, o sentido histórico do lugar estava por toda parte. Tentamos absorver tudo, mas Carlos rapidamente nos juntou e começou o seu discurso preparado. Parecia que o que ele queria dizer para a gente era mais importante que qualquer um de nós ali. Nas quatro horas seguintes, fomos torpedeados com informações. Carlos nos bombardeou com fatos, e números, e datas, e detalhes. A experiência espetacular que tivemos na minha visita anterior e que queria compartilhar com Margaret e meus amigos foi arruinada por Carlos e sua penca de informações chatas. Todas as perguntas que fazíamos eram inconvenientes para Carlos. Quando alguém queria tirar uma foto para deixar de recordação, Carlos rapidamente nos trazia de volta a seu sermão. Era claro que Carlos não dava nenhum valor a nós, seus ouvintes.

A cada minuto que passava, um grande senso de desinteresse pairava no grupo. Logo começamos a nos sentir como uma interrupção para Carlos e seu planejamento. Bem antes, havia percebido que os membros do grupo estavam se dispersando um a um. Eles estavam se separando de Carlos física e emocionalmente.

No meio da tarde, o grupo tinha se espalhado, e Carlos estava falando para quase ninguém. De certa distância, observava como Carlos falava apenas para ele mesmo, continuando o *tour* sem seu grupo. Apenas quando o tempo se esgotava, e o ônibus se preparava para partir, as pessoas iam para perto dele.

Sem entender a mensagem

Um bom guia chama a atenção dos outros. Depois de ler minha história sobre Carlos, a terapeuta floral Isabelle Alpert escreveu que durante uma viagem no Havaí, seu guia, animado e zeloso, fez com que todos se sentissem parte da ilha. "Vou me lembrar daquele *tour* para sempre, pois ele se tornou parte de mim", comentou Isabelle. "Embora minha expectativa inicial fosse apenas ver o cenário, que não conhecia, realmente queria estar *no* cenário."[1]

Carlos cometeu o mesmo erro que aqueles que não se conectam: eles se veem como o centro da conversa. Muitas pessoas já comentaram comigo como eles já caíram nessa armadilha em seus negócios. Barb Giglio nos contou sobre uma experiência que ela teve quando vendia produtos da Revlon. "Eu falava muito e muito rápido sobre o que estava vendendo", disse ela, "pois achei que minhas clientes fossem mãe e filha, mas descobri que eram irmãs! Insultei as duas e me humilhei."[2] Gail Mackenzie, uma *personal trainer*, disse: "Sempre tenho que ajudar um cliente a decidir o que vem depois. Não tive o sucesso que, de forma egocêntrica, achava que teria no meu negócio e acho que vejo o porquê disso. Não tenho me conectado. Tenho agido como o guia com um planejamento. UAU e AI."[3]

Esse tipo de egocentrismo acontece em todos os aspectos da vida e em todas as esferas de negócios. Joel Dobbs me contou a história de um novo diretor-executivo que falhou ao conduzir a empresa na crise porque ele nunca fez nada para se conectar com as pessoas em sua organização. Em vez disso, ele se isolou de seus funcionários e ficou em seu amplo escritório na suíte executiva. Joel diz:

> Nas raras ocasiões em que sua agenda o levou para uma reunião em outro prédio (onde ele podia, Deus o livre, encontrar um verdadeiro funcionário), ele descia em seu elevador privado para sua garagem privativa onde seu motorista o levava para o outro prédio. Lá ele encontrava os seguranças que os escoltavam ao elevador, vazio e à espera, e este o levava ao andar em que era sua reunião... Seu isolamento e sua falta de conexão com os funcionários tornou impossível que liderasse na crise e teve como resultado sua substituição pelo conselho da empresa. O novo diretor-executivo era, e ainda é, um grande comunicador, e se conecta. Uma de suas primeiras ações foi reconfigurar a suíte executiva. Ele contou que além de o escritório do antigo diretor-executivo ser extremamente grande, as janelas não davam para o pátio da empresa! O novo diretor-executivo pegou um escritório menor com as janelas para as pessoas. Ele se conectou com os funcionários da empresa e a levou para uma virada de sucesso.[4]

Isso, é claro, não é um fenômeno apenas nos negócios. Conheci muitos professores e palestrantes que possuem esse tipo de mente voltada para si mesmos. Toda conversa é sobre eles mesmos. Toda comunicação é uma oportunidade para demonstrarem seu brilhantismo e conhecimento. Meu amigo Elmer Towns, professor e reitor da Liberty University, certa vez me disse que os professores egocêntricos pareciam dividir a mesma filosofia.

Capítulo 2

> Entupa — amontoe
> As cabeças dos alunos são ocas
> Encha mais — empurre mais
> Vem mais por aí.

Tais pessoas perdem oportunidades incríveis na vida ao não se conectarem. Bons professores, líderes e palestrantes não se veem como especialistas diante de uma plateia passiva que eles precisam impressionar. E também não veem seus próprios interesses como os mais importantes. Em vez disso, eles se veem como guias e se concentram em ajudar os outros a aprender. Como eles valorizam os outros, esforçam-se para se conectar com pessoas que eles estão ensinando ou tentando ajudar. O professor de música Pete Krostag diz: "Eu me conecto com meus alunos para que eles se conectem com o público. Também percebi, como músico, que toda vez que me conectava com a música, e não com o meu próprio ego, o público dividia a experiência musical comigo. Uma experiência musical pode ser perdida quando o músico foca apenas ele mesmo, e não a música porque a plateia perde a experiência de compartilhar o momento."[5]

Admito que, quando comecei minha carreira como pastor, não entendia isso. O foco era totalmente em mim mesmo. Quando aconselhava as pessoas que estavam passando por alguma dificuldade, minha atitude era a seguinte: *Ande logo e diga logo seu problema para lhe dar minha solução.* Quando liderava qualquer tipo de iniciativa, perguntava-me constantemente: "Como posso fazer as pessoas terem minha visão para que elas me ajudem com meus sonhos?" Quando falava com um público, focava minha pessoa, não eles. Vivia para ter um retorno positivo, e minha meta era sempre impressionar. Até usava óculos para fazer com que minha aparência ficasse mais intelectual. Quando penso nisso agora, fico muito envergonhado.

Muito do que fiz era sobre mim, porém ainda não estava tentando ter sucesso. Era muito egocêntrico, e isso era a raiz da maioria dos meus problemas e fracassos. Era muito parecido com o personagem do desenho de Randy Glasbergen:

Em equipe, não existe "eu". Mas existe E e U que juntas dão "eu"!

Sentia-me frustrado e vazio. Perguntava-me coisas como: "Por que as pessoas não me ouvem? Por que as pessoas não estão me ajudando? Por que elas não estão me seguindo? Observe minhas perguntas voltadas para mim, pois meu foco era eu mesmo. Quando partia para a ação, sempre começava com meu interesse acima do interesse de qualquer pessoa. Eu, eu, eu! Sempre estava muito absorvido e, como resultado disso, falhei em me comunicar com as pessoas.

O momento da luz

Então alguma coisa aconteceu que mudou minha atitude. Quando tinha 29 anos, meu pai convidou meu cunhado, Steve Throckmorton, e a mim para irmos a um seminário sobre sucesso, em Dayton, Ohio. Quando estava crescendo, ouvi alguns grandes pregadores. Alguns falavam com uma paixão profunda. Outros eram mestres da retórica. Mas, nesse seminário, ouvi um orador que sabia como se conectar com as pessoas. Sentei-me naquela plateia, embasbacado.

Naquela época, lembro-me de ter pensado: *Aí está alguém que entende de sucesso. Gosto dele. Mas tem mais além disso — ele realmente entende o que estou pensando.*

Ele sabe em que acredito. Ele pode me ajudar. Adoraria ser amigo dele, já me sinto como se ele fosse meu amigo.

O orador era Zig Ziglar. Seu modo de se comunicar com o público mudou toda minha maneira de pensar sobre comunicação. Ele contou histórias. Fez-me rir. Chorar. Fez-me acreditar em mim mesmo. E dividiu percepções e dicas que poderia levar do evento e aplicar em minha vida. Naquele dia, também o ouvi dizer algo que mudou minha vida: "Se primeiro você ajudar as pessoas a conseguirem o que elas querem, elas o ajudarão a conseguir o que você quer." Finalmente, entendi o que estava perdendo por causa de minha própria comunicação — e da minha interação com outras pessoas. Vi o quanto estava sendo egoísta e egocêntrico. Percebi que estava tentando corrigir os outros quando deveria tentar me conectar com eles.

> **Percebi que estava tentando corrigir os outros quando deveria tentar me conectar com eles.**

Saí daquele seminário com duas resoluções. Primeiro, estudaria bons métodos de comunicação, algo que tenho feito desde então. Segundo, tentaria me conectar com os outros pondo meu foco neles e em suas necessidades, em vez da minha própria.

Não é sobre mim!

Conectar-se nunca é sobre mim. É sobre a pessoa com quem estou me comunicando. Similarmente, quando você está tentando se conectar com as pessoas, não é sobre você — é sobre elas. Se quer se conectar com os outros, você tem que passar por cima de você mesmo. Deve mudar o foco de dentro para fora, saindo de você e indo para os outros. E o melhor é saber que você pode fazer isso. Todos podem. Tudo que é preciso é a vontade de mudar de foco, a determinação para seguir adiante e a aquisição de habilidades!

Por que muitas pessoas não percebem isso? Acho que existem muitas razões, mas posso dizer por que não percebi isso e por que achei que comunicação e trabalho com os outros tinham que ser voltados para mim.

IMATURIDADE

Quando comecei a liderar e a me comunicar profissionalmente com outros, era jovem e imaturo. Estava com meus vinte e pouquinhos anos e não enxergava o todo. Só via a mim mesmo; tudo e todos estavam em segundo plano. Donald Miller, o autor de Blue like Jazz [Triste como o Jazz], une essa imaturidade ao pensamento de que a vida é como um filme em que você é a estrela. Foi assim para mim. Muitas metas que queria e as tarefas que completei eram sobre meus desejos, meu progresso, meu sucesso. Olho para trás agora e vejo como minha atitude era egoísta.

Maturidade é a habilidade de ver e agir pelos outros. Pessoas imaturas não veem as coisas do ponto de vista de outra pessoa. Elas raramente se preocupam com o que é melhor para os outros. Em muitas formas, agem como crianças pequenas.

Margaret e eu temos cinco netos. Adoramos passar o tempo com eles. Mas, como toda criança pequena, elas não usam seu tempo voltadas para o que podem fazer pelos outros. Elas nunca dizem: "Papai e Mamãe, queremos passar o dia todo tomando conta de vocês e divertindo vocês!" Nem esperamos isso deles. Focamos apenas eles. Reconhecemos que parte do processo de ser pai é ajudar as crianças a entenderem que elas não são o centro do universo.

> **Maturidade é a habilidade de ver e agir pelos outros.**

Adorei um artigo que li recentemente chamado "Property Law as Viewed by a Toddler" ["A lei da propriedade como vista por uma criança"], por Michael V. Hernandez. Se você tem filhos ou netos — ou se você passou muito tempo com uma criança — achará que é verdade esta forma de pensar das crianças:

1. se gosto disso, é meu;
2. se está em minha mão, é meu;
3. se posso pegar de você, é meu;
4. se tive isso um tempinho atrás, é meu;
5. se é meu, nunca deve ser seu de forma alguma;

6. se estou fazendo ou construindo algo, todas as peças são minhas;
7. se parece que é meu, é meu;
8. se vi primeiro, é meu;
9. se consigo ver, é meu;
10. se acho que é meu, é meu;
11. se quero isso, é meu;
12. se preciso disso, é meu (sim, sei a diferença entre "querer" e "precisar"!);
13. se digo que é meu, é meu;
14. se você não me impedir de brincar com isso, é meu;
15. se você me disser que posso brincar com isso, é meu;
16. se me aborrecer muito quando você tomar de mim, é meu;
17. se (acho que) posso brincar com isso melhor que você, é meu;
18. se brincar com isso bastante tempo, é meu;
19. se você está brincando com algo e larga em algum canto, é meu;
20. se está quebrado, é seu (não, espere aí, todas as peças são minhas).[6]

As pessoas vão crescendo, e esperamos que sua atitude egoísta suavize e sua mente mude. Em resumo, esperamos que as pessoas amadureçam. Mas a maturidade nem sempre vem com a idade; algumas vezes a idade chega sozinha.

No fundo, a maioria de nós quer se sentir importante. Mas precisamos lutar contra nossa atitude naturalmente egoísta, e, acredite em mim, isso pode ser uma batalha de uma vida inteira. Mas é uma batalha importante. Por quê? Porque apenas as pessoas maduras cujo foco está nas outras são capazes de se conectarem de verdade com os outros.

> A maturidade nem sempre vem com a idade; algumas vezes a idade chega sozinha.

Ego

Para as pessoas de profissões que lidam com o público, existe um perigo real de desenvolverem um ego prejudicialmente forte. Líderes, oradores e professores podem desenvolver um senso de sua própria importância. Meu amigo Calvin Miller, em seu livro *The Empowered Communicator* [*O comunicador cheio de poder*], usa a forma de uma carta para descrever esse problema e o impacto negativo que tem nos outros. A carta diz:

Caro orador,
Seu ego se tornou um muro entre você e mim. Você não está realmente preocupado comigo, está? Você está principalmente preocupado se o seu discurso está ou não funcionando... se, você está fazendo um bom trabalho ou não. Você está com medo de não ser aplaudido, não é? Está com medo de que não ria o suficiente de suas piadas nem chore com suas histórias sentimentais. Está tão preso ao fato de como receberei seu discurso que não pensou em mim de forma nenhuma. Posso ter adorado você, mas você está tão preso no seu amor-próprio que o meu é desnecessário. Se não dou minha atenção é porque me sinto desnecessário aqui.

Quando vejo você com o microfone, vejo Narciso em seu espelho... sua gravata está retinha? Seu cabelo está bem penteado? Sua apresentação está impecável? Sua fraseologia está perfeita?

Você parece ter controle de tudo, menos de seu público. Vê tudo tão bem, menos a nós. Mas essa cegueira em relação a nós, assim temo, deixou-nos surdos para você. Devemos ir agora. Desculpe. Telefone para nós mais tarde. Retornaremos... quando você for real o suficiente para nos ver... depois de seus sonhos se espatifarem... depois de seu coração estar partido... depois de sua arrogância entrar em desespero. Aí haverá espaço para todos nós em seu mundo. Aí não ligará se aplaudimos seu brilhantismo. Você será um de nós.

Aí destruirá a muralha do ego e usará essas pedras para construir uma ponte de relacionamento acolhedor. Encontraremos você naquela ponte. Ouviremos você. Todos os oradores são alegremente compreendidos quando se lançam com compreensão.

— Sua plateia.[7]

A primeira vez que li a carta de Calvin Miller, fiquei impressionado em como ela me descrevia quando saí da faculdade. Era tão metido. Achava que tinha tudo sob controle, mas a verdade é que não tinha ideia do que realmente fazia. Fiz cursos de oratória, mas o curso de extensão que completei para minha formação me ensinou meramente a construir um rascunho competente. Meus estudos não me prepararam de forma nenhuma a me conectar com um público. Nossos professores nos encorajavam a concentrar nossa atenção no tema. Éramos ensinados a focar nossos olhos em um ponto na parede dos fundos da sala. Meu desempenho era estranho e mecânico. Pior ainda, toda vez que falava, não estava muito interessado nas pessoas para quem falava; buscava os elogios que esperava receber após as mensagens. Ninguém se conecta com esse tipo de atitude.

Falhar ao não valorizar a todos

Hoje considero meu propósito o agregar valor aos outros. Isso se tornou o foco da minha vida, e todos que me conhecem entendem como isso é importante para mim. No entanto, para agregar valor aos outros, deve-se valorizá-los. No início de minha carreira, não fazia isso. O foco estava tão voltado para o meu planejamento que ignorei muitas pessoas e as desprezei. Se elas não fossem tão importantes para minha causa, não teriam meu tempo nem minha atenção.

Para agregar valor aos outros, deve-se valorizá-los.

Acho que essa atitude errada é muito comum. Uma das melhores histórias que já li que ilustrou esse ponto de vista é contada por uma enfermeira. Ela explica:

> Durante meu segundo ano da escola de enfermagem, nosso professor nos deu um questionário. Passei por todas as perguntas até ler a última: "Qual o primeiro nome da moça que limpa a escola?" Certamente isso era uma piada. Havia visto a moça da limpeza diversas vezes, mas como poderia saber o nome dela? Entreguei meu papel deixando a última questão em branco. Antes de a aula acabar, um aluno perguntou se a última questão contaria em nossa

nota. "Certamente", o professor disse. "Em suas carreiras, vocês encontrarão muitas pessoas. Todas são importantes. Elas merecem sua atenção e cuidado, mesmo que tudo que você faça seja sorrir e dizer oi." Nunca esqueci essa lição. Também aprendi o nome dela, era Dorothy.[8]

Para obtermos sucesso na vida, devemos aprender a trabalhar com os outros e por intermédio deles. Uma pessoa trabalhando sozinha não pode conquistar muito. Como mostra John Craig: "Não importa quanto trabalho você possa fazer, não importa o quanto sua personalidade seja envolvente, você não avançará nos negócios se não trabalhar por intermédio dos outros." Isso requer que você veja o valor que os outros têm.

Quando você se der conta e virar seu foco de você para os outros, o mundo inteiro se abre para você. Essa verdade é entendida pelas pessoas bem-sucedidas em toda caminhada da vida em toda parte do mundo. Em um encontro internacional de executivos de empresas, um executivo norte-americano perguntou a um executivo japonês qual ele achava a língua mais importante para o comércio mundial. O norte-americano achou que a resposta seria o inglês. Mas o executivo do Japão, que tinha uma visão mais ampla do entendimento do negócio, sorriu e respondeu: "A língua do meu cliente."

Se você está envolvido em qualquer tipo de negócio, ter um bom produto ou serviço não é o suficiente. Tornar-se um especialista em seu produto não é o suficiente. Conhecer bem seu produto, mas não seus clientes, significa que você tem algo a vender, mas ninguém para comprar. E o valor que você dá aos outros deve ser verdadeiro. Como disse Bridget Haymond: "Você pode falar até não aguentar mais, mas no fundo as pessoas sabem se você está se importando com elas ou não."[9]

Insegurança

A razão final para as pessoas colocarem muito o foco nelas mesmas, e não nas outras, é a insegurança. Admito, esse não foi um dos meus problemas quando comecei minha carreira. Cresci em um ambiente muito positivo e afirmativo e não tinha falta de confiança em mim mesmo. Todavia, este não é o caso para muitas pessoas.

Chew Keng Sheng, professor na Universiti Sains Malaysia's School of Medical Sciences, acredita que a razão por trás da insegurança e do egocentrismo, especialmente em palestrantes, é a insegurança. "Ainda me lembro das primeiras vezes quando fui chamado para falar", disse Keng Sheng. "Estava literalmente tremendo. Quando o palestrante é inseguro, ele buscará aprovação de seu público. E quanto mais ele quiser buscar aprovação deles, mais absorto ele fica em si e em como ele pode impressionar os outros. Em razão disso, ele está mais propenso a falhar em suprir as necessidades do momento."[10] Que ciclo negativo isso pode se tornar, especialmente se uma pessoa não recebe nem reconhece a aprovação desejada.

Uma questão de conexão

Alguns anos atrás, falei em uma conferência internacional em Dubai, realizada por uma empresa fundada por Nabi Saleh. Nabi é um especialista em chá e café. Ele começou sua carreira em 1974, trabalhando com plantações de chá e café na Papua Nova Guiné, ajudando-os com a parte de *marketing* e fabricação, e manteve-se ativo na indústria, particularmente na Austrália, desde essa época. Em 1995, visitou uma cadeia de cafeterias nos Estados Unidos chamada Gloria Jean, que foi iniciada por Gloria Jean Kvetko em Chicago. Nabi e seu parceiro de negócios, Peter Irvine, tinham uma opinião tão positiva da rede que compraram os direitos de abertura na Austrália. Em 1996, abriram duas lojas da Gloria Jean em Sidney, mas eles tiveram de enfrentar muitas dificuldades.

Procuravam a resposta em seus clientes e logo descobriram. "Baseamos nossas lojas no modelo norte-americano", disse Nabi, "o que era totalmente antiaustraliano. As pessoas amavam o café, amavam o produto, mas diziam: "Onde estão os assentos, onde está a comida?" A loja seguia o conceito de pegar o produto e voltar para a rua. Sabíamos que se continuássemos assim, não teríamos essa parceria por muito tempo. Então começamos a reformular."[11]

Eles passaram quase dois anos mudando suas lojas, redefinindo e polindo até se conectarem com os clientes. Foi aí que Nabi e Peter começaram a conceder franquias. Em um prazo de dez anos, eles abriram mais de trezentas lojas.[12] Em 2005, compraram os direitos internacionais da Gloria Jean's Coffees e expandiram além das fronteiras da Austrália e dos Estados Unidos.[13] Hoje a Gloria Jean's tem 470 lojas em quinze países em todo o mundo.[14]

Apesar de seu sucesso nos negócios, Nabi mantém tudo em perspectiva. Quando estávamos na conferência juntos, Nabi me disse: "Não estamos no ramo do café, servindo pessoas. Estamos no ramo de pessoas, servindo café."

> "Não estamos no ramo do café, servindo pessoas. Estamos no ramo de pessoas, servindo café."

Nabi dá esse conselho às pessoas que estão na indústria de serviços: "Você precisa ter uma alma para o serviço. Tem que estar preparado para servir as necessidades daquelas pessoas que entram em contato com você. Na maioria das vezes, basta olhar para o que o cliente quer. Não é o que quero ou o que Peter quer, é o consumidor que nos mantém no negócio."[15] Em outras palavras, você tem de se lembrar que é tudo sobre os outros. É isso que leva alguém ao sucesso.

Três perguntas que as pessoas fazem sobre você

Entender que seu foco deve estar nos outros é sempre o maior desafio que as pessoas têm ao se conectar com outras. É uma questão de ter a atitude certa. Mas só isso não é o suficiente. Você deve estar apto a comunicar essa atitude de altruísmo. Como você faz isso? Acredito que você possa fazer isso respondendo a três perguntas que as pessoas sempre se fazem quando interagem com as outras, independentemente de quem seja ela — cliente, convidado, membro de uma plateia, amigo, colega ou funcionário.

1. "Você se importa comigo?"

Pense na melhor experiência que você já teve com pessoas. Pare realmente por um momento e tente se lembrar de três ou quatro experiências dessas. O que todas elas têm em comum? Aposto que a pessoa ou as pessoas envolvidas se importavam genuinamente com você!

Preocupação mútua cria uma conexão entre as pessoas. Não existem certos amigos e membros da família com os quais você simplesmente gosta de estar? Esse desejo vem de uma conexão com eles. O que é maravilhoso é que você pode ampliar sua habilidade de se importar com outros além de seu círculo social. Se você puder aprender a se preocupar com os outros, você pode se conectar com eles. Você pode ajudá-los. Você pode tornar sua vida e a vida deles melhores. Não importa que profissão você tenha. Olhe essas citações de pessoas de sucesso de uma série de ramos:

> **Preocupação mútua cria uma conexão entre as pessoas.**

Negócios: "Você não consegue fazer com que a outra pessoa se sinta importante em sua presença se você secretamente acha que ela é um ninguém."
— Les Giblin, ex-Vendedor Nacional do Ano e orador popular

Política: "Se você quer que um homem apoie sua causa, primeiro convença-o de que você é seu amigo sincero."
— Abraham Lincoln, décimo sexto presidente dos Estados Unidos

Entretenimento: "Alguns cantores querem que o público os ame. Amo o público."
— Luciano Pavarotti, lendário tenor de ópera italiano

Ministério: "Faço um discurso porque amo as pessoas e quero ajudá-las."
— Norman Vincent Peale, pastor e escritor

CONECTAR-SE TEM TUDO A VER COM OS OUTROS

Conectar-se com os outros se importando com eles é uma atitude que vai além de qualquer profissão — e até mesmo além de espécies, de acordo com Laura Surovik, adestradora de animais. Laura é curadora assistente no SeaWorld em Orlando, Flórida, e trabalha com baleias assassinas. Ela escreveu:

> Sou treinadora há 24 anos e tenho me "conectado" e ensinado outros a se conectarem com Shamu por muitos anos. Shamu foi um dos meus melhores professores também. Quando você olha nos olhos de uma baleia assassina, você percebe que não é sobre você. Não pode ser. A conexão é feita quando elas sabem que você está lá por elas — é tudo sobre construir confiança por meio de um relacionamento amoroso e cuidadoso. Você deve ser sincero e deve valer a pena se conectar com você e construir um relacionamento com o maior predador do oceano.[16]

Isso é verdade com os seres humanos comuns também.

A maioria das pessoas tem um desejo enorme de se conectar com outros, mas elas também têm dificuldade de se conectar. Estão frequentemente preocupadas com suas próprias preocupações e necessidades. Como diz Calvin Miller, quando a maioria das pessoas ouve as outras falarem, eles estão silenciosamente pensando:

Estou na solidão precisando de um amigo.
Estou chorando querendo uma risada.
Estou buscando consolo.
Estou com uma ferida em busca de cura.
Se quer minha atenção, você tem de me convencer de que quer ser meu amigo.[17]

Toda vez que puder ajudar outras pessoas a entenderem que você se importa de verdade com elas, você abre as portas para se conectar, comunicar e interagir. Começa a criar um relacionamento. E, a partir desse momento, você tem o potencial de criar algo benéfico para você e para eles, porque bons relacionamentos normalmente levam para boas coisas: ideias, crescimento, parceria e mais. As pessoas vivem melhor quando elas se importam umas com as outras.

2. "Você pode me ajudar?"

Uma noite, Tom Arington e eu estávamos jantando e fiz umas perguntas a ele sobre seu sucesso nos negócios. Tom é o fundador e diretor-executivo da Prasco, uma empresa farmacêutica independente. Ele me disse que devia seu sucesso a uma pergunta que ele fazia em todas as situações: "Posso ajudar?" Ao ajudar os outros ele também ajudou a ele mesmo. "Todas as vezes que as pessoas querem fazer algo melhor", disse Tom, "eu as ajudo se puder. O que descobri é que se as ajudo a crescer, elas também me ajudam a crescer."

Existe um velho ditado em vendas: ninguém quer comprar, mas todos querem ser ajudados. Pessoas de sucesso que se conectam a outras sempre têm em mente o que as outras estão perguntando a elas mesmas: "Essa pessoa pode me ajudar?" Um dos modos que eles respondem a essas questões é focando os benefícios que podem oferecer a alguém.

Jerry Weissman, em seu livro *Presenting to Win* [*Apresentando para Vencer*], mostra que quando as pessoas se comunicam, elas focam muito as características de seus produtos ou serviços, em vez de responder à pergunta "Você pode me ajudar?" O segredo, diz Weissman, é focar os benefícios, não as características. Ele escreveu:

> Ninguém quer comprar, mas todos querem ser ajudados.

> Uma característica é um fato ou qualidade sobre você ou sua empresa, os produtos que você vende ou a ideia que você está defendendo. Em contraste, um benefício é como esse fato ou qualidade ajudará seu público. Quando você busca persuadir, nunca é suficiente apresentar características do que você está vendendo: todas as características devem sempre ser traduzidas em benefício. Embora uma característica possa ser irrelevante para as necessidades ou os interesses de seus ouvintes, um benefício, por definição, é sempre relevante.[18]

Em nosso mundo atual, as pessoas são bombardeadas com informações diárias sobre características desse produto ou daquele aparelho. Elas tendem a se desconectar. Se você quer a atenção de alguém, mostre que você pode ajudar.

3. "Posso confiar em você?"

Você já comprou um carro? Se já, como foi a experiência? Para muitas pessoas é terrível porque elas não confiam na pessoa que está tentando vender o carro. Muito dessa indústria parece só querer manter os clientes desconfiados e incrédulos, sempre suspeitando de algo.

> "A confiança é até mais importante que o amor."
> — Jeffrey Gitomer

A confiança é vital para qualquer negócio. Na verdade, é vital para a vida. Jeffrey Gitomer, escritor e orador, disse-me que a confiança é até mais importante que o amor!

Se você já comprou um carro, quando você pisou no *showroom*, estando você atento ou não, olhou para o vendedor e fez internamente as três perguntas-chave deste capítulo:

1. Você se preocupa comigo?
2. Você pode me ajudar?
3. Eu posso confiar em você?

Geralmente, durante uma péssima aquisição de um carro, você não foi capaz de responder afirmativamente às três perguntas acima. Pode nem ter conseguido responder afirmativamente a *uma* delas! O resultado foi que você não se conectou com as pessoas envolvidas.

Naturalmente, essa não é a experiência de todo mundo. Na verdade, Emram Bhojawala escreveu-me contando sua experiência com Lloyd, um vendedor de carros em Washington D.C., que foi tão atencioso e confiável na ocasião em que Emram comprou um carro quando era estudante, que acabou por comprar outro carro com ele, mesmo depois de ter se mudado para o Minnesota. "Quando queria comprar um carro", explicou Emran, "não me preocupava com nada. Falava para ele quanto tinha e voava para a Virgínia para pegar um carro que nunca tinha visto." Emran, depois, dirigia 23 horas para chegar em casa. "Ele é *a lenda* quando o assunto é venda de carros na área próxima à minha escola", escreveu Emran. "Ele não anuncia, e todo seu negócio vem de propaganda boca a boca de seus clientes. Acho que esse é um exemplo perfeito de sucesso graças à conexão com as pessoas."[19] Ou como disse Mike Otis: "O negócio vai aonde quer, mas fica onde é apreciado."[20]

Se eu fosse você...

Todas as vezes que as pessoas entram em ação, elas o fazem pelos motivos delas, não os seus nem os meus. É por isso que temos que ver seus motivos e tentar ver as coisas de seu ponto de vista. Se não o fizermos, estamos apenas desperdiçando seu tempo e o nosso.

Alguns anos atrás, passei uns dias em Nova York visitando algumas das maiores editoras com Sealy Yates, minha agente, e vários membros importantes da minha equipe. Nossa meta era receber um novo contrato para um livro. Antes de nossa reunião com os editores, passamos bastante tempo falando sobre o que pensávamos ser importante para os executivos que encontraríamos. Sealy nos deu um resumo do que estava acontecendo na indústria e nos deu uma visão individual de cada editora. Um dos membros da minha equipe discutiu alguns pontos-chave que ele achava importante do ponto de vista da minha empresa. E todos nós respondemos às perguntas feitas e também fizemos algumas. Queríamos estar bem preparados.

> Todas as vezes que as pessoas entram em ação, elas o fazem pelos motivos delas, não os seus nem os meus.

Na noite anterior de termos nosso primeiro encontro, passei algum tempo sozinho no quarto de meu hotel me preparando mentalmente para o dia seguinte. As perguntas que me fazia eram as seguintes: Se fosse um editor falando com um autor, o que gostaria de saber? Se estivesse na posição dele, o que perguntaria a John Maxwell? Acreditava que se pudesse responder a essas questões, haveria uma grande chance de me conectar com eles e ganhar uma boa oferta de contrato.

Cheguei com várias ideias, mas a pergunta a que voltava continuamente era: "Quantos outros livros você ainda quer escrever?" Acredito que essa era a principal pergunta, então, por duas horas, pensei em minha resposta a essa pergunta. Escrevi a lista de livros que gostaria de escrever nos anos seguintes. Conforme a lista crescia, minha empolgação também crescia para o dia que estava por vir. E quando encontramos nosso primeiro editor na manhã seguinte, seguro o suficiente, poucos minutos depois do início de nossa conversa sobre um contrato em potencial, um executivo disse: "John, você já escreveu trinta livros. Quantos mais quer escrever?"

Com grande entusiasmo, compartilhei ideias e títulos de dez livros que sabia que queria escrever. Acho que algumas das pessoas na sala ficaram surpresas que tivesse uma resposta tão rápida sobre o assunto e estivesse tão animado com ele. Assim, compartilhava com entusiasmo os títulos, e eles também ficaram entusiasmados. Todo mundo começou a anotar e a fazer perguntas. E podia dizer, só pela respostas delas, de quais ideias haviam gostado mais. Houve conexão! E tudo que tinha feito foi passar algum tempo tentando pensar sob a perspectiva do editor e explorar o que seria importante para eles.

Você pode se conectar com os outros se puder sair da sua própria agenda para pensar nos outros e tentar entender quem são eles e o que eles querem. Se você realmente quer ajudar as pessoas, conectar-se se torna mais natural e menos mecânico. Deixa de ser algo que você meramente faz e se torna parte de quem você é. Se você está pronto a aprender a se conectar, ficará maravilhado com as portas que se abrirão para você e as pessoas com quem você estará apto a trabalhar. Tudo que você precisa fazer é lembrar a você mesmo que conectar-se é só sobre os outros.

Conectando-se com pessoas em todas as esferas

Princípio de conexão: conectar-se é só sobre os outros.
Conceito-chave: a conexão começa quando os outros se sentem valorizados.

Capítulo 2

Conectando-se na esfera individual

Como você pode se conectar com as pessoas individualmente? Fazendo-as se sentir valorizadas. Como você faz isso?

- Saiba o que eles valorizam sendo um bom ouvinte quando estiver com eles.
- Descubra por que eles valorizam essas coisas, fazendo perguntas.
- Compartilhe seus valores que são similares aos deles.
- Construa seu relacionamento com estes valores comuns.

Dessa forma, o valor será agregado a ambos.

Conectando-se em um grupo

O segredo para fazer com que os outros se sintam valorizados em um grupo ou equipe é convidando a todos a participar. A pessoa mais inteligente em uma sala nunca é mais inteligente que todos na sala.

Para se conectar com as pessoas em um grupo...

- descubra e identifique os pontos fortes de cada pessoa;
- reconheça o valor dos pontos fortes de cada pessoa e o potencial de contribuição;
- convide cada uma delas a dar ideias e permita que elas liderem em suas áreas mais fortes.

Conectando-se com uma plateia

Uma das razões pelas quais um orador não se conecta é que eles dão a impressão de que eles e sua comunicação são mais importantes que o público. Esse tipo de atitude pode criar uma barreira entre o orador e o público. Em vez disso, mostre aos membros do público que eles são importantes para você, fazendo o seguinte:

- mostre seu interesse por elas assim que puder;
- faça algo especial por eles se você puder, como preparar algo especialmente para eles e fazer com que eles saibam que você fez isso;
- veja todos que estão na plateia como nota dez, esperando uma ótima resposta deles;
- quando você terminar de falar, diga a eles o quanto você gostou deles.

CAPÍTULO 3

CONECTAR-SE VAI ALÉM DAS PALAVRAS

As pessoas assistem a um *reality show* na televisão onde duas pessoas igualmente talentosas cantam a mesma música. Uma delas consegue uma boa vibração da plateia, o outro sai com uma plateia fria. Por que isso?

Dois professores em uma universidade ensinam ao mesmo tempo a mesma disciplina usando o mesmo currículo e livros. Os alunos ficam na fila da secretaria para se inscrever para a aula do primeiro professor, enquanto a aula do outro começa abaixo da capacidade de alunos e alguns desistem. Por quê?

Dois gerentes trabalham juntos dirigindo um restaurante. Todos os vinte funcionários trabalham para cada um deles. Quando o primeiro gerente precisa de uma ajudinha extra e pede que as pessoas trabalhem até um pouco mais tarde, eles o fazem com prazer. Quando o outro gerente faz o mesmo pedido na semana seguinte, todos os funcionários inventam uma desculpa para não ficar. Qual o motivo da diferença?

Um casal cria dois filhos na mesma casa e com as mesmas regras. Um obedece com alegria, o outro resiste. Por quê?

As palavras da música não deveriam evocar a mesma resposta em ambos os cantores? Os dois cursos não deveriam ser igualmente interessantes para os alunos? Os dois gerentes não deveriam esperar o mesmo tipo de consideração? Os pais na mesma casa não deveriam esperar a mesma reação?

Intuitivamente, você já sabe que a resposta é não. Mas por quê? Porque as pessoas respondem às outras baseadas não meramente de acordo com as palavras que são usadas, mas na conexão que elas têm com as pessoas.

Suas ações falam tão alto que não consigo ouvir suas palavras

Quando as pessoas tentam se comunicar com as outras, muitas pessoas acreditam que a mensagem é tudo o que importa. Mas a realidade é que a comunicação vai além das palavras. Em um estudo importante, Albert Mehrabian, professor de psicologia da UCLA [Universidade da Califórnia, Los Angeles], descobriu que a comunicação individual pode ser dividida em três componentes: palavras, tom de voz e linguagem corporal. O que pode ser uma surpresa é que, em algumas situações, como quando as mensagens verbais e não verbais não são consistentes, o que as pessoas nos veem fazer e o tom que usamos podem pesar bem mais do que qualquer palavra que usarmos quando estivermos nos comunicando. Em situações em que sentimentos e atitudes são comunicados:

- *o que dizemos* corresponde a apenas 7% do que é acreditado;
- *a forma como o dizemos* corresponde a 38%;
- *o que os outros veem* corresponde a 55%.[1]

Incrivelmente, mais de 90% da impressão que muitas vezes transmitimos não tem nada que ver com o que dizemos. Então, se você acredita que comunicação tem tudo que ver com palavras, você está totalmente por fora e sempre terá dificuldade de se comunicar com as pessoas.

Enquanto essa estatística pode revelar limitações de palavras em algumas situações de comunicação, elas não fazem nada para nos ajudar em *como* nos comunicarmos melhor com os outros. Então qual a solução? Howard Hendricks, que tem sido um mentor a distância para mim por muitos anos, diz que toda comunicação tem três componentes essenciais: o intelectual, o emocional e o volitivo. Em outras palavras, quando tentamos nos comunicar, devemos incluir o seguinte:

> **Mais de 90% da impressão que muitas vezes transmitimos não tem nada que ver com o que dizemos.**

PENSAMENTO: algo que sabemos;
EMOÇÃO: algo que sentimos;
AÇÃO: algo que fazemos.

Acredito que esses três componentes são essenciais para nos conectarmos com os outros também. Deixe de colocar um dos três, e haverá uma desconexão das pessoas e uma quebra na comunicação. Mais especificamente, aqui está como acredito que a quebra na comunicação possa acontecer. Se tentar comunicar:

- algo que *sei* mas não *sinto*, minha comunicação não tem paixão;
- algo que *sei*, mas não *faço*, minha comunicação é teórica;
- algo que *sinto*, mas não *sei*, minha conexão é sem fundamento;
- algo que *sinto*, mas não *faço*, minha conexão é hipócrita;
- algo que *faço*, mas não *sei*, minha conexão é presunçosa;
- algo que *faço*, mas não *sinto*, minha conexão é mecânica.

Quando os componentes estão faltando, o resultado para mim como comunicador é a exaustão. Contudo, quando incluo todos os três componentes — pensamento, emoção e ação — minha comunicação tem convicção, paixão e credibilidade. O resultado é conexão. Acredito que você possa conquistar o mesmo resultado quando inclui todos os três elementos.

As características da conexão

Qualquer mensagem que você tentar transmitir deve ter um pedaço de você. Você não pode apenas lançar palavras. Não pode meramente transmitir informação. Precisa ser mais do que um mensageiro. Deve ser a mensagem que quer transmitir. De outra forma, você não terá credibilidade e não se conectará.

Você já teve de comunicar a visão de outra pessoa? É muito difícil fazer isso, não é? É difícil ficar animado quando você está apresentando as ideias de alguém. No entanto, se você trabalha em algum tipo de organização e não é o chefão, é exatamente isso que esperam que você faça. Como você pode fazer isso com credibilidade? Tornando-a *sua* visão. Por isso, quero dizer que deve descobrir primeiro como a visão impacta positivamente você. Você deve se conectar com ela em uma esfera pessoal. Uma vez que você tenha feito isso, estará apto para fazer mais do que simplesmente apresentar informações. Você estará apto a transmitir informações. Nada pode acontecer por seu intermédio até que aconteça com você.

> Qualquer mensagem que você tentar transmitir deve ter um pedaço de você.

Esse tipo de responsabilidade é necessário não apenas para líderes e oradores, mas também para escritores. Para um livro se conectar com os leitores, deve ser mais do que um simples livro. Deve ter uma parte do autor. De outra forma faltam autenticidade e credibilidade. Pode ter grandes informações, mas ainda assim pode passar despercebido se o autor não se conectar com os leitores.

É o que sempre tentei fazer como autor: colocar parte de mim em meus livros. Não comunico nada que não tenha vivido e aprendido por experiência própria. Espero que isso funcione. Por exemplo:

- *Você nasceu para liderar* possui convicção porque me desenvolvi e me tornei um líder.

Capítulo 3

- *Failing Forward* [Falhando à frente], no qual compartilhei métodos comprovados para superar meus próprios erros.
- *Vencendo com as pessoas*: minha intenção quando escrevi esse livro era a de que impactasse os outros da forma que *Como ganhar amigos e influenciar pessoas*, de Dale Carnegie, impactou-me quando era adolescente.
- *Thinking for a Change* [Pensando para uma mudança] compartilha o modo como penso diariamente. Minha esposa Margaret diz que esse livro tem mais do meu DNA do que todos os outros.

> Nada pode acontecer por seu intermédio até que aconteça com você.

- *As 21 leis irrefutáveis da liderança* é um livro que oferece os princípios de liderança testados e verdadeiros que usei para preparar mais de quatro milhões de pessoas no mundo inteiro.

Trabalho para fazer cada um de meus livros mais que apenas um livro, mais que papel e tinta ou um arquivo eletrônico para ser oferecido no mercado. Todo livro vem do meu coração e alma. Acredito nele e, genuinamente, espero que ele ajude quem quer que o leia.

Por mais importante que seja a mensagem, ser genuína e de coração isso com certeza não é suficiente. Sua mensagem deve também ser mais que uma mera mensagem. Deve ter valor. Deve entregar a promessa que oferece à sua audiência. Deve ter o potencial de mudar a vida de outras pessoas. Este é meu objetivo todas as vezes que escrevi um livro ou me preparei para falar com um público.

Todos os anos, dedico-me muito a ser orador em empresas. Geralmente peço uma reunião com alguém da empresa antes do evento, para que possa aprender as expectativas do meu anfitrião e o histórico da minha plateia. Minha meta não é nunca simplesmente transmitir uma mensagem. Quero acrescentar valor às pessoas. E para ter uma chance de fazer isso, o que digo e faço deve estar dentro do contexto de algo maior do que o propósito, a missão e as metas da organização. Sempre dedico tempo a amoldar o que direi para que se ajuste às necessidades deles.

Depois que acabo de falar, também tiro um tempo para avaliar se me conectei com minha audiência e ajudei meu anfitrião. Faço isso por intermédio da minha *Lista de conexões*, na qual incluí as seguintes perguntas:

- **Integridade** — fiz o meu melhor?
- **Expectativa** — agradei meu anfitrião?
- **Relevância** — entendi e me relacionei com a audiência?
- **Valor** — agreguei valor às pessoas?
- **Aplicações** — dei às pessoas um plano de jogo?
- **Mudança** — fiz a diferença?

Se posso honestamente responder afirmativamente a essas perguntas, sinto que certamente minha conexão com a audiência foi boa e estava apto para presentear todos ali presentes pelo tempo que eles me deram.

Se você fala profissionalmente, pode querer usar uma lista similar para garantir que você faz tudo para se conectar. No entanto, mesmo que falar não faça parte de seu trabalho, ainda existe um princípio que se aplica a você. Quando você tem responsabilidade por se conectar com outros e você decide servir os outros, em vez de você mesmo, suas chances de se conectar com as pessoas aumentam drasticamente. Sua atitude, com frequência, fala mais alto que suas palavras.

Os quatro componentes da conexão

Se você quer ter sucesso ao se conectar com os outros, precisa ter certeza de que sua conexão vai além de palavras. Como você pode fazer isso? Conectando-se em quatro esferas distintas: visual, intelectual, emocional e verbal.

O QUE AS PESSOAS VEEM — CONECTANDO-SE VISUALMENTE

Sonya Hamlin em *How to Talk So People Listen* [*Como falar de modo que as pessoas ouçam*] aconselha que entre a audição e a visão, a visão é o sentido mais poderoso e importante quando o assunto é comunicação. Ela escreveu:

Capítulo 3

"Como espécie, lembramos de 85% a 90% do que vemos, mas menos de 15% do que ouvimos. Isso significa que se você quiser que eu aprenda e se lembre, você deve também dar embasamento para suas palavras mostrando suas ideias para mim... Você agora precisa usar o poder da ajuda visual para sustentar o interesse de sua audiência e trazer isso para novas esferas do entendimento."[2] Ela mostra isso com a seguinte evidência, indicando como as pessoas hoje são mais visuais que nunca:

- 77% dos norte-americanos recebem 90% de suas notícias pela televisão;
- 47% só recebem notícias pela televisão;
- grandes corporações nos Estados Unidos possuem seu próprio estúdio de televisão;
- conferências por vídeo ou pela Internet estão substituindo reuniões de vendas nas empresas;
- sistemas de gravação de vídeo digital estão se tornando comuns em empresas e residências;
- as crianças gastam 22 mil horas assistindo à televisão até os 19 anos, mais que duas vezes o tempo gasto na escola.[3]

Vivemos em uma era visual. As pessoas passam incontáveis horas vendo YouTube, Facebook, Vimeo, PowerPoints, videogames, filmes e outras mídias. Você pode certamente entender a importância do que pode ser visto em nossa cultura. As pessoas esperam que qualquer tipo de comunicação seja uma experiência visual.

Todas as vezes que você estiver na frente de outras pessoas para se comunicar — independentemente do local, em um palco, em uma reunião, em um campo ou em uma mesa de café — a impressão visual que você causa ajudará ou atrapalhará você. Roger Ailes, executivo de televisão, consultor de comunicação e escritor autor de *You Are the Message* [*Você é a mensagem*], escreveu na revista *Success*:

> Você só tem sete segundos para causar uma boa impressão. Assim que você faz sua entrada, transmite sinais verbais e não verbais que determinam como os outros veem você. Nos negócios, esses pri-

meiros sete segundos cruciais podem decidir se você ganha uma nova conta ou se obtém sucesso em uma negociação tensa.

Você é seguro? Sente-se confortável? É sincero? Está feliz de estar lá? Nesses primeiros sete segundos, você banha sua audiência com "sinais" sutis. E quer as pessoas percebam, quer não, elas respondem imediatamente às suas expressões faciais, gestos, posições e energia. Eles reagem à sua voz — ao tom e ao timbre. O público, seja uma pessoa, sejam cem, instintivamente avalia seus motivos e suas atitudes.

As pessoas podem perceber bastante em sete segundos. Elas podem decidir que não querem ouvir nada do que um orador tem a dizer, ou podem ficar impressionadas em relação ao quanto elas são atraídas por alguém. Henry Ward Beecher, religioso e abolicionista, disse: "Existem pessoas tão radiantes, tão geniais, tão gentis, tão agradáveis que você instintivamente se sente bem em sua presença porque eles fazem bem a você, sua entrada é como trazer luz para um lugar."

Se você quer aumentar sua habilidade de se conectar com as pessoas visualmente, então considere o seguinte conselho:

Elimine distrações pessoais. Quase não precisa dizer, mas o primeiro lugar pelo qual devemos começar quando queremos nos conectar visualmente é aumentar a chance de as pessoas estarem prestando atenção nas coisas certas, e não se distraindo. Se você estiver bem arrumado e usando a roupa certa para sua situação, então é um bom começo. Um número incontável de pessoas perderam oportunidades de vendas, arruinaram suas entrevistas de emprego ou foram dispensados em encontros românticos por conta de sua aparência que não atingiu a expectativa de alguém.

Também é inteligente eliminar qualquer hábito pessoal ou tique. Pergunte a familiares ou amigos pessoais se você regularmente mostra algum comportamento que tire a atenção e o foco do que você quer comunicar. E, se você fala em público, uma das melhores coisas que você pode fazer é se gravar em vídeo. John Love, um pastor que postou uma mensagem no meu *blog*, disse: "Nunca havia percebido como cometia erros não verbais até me ver em um vídeo. Agora, minha prática regular

Capítulo 3

é me assistir no vídeo para determinar não apenas o que disse, mas também como disse. A fita não mente."[4]

Expanda sua gama de expressões. Grandes atores podem contar uma história inteira sem falar uma palavra, simplesmente usando as expressões faciais. E embora estejamos atentos ou não, também transmitimos mensagens com nossas expressões faciais. Mesmo as pessoas que se orgulham de não demonstrar emoções e que dão duro para não abrir um sorriso nem deixar que os outros saibam o que estão pensando, estão transmitindo uma mensagem para os outros — desligamento. E isso torna o conectar-se com os outros quase impossível. Se seu rosto, de alguma maneira, "fala" por você, melhor que ele comunique algo positivo.

> Se seu rosto, de alguma maneira, "fala" por você, melhor que ele comunique algo positivo.

Quando minha esposa e eu vemos nossos netos, sempre fazemos todo o possível para mostrarmos a eles como estamos felizes por vê-los. Quando eles chegam a nossa casa, paramos tudo o que estamos fazendo para falar para eles como estamos alegres de estar com eles e comunicamos isso não apenas em palavras, mas também com sorrisos, abraços e beijos. Queremos que eles se sintam amados, aceitos e especiais todas as vezes que estivermos com eles.

Quando você se comunica com uma plateia, as expressões faciais se tornam ainda mais importantes. E, em geral, quanto maior o público, mais exagerada a expressão facial precisa ser. Claro que a tecnologia impactou o modo como as pessoas falam com grandes plateias. Lembro-me vividamente de minha primeira experiência falando para um público em que fui filmado e minha imagem aparecia em um grande telão. Foi na Crystal Cathedral, em Orange County, Califórnia. O telão estava a alguns metros, à minha esquerda, e achei estranho que as pessoas estavam olhando para lá, em vez de olhar para mim. Mas aí fiz uma piada e uma expressão facial que fez com que o público risse, e fiquei aliviado. Embora as pessoas estivessem olhando para o telão, em vez de para mim, estava me conectando com elas.

Não importa quem você é ou com quem você está tentando se comunicar, pode melhorar sua habilidade de sorrir para as pessoas e ser expressivo. Mesmo que trabalhe em um ambiente rígido ou em uma cultura corporativa fechada, você não precisa manter uma expressão sisuda o tempo todo. Percebi isso bem cedo. Quando estava na quarta série, lembro de ter me olhado no espelho uma manhã e pensado: *Não sou bonito. O que vou fazer com um rosto assim?* Aí ri. E pensei: *Isso ajuda.*

Mexa-se com um senso de objetivo. Quando estava na faculdade, queria um emprego em um armazém local, e meu amigo Steve Benner também. Então fomos juntos nos candidatar ao emprego. O gerente nos recebeu na frente da loja e nos pediu para segui-lo até os fundos. Lá, preenchemos um formulário. Uma vez preenchidos, ele disse que nos avisaria quem ele deveria contratar. Steve ficou com o emprego.

Algumas semanas depois, fui até o gerente e perguntei por que ele não havia me selecionado. Perguntava-me se havia colocado algo em meu formulário que tivesse ido contra mim. "Não teve nada que ver com seu formulário", respondeu ele. "Selecionei Steve porque ele andou até os fundos da loja com firmeza e mais energia que você."

Nunca me esqueci dessa experiência. Não é verdade que nossa percepção das pessoas difere baseada em como elas se comportam? Uma pessoa ganha atenção enquanto a outra é ignorada. Uma pessoa exige respeito enquanto a outra não. Já ouvi dizer que ladrões e assaltantes de carteiras escolhem suas vítimas de acordo com a linguagem corporal delas. Se alguém caminha ligeiro, de forma confiante e alerta, os assaltantes, com frequência, os deixam seguir adiante e procuram por outra vítima — alguém que não ande de forma confiante e esteja distraído.

O movimento sempre transmite uma mensagem clara quando alguém quer se comunicar. Estou continuamente atento a isso toda vez que estou no palco. Mexo-me com rapidez e segurança no palco porque quero que as pessoas saibam que estou contente de falar para elas. Sei que quando me mexo mais para perto de minha plateia, isso ajuda a criar um sentimento de maior intimidade. E tento não me manter muito parado. Sei que se me mexer por alguns minutos, as pessoas podem sentir minha energia e estarão mais aptas a prestar atenção em mim.

Mantenha uma postura aberta. Barreiras físicas são sempre alguns dos grandes obstrutores da conexão para alguém tentando se comunicar. Levei muitos anos para perceber isso e me tornar mais eficiente em minha comunicação. Quando comecei a falar em público, mantinha-me atrás de um púlpito, e não me mexia. O resultado era que me sentia longe deles. Quando comecei a andar pelo palco e sair para que as pessoas me vissem, minha conexão com as pessoas melhorou muito.

Tornar-me fisicamente conectado com minha plateia me ajudou muito. Assim como criar uma abertura psicológica. Na verdade, aprendi isso por acaso depois de machucar minhas costas jogando tênis de salão com meu amigo Patrick Eggers. A lesão me deixou na cama por três dias e corri o risco de não poder fazer uma palestra agendada em Harrisburg, Pensilvânia. O único modo que poderia cumprir meu compromisso era levar minha esposa comigo para me ajudar a me vestir, para falar e pedir ao anfitrião para arrumar um banco para eu me sentar.

Pude manter meu compromisso e, durante o processo, fiz uma grande descoberta. Usando o banco, tinha mais energia que o normal — mesmo com as costas machucadas. E senti-me mais relaxado e conectado com o público. Depois de analisar a situação, percebi que enquanto estava sentado, minha comunicação assumiu um tom mais de conversa. Isso me ajudou a me conectar de forma mais eficaz.

Desde então, mantenho-me atento à necessidade de manter minha postura mental e física aberta para os outros quando me comunico. Quando estou no escritório, não me sento atrás de uma mesa quando falo com alguém. Sentamo-nos em cadeiras confortáveis viradas uma para a outra, sem nada entre nós. Ou, se precisamos trabalhar, sentamos lado a lado à mesa.

Todas as vezes que você remove obstáculos e reduz a distância, a conexão se torna mais fácil. E o toque físico elimina toda a distância. Um aperto de mão, um tapinha nas costas ou um abraço podem fazer muito para promover uma conexão. A cantora/compositora Sue Duffield me contou uma história sobre o pai dela que ilustra bem o poder do toque e como isso pode ajudar as pessoas a se conectarem:

> Nunca vou me esquecer das mãos do meu pai. Ele trabalhava duro, operário que machucava as mãos todos os dias — porém, de alguma forma, ele as mantinha em ótimo estado, bronzeadas e perfeitas... [Um dia] quando tinha 17 anos, estava deitada em uma

maca em um pronto-socorro, toda machucada após uma colisão de frente com o carro, sentindo-me destruída, até as mãos do meu pai tocarem meu ombro. Sabia imediatamente quem era sem mesmo me virar. Senti seu poder, seu toque especial; uma calma familiar e uma conexão instantânea que transmitiu esta mensagem: "Está tudo bem."[5]

Faça o que puder para remover obstáculos e eliminar a barreira entre você e a pessoa com quem você quer se conectar. E, sempre que apropriado, use o toque para comunicar que você se importa.

Preste atenção aos seus arredores. O ambiente obviamente desempenha um papel importante sempre que tentamos nos comunicar com outras pessoas. Você já tentou se conectar com alguém que estivesse prestando mais atenção à televisão que a você? Já tentou ter uma conversa em uma área barulhenta como uma zona de construção ou durante um *show*? Um ambiente pode tornar a conexão difícil ou até mesmo impossível.

Se você deseja se conectar, não pode se dar ao luxo de ignorar seu ambiente. Isso vale até mesmo se lhe tiverem solicitado a falar profissionalmente. Você não pode supor que um ambiente será condutor para uma conexão, mesmo se tiver sido supostamente criado para a comunicação. Por isso, sempre tento conhecer o lugar reservado para uma palestra com antecedência. Quero garantir que nada na arrumação do auditório atrapalhe meu tempo com a plateia.

Steve Miller, meu genro, muitas vezes trabalha comigo quando falo em público e, geralmente, chega ao lugar antes de mim. Ele sabe por experiência própria o que é necessário para que possa me conectar com as pessoas. A primeira coisa que ele verifica é a proximidade da área onde ficarei para falar com a plateia. Isso é muito importante para mim. Pode ser difícil me conectar a uma plateia se parecer que existe um golfo entre mim e todos os presentes. Acho que isso vale para muitos comunicadores. Se você se lembrar quando Jay Leno se tornou o apresentador do *The Tonight Show*, talvez se lembre das mudanças que ele fez logo depois que assumiu o programa. Quando o apresentador era Johnny Carson, ele saía detrás de uma cortina para fazer seu monólogo.

CAPÍTULO 3

Isso era apropriado para ele porque seu estilo era um tanto distante. Mas isso não é típico para a maioria dos oradores. Quando Leno assumiu, lutou nos primeiros meses. Por quê? Porque o palco não era condutor para seu estilo de comunicação. No entanto, assim que o palco foi remodelado, funcionou para ele. A cortina foi removida, e um palco de onde ele podia fazer seu monólogo foi construído bem perto da plateia. Na verdade, quando Leno estava apresentando, sempre que era apresentado, apertava as mãos das pessoas que estavam na primeira fila da plateia antes de começar a contar piadas. Uma mudança no ambiente fez toda a diferença.

A segunda coisa que Steve observa é a iluminação. Quero que as pessoas me enxerguem bem no palco porque sou um comunicador visual. Mas também quero uma iluminação boa para a plateia por dois motivos: geralmente forneço esboços e gosto que as pessoas possam tomar notas; e também quero poder ver a plateia enquanto falo. Muitas das minhas habilidades de conexão são baseadas nas respostas dos outros. Quando enxergo bem a minha plateia, posso sentir o que preciso fazer para melhorar sua resposta.

A terceira coisa que Steve verifica é o sistema de som. Um som ruim torna a comunicação quase impossível. Sempre fico surpreso com os sistemas de som baratos que se encontram em hotéis caros para conferências. Muitos não têm nada melhor que um microfone de lapela anexado a um pódio. Ter de usar isso como comunicador é como um nadador olímpico tentar vencer uma corrida com suas mãos e pés acorrentados. O som não só é terrível, mas também impede que o orador se mova de um lado para o outro ou na direção da plateia.

Se você quiser se conectar com os outros, precisa estar disposto a fazer ajustes. Se estiver tentando se conectar em casa com seu marido ou esposa, desligue a televisão. Se estiver planejando almoçar com um colega ou cliente, escolha um lugar silencioso o bastante para você conduzir uma conversa. Se estiver no comando, ou não, de uma reunião de negócios, escolha o ambiente apropriado e garanta que a configuração funcione para que todos possam se conectar. E se você estiver se preparando para falar a uma plateia, verifique o lugar para remover obstáculos à conexão. Depois que estiver no palco, provavelmente, será tarde demais para fazer quaisquer mudanças. Para se conectar de forma eficaz, assuma a responsabilidade por dar aos outros a melhor chance de se conectarem com você visualmente.

2. O QUE AS PESSOAS ENTENDEM — CONECTANDO-SE INTELECTUALMENTE

Para se conectar de forma eficaz com as pessoas na esfera intelectual, você deve conhecer duas coisas: seu tema e a você mesmo. O primeiro é bem óbvio. Todo mundo já ouviu uma pessoa falar sobre um tema que não conhece. Na melhor das hipóteses, é cômico. Na pior, uma tortura. Mas, na maioria das vezes, é simplesmente inautêntico. Como o jazzista Charlie Parker disse certa vez: "Se você não viver o *jazz*, ele não sai de seu instrumento musical."

Eu li uma história sobre o grande ator Charles Laughton que ilustra a diferença entre ser um bom falante e um que realmente sabe o que ele está falando. Dizem que Laughton estava em uma festa de Natal com uma família em Londres. Durante a noite, o anfitrião pediu a todos os participantes para recitar uma passagem que melhor mostrasse o espírito do Natal. Quando foi a vez de Laughton, ele recitou com habilidade o Salmo 23. Todos aplaudiram seu desempenho e o processo continuou. A última a participar foi uma adorável tia velhinha que estava tirando uma soneca em um canto. Alguém a acordou gentilmente, explicou o que estava acontecendo e pediu para que ela participasse. Ela pensou por um momento e, a seguir, começou com uma voz trêmula: "O Senhor é o meu pastor; de nada terei falta..." Quando ela terminou estavam todos em lágrimas.

> "Se você não viver o *jazz*, ele não sai de seu instrumento musical."
> — Charlie Parker, músico

Quando Laughton saiu no fim da noite, um membro da família agradeceu por ele ter ido e comentou a diferença na reação da família às duas declamações dos Salmos. Quando perguntaram sua opinião sobre essa diferença, Laughton disse: "Conheço o salmo; ela conhece o pastor."

Não há substituto para a experiência pessoal quando queremos nos conectar com o coração das pessoas. Se você sabe algo sem ter vivido, seu público vivencia uma falta de credibilidade. Se você fez algo, mas não sabe bem o suficiente para explicar, o público viverá uma frustração. Você tem que juntar vivência e conhecimento para se conectar de forma consistente.

Por mais importante que o seu tema seja, é igualmente importante que você conheça a você mesmo. Comunicadores eficientes sentem-se confortáveis consigo mesmos. Eles sentem-se confortáveis porque sabem o que podem fazer e o que não podem, e vão até seu pote de doces da comunicação quando falam com as pessoas.

Como mencionei, levei um tempo para aprender isso. Não comecei como um comunicador eficiente. Minhas primeiras experiências de falar em público aconteceram em 1967, quando estava na faculdade. Naquela época, minha estratégia foi imitar os outros oradores que admirava. Que desastre! Por essa estratégia não ter funcionado, tentei impressionar as pessoas com meu conhecimento do tema. Ninguém ouvia! Precisei de oito anos para "me encontrar" como orador. E aqui está a grande notícia: quando você se encontra, encontra também seu público.

> Quando você se encontra, encontra também seu público.

3. O QUE AS PESSOAS SENTEM — CONECTANDO-SE EMOCIONALMENTE

John Kotter, escritor e amigo, escreveu recentemente um livro chamado *A Sense of Urgency* [*Um Senso de Urgência*]. Nele ele declara: "Há séculos ouvimos a expressão 'Grandes líderes ganham o coração e a mente das pessoas'". Observe que ele não disse que grandes líderes ganham a mente das pessoas. Nem disse que eles ganham a mente e o coração das pessoas. O coração vem primeiro. E se desejamos ser bons comunicadores, precisamos ter isso sempre em mente. Se você quer ganhar alguém, primeiro ganhe seu coração, e o resto virá em seguida.

Testemunhei vários oradores e professores que confiavam demasiadamente em seu intelecto para persuadir os outros. Além disso, muitos deles superestimam a receptividade natural das pessoas à mensagem e o desejo delas de mudança por conta disso. Esses oradores e professores acreditam que tudo que eles precisam fazer é traçar uma linha lógica de raciocínio, e as pessoas gostarão deles. Não funciona dessa forma.

Edwin H. Friedman, rabino, terapeuta e especialista em liderança, lembra-nos:

> O desentendimento colossal de nosso tempo é supor que a percepção funcionará com pessoas que são desmotivadas à mudança. A comunicação não depende de sintaxe, eloquência, retórica, articulação, mas de um contexto emocional no qual a mensagem seja ouvida. As pessoas só podem ouvi-lo quando se movem em sua direção; e não estão aptas a ouvi-lo quando suas palavras as estão perseguindo. Mesmo as palavras escolhidas com mais cuidado perdem seu poder quando usadas para subjugar. As atitudes são as figuras reais da linguagem.

O que quer que esteja dentro de você, seja positivo seja negativo, virá, por fim, à tona quando você se comunicar com os outros. O provérbio: "O homem é como pensa em seu coração", é realmente verdadeiro. Isso transparece e impacta o modo como os outros reagem a você. As pessoas podem ouvir suas palavras, mas elas *sentem* sua atitude. Isso permite que você se conecte a elas e as conquiste; ou as alienará e você as perderá. Na verdade, sua atitude sempre é mais forte que as palavras que você usa quando fala com os outros. Como mostra Jules Rose do Sloans' Supermarkets: "As palavras exatas que você usa são bem menos importantes que a energia, intensidade e convicção com as quais você as usa."

> As pessoas podem *ouvir* suas palavras, mas elas *sentem* sua atitude.

As pessoas que estão aptas a se comunicar com outras na esfera emocional, com frequência, têm o que pode ser chamado de carisma ou presença. Elas destacam-se diante de uma multidão. As outras pessoas dão sua atenção a elas. Como alguém disse: "As pessoas nem sempre se

Capítulo 3

lembrarão do que você disse. Elas nem sempre se lembrarão do que você fez. No entanto, elas sempre se lembrarão de como você as fez sentir."[6]

Por que algumas pessoas têm essa habilidade? Dan Reiland, meu amigo e colega, ajudou-me a entender isso. Certo dia, perguntou-me:

— John, você sabe por que algumas pessoas têm carisma e as outras não?

— Personalidade — foi minha resposta imediata. — Algumas pessoas têm jeito com as pessoas e outras não.

— Eu não acho isso — respondeu Dan. — Não acredito que carisma seja uma função da personalidade. É uma função da atitude.

Ele, a seguir, explicou como as pessoas com carisma possuem um foco voltado para os outros, em vez de para si mesmas. Elas prestam atenção nos outros e desejam acrescentar valor a eles.

Acabei percebendo que Dan está certo. As pessoas com "presença" possuem uma atitude não egoísta que as faz colocar as outras em primeiro lugar. Elas possuem uma atitude positiva que as impele a procurar e focar o que é certo, em vez de o que é errado. E elas possuem uma segurança inabalável.

Minha história favorita sobre confiança vem de uma entrevista do Larry King com Ty Cobb, um dos maiores jogadores de baseball de todos os tempos. Cobb, que na época tinha 70 anos, foi indagado:

— Quanto você acha que rebateria se ainda jogasse estes dias?

Cobb, que durante toda a vida foi um rebatedor de 367 (ainda um recorde), disse:

— Uns 290, talvez 300.

— Isso por causa da viagem, dos jogos noturnos, da grama artificial e de todas as novidades, certo? — Perguntou Larry.

— Não — respondeu Cobb. — É porque tenho 70 anos.

Confiança assim — quando investida em outras pessoas — ajuda as pessoas a se sentirem conectadas à pessoa que lhes fornece isso e faz com que sintam confiança nelas mesmas.

Aqui está a definição de carisma. Você não tem que ser bonito, um gênio nem mestre da oratória para possuir presença e se conectar com os outros. Você só precisa ser positivo, acreditar em você mesmo e focar os outros. Faça isso, e haverá uma boa chance de você se conectar com os outros porque você torna possível que os outros sintam como você, o que é a essência de se conectar na esfera emocional. Isso é verdade quer se conecte com um público, quer se conecte com um grupo pequeno, quer se conecte com um indivíduo.

Steve Hiscoe, instrutor de uma academia de polícia de uma província no Canadá, treina oficiais em defesa pessoal e no uso da força em situações de dificuldade. Ele diz que tenta ensinar oficiais de polícia como se conectar na esfera emocional depois de estarem em um conflito violento. Steven explica: "Quando os oficiais estiverem envolvidos em um conflito violento, eles devem, logo após, explicar suas ações às pessoas que não estiveram lá, mas atuam na retaguarda, no quartel-general." Ele ensina aos oficiais: "Não dê apenas fatos para eles, mas inclua sua emoção e percepção, faça-os sentirem o que você sentiu."[7] Esta é sua meta toda vez que você quiser se conectar com as pessoas. Ajude-as a sentirem o que você sente.

4. O QUE AS PESSOAS OUVEM — CONECTANDO-SE VERBALMENTE

Espero que tenha convencido você de que a comunicação vai além das palavras e que para nos conectarmos com as pessoas devemos apelar para elas visual, intelectual e emocionalmente. Todavia, isso não significa que devemos ignorar o poder das palavras!

Como escritor e orador, minha vida sempre foi preenchida por palavras. Meus jogos favoritos são jogos de palavra como Boggle, em que o jogador tem de formar palavras com um dado número de letras, e Upwords, palavras cruzadas em jogo de tabuleiro para dois ou mais participantes. Meu passatempo favorito é ler. Amo citações. Acredito, como o primeiro-ministro britânico Benjamin Disraeli, que "a sabedoria do sábio e as experiências da idade podem ser preservadas por citações".

Ouça um discurso de Martin Luther King Jr. e você ficará inspirado por suas palavras. Leia uma peça de Shakespeare, o maior dramaturgo do mundo, e você ouvirá frases que ainda são de uso comum hoje — quatrocentos anos depois — e por pessoas que nem sabem que estão citando Shakespeare. As palavras são uma corrente de ideias e têm o poder de mudar o mundo.

O que dizemos e como as dizemos causam um grande impacto. As pessoas respondem à linguagem que usamos. As palavras que escolhemos para falar com nossa esposa ou filhos podem levantá-los ou destruí-los. Elas podem fazer ou desfazer um acordo. Elas podem transformar uma conversa chata em um momento memorável.

Quando falo com as pessoas individualmente, tenho o cuidado de escolher palavras que são positivas e que transmitem a confiança que tenho nelas, mesmo em uma situação difícil. Quando falo para um público, tento tornar o que digo em algo vigoroso e memorável. Como Mark Twain disse: "A diferença entre uma palavra quase certa e a certa é realmente importante — é a diferença entre o vagalume e o relâmpago."

Como alguém diz algo também comunica muito a respeito da mesma. Hershel Kreis, um supervisor de comunicação de emergência, explica: "Uma das falhas para nós na unidade 190 é que só podemos nos comunicar com quem nos ligou de forma verbal." No entanto, não ver a pessoa que liga não nos impede de reunir informação e nos comunicarmos de forma eficaz. "Podemos ouvir o ritmo da fala, o barulho ao fundo, o tom etc., mas aprendemos, por intermédio da experiência, como ouvir mais que palavras proferidas por quem liga e como fazer conexão com eles, embora não possamos usar as dicas não verbais à nossa disposição."[8]

As pessoas captam mais que podem imaginar por meio do modo como os outros dizem as coisas. É por isso que dou muita atenção quando falo. O tom, a entonação, a sincronia, o volume, o ritmo — tudo que você faz com sua voz comunica algo e tem o potencial de ajudá-lo a se conectar com as pessoas ou a se desconectar delas quando fala.

Juntando tudo

A arte de se comunicar além das palavras exige a habilidade de juntar todos esses quatro fatores — usar as palavras certas com a emoção certa sendo intelectualmente convincente e causando a impressão visual certa. E tudo isso precisa ser feito com o tom de voz certo, as expressões faciais certas e linguagem corporal positiva.

Sei que parece complicado. E é. Mas também é intuitivo. O melhor conselho que posso dar é que você aprenda a ser você mesmo. Os melhores oradores profissionais conhecem a si e a seus pontos fortes — muitas vezes aprendidos à base de tentativas e erros — e os usam para sua maior vantagem. Assim como acontece com os melhores comediantes que atuam sozinhos, políticos, apresentadores e líderes. Cada um tem seu próprio estilo, mas todos eles compartilham da habilidade de se conectar visual, intelectual, emocional e verbalmente.

Se você ainda não descobriu ou desenvolveu seu estilo, estude outros comunicadores. Experimente ao conversar com as pessoas. Tudo bem se você "pegar emprestadas" algumas técnicas eficazes que você vê os outros usando. Mas torne-as suas. Não faça o que J. Jayson Pagan confessou que experimentou uma vez no começo de sua carreira depois de ouvir uma mensagem em CD que adorou e acreditava que todo mundo na organização precisava ouvir. "Eu ouvi aquele CD e digitei aquela mensagem palavra por palavra", explicou Jayson. "Quando chegou o momento, passei a mensagem adiante exatamente como a tinha ouvido. Não precisa dizer que eu parecia um grande papagaio verde e azul repetindo o que tinha me impactado. Teve pouquíssimo efeito." Jayson resume: "As pessoas precisam da sua influência, mas ela não virá por intermédio de dublagens daqueles que você admira."[9]

> "O que você é fala tão alto que não consigo ouvir o que você diz."
> — Ralph Waldo Emerson

Sua mensagem deve ser sua. Assim como seu estilo também deve ser seu. Esforce-se para descobrir esse estilo e para desenvolver suas habilidades de conexão em todo tipo de situação. E, ao aprender essas habilidades, lembre-se do quanto daquilo que você comunica é visual e vai além das palavras. E lembre-se das palavras de Ralph Waldo Emerson, que disse: "O que você é fala tão alto que não consigo ouvir o que você diz."

CAPÍTULO 3

Conectando-se com as pessoas em todas as esferas

Princípio de conexão: a conexão vai além das palavras.
Conceito-chave: quanto mais você for além das palavras, maior a chance de se conectar com as pessoas.

Conectando-se na esfera individual

As pessoas muitas vezes deixam passar despercebida a importância dos aspectos não verbais da comunicação ao tentarem se conectar com alguém. Elas não se esforçam ao máximo para se conectarem além das palavras. Você pode melhorar nessa área se você:

- se conectar visualmente ao dar à outra pessoa toda sua atenção — os olhos são a janela da alma; veja o coração da outra pessoa e mostre o seu;
- se conectar intelectualmente ao fazer perguntas, ouvir com atenção e também prestar atenção ao que não está sendo dito;
- se conectar emocionalmente por intermédio do toque (tomando cuidado para respeitar os limites e se portar de forma apropriada com membros do sexo oposto).

Conectando-se em um grupo

Conectar-se com um grupo é uma maneira excelente de aprender a pensar e se comunicar como treinador. É um ambiente interativo em que você pode, de fato, mostrar às pessoas o que fazer e, a seguir, pode lhes pedir para demonstrar enquanto você lhes dá retorno e informações sobre a atuação deles. Em ambientes de grupo:

- conecte-se visualmente dando o exemplo — as pessoas no grupo farão o que virem;

- conecte-se intelectualmente investindo no crescimento das pessoas — comece do ponto em que elas já entendem para que possam se desenvolver e alcançar um patamar mais alto;
- conecte-se emocionalmente reconhecendo o esforço do grupo e recompensando seu trabalho.

Conectando-se com uma plateia

Falar a uma plateia é o mais difícil dos três cenários no que diz respeito a se comunicar além das palavras. Por quê? Porque quase toda nossa comunicação em um palco é em palavras! No entanto, você ainda pode fazer melhorias imediatas em sua comunicação não verbal fazendo três coisas, especialmente no começo de uma apresentação:

- conecte-se visualmente sorrindo — isso mostra às pessoas que você está feliz de estar se comunicando com elas;
- conecte-se intelectualmente pausando estrategicamente para dar à plateia tempo para pensar em algo que você tenha dito;
- conecte-se emocionalmente por intermédio de expressões faciais, riso e lágrimas.

CAPÍTULO 4

CONECTAR-SE SEMPRE EXIGE ENERGIA

Pense nos melhores comunicadores públicos que você conhece. Faça uma lista mental de três ou quatro deles. Agora pense em algumas pessoas que são melhores se comunicando a um pequeno grupo ou equipe. Agora pense em algumas pessoas que se conectam bem com os outros individualmente.

Pensando em suas listas mentais, pense nisto: quantos deles são pessoas com pouca energia? Eu estaria disposto a apostar que a resposta é nenhum. Mesmo quando as pessoas passam a impressão de ter pouca energia, geralmente elas possuem reservas de energia que não são evidentes na superfície. Por que digo isso? Porque conectar-se com as pessoas não acontece simplesmente sozinho. Se você quiser se conectar com os outros, deve realmente querer isso. E isso *sempre* exige energia.

Eles extraem o que você põe

Uma das oportunidades mais desafiadoras e compensadoras que já tive aconteceu em 1996. Recebi um telefonema de uma pequena igreja em

Hillham, Indiana, convidando-me a falar na comemoração de 25 anos da construção de sua igreja. Dava para perceber que a pessoa fazendo o pedido estava nervosa e perguntou se eu estaria disposto a falar na igreja. Ela também queria saber quanto custaria.

O pedido, apesar de inesperado, foi um pedido que fiquei feliz de receber. Veja bem, comecei minha carreira em 1969 como pastor sênior naquela pequena igreja no sul rural de Indiana. Quando eu estava lá, a frequência cresceu de algumas poucas pessoas para algumas centenas, e, em 1971, construímos uma nova igreja para poder acomodar a congregação que estava crescendo. Minha carreira como pastor nas duas décadas e meia seguintes poderia ter me levado a igrejas maiores e permitido que causasse um impacto maior que qualquer coisa que tivesse sonhado até então, mas sempre tive um profundo sentimento pelas pessoas daquela congregação em Hillham. Elas me deram o começo da minha carreira e me amaram incondicionalmente quando eu era jovem, inexperiente e tendia a cometer erros estúpidos. Disse-lhe imediatamente que ficaria feliz de retornar para uma ocasião tão maravilhosa. Não só isso, mas que também levaria minha família comigo, e nós ficaríamos felizes de pagar todos os nossos custos.

Depois que desliguei o telefone, Margaret disse: "John, estou um pouco preocupada com esse evento. Vinte e cinco anos é muito tempo. Você não é a pessoa que era antes. Você e eles estão em mundos diferentes agora. Eles podem não se identificar com você. Como você vai se conectar com eles?"

Pensei no que minha esposa disse por muitos dias. Ela estava certa; tinha mudado muito em todos esses anos. E tinha certeza de que eles tinham mudado também. Seria necessária muita energia para me conectar com eles. Não podia simplesmente aparecer e esperar que as coisas funcionassem sozinhas. Para me conectar com as pessoas, tinha que descobrir como ir ao encontro deles emocional e relacionalmente.

Eu sabia que o encontro de aniversário de 25 anos precisava ser um dia especial para eles, não para mim. Queria celebrá-los, não simplesmente estar lá para celebrar. No curso das semanas seguintes, refleti nos meus primeiros anos com as pessoas em Hillham e decidi agir para fazer todo o possível para estabelecer uma conexão. Fiz isso:

Capítulo 4

Buscando lembranças de nosso tempo juntos

Percorri meus arquivos, e encontrei registros de casamentos, enterros, sermões e eventos especiais durante nosso tempo juntos. Uma fotografia que encontrei se destacou acima de tudo mais. Mostrava 301 pessoas de pé, de frente para a igreja, em um dia de frequência recorde. Quando a levei a Hillham, as pessoas adoraram se encontrar na foto.

Esforçando-me para lembrar os nomes de todos

Sou muito bom para lembrar nomes porque realmente me esforço para isso. Nunca esquecerei algumas das pessoas em Hillham, e seus nomes sempre me virão rapidamente à mente. Mas havia muito tempo desde que tinha estado lá, então exercitei minha memória passando por registros e fotografias. Quando chegou o momento do encontro, lembrava-me dos nomes de quase todo mundo. Melhor ainda, quando cheguei à cidade, um dos membros me deu um novo catálogo ilustrado da igreja. Ele mostrava fotos recentes de todos os membros da igreja, então pude ver como todo mundo estava agora. Gostaria que você pudesse ver a expressão de alegria quando cheguei à igreja e fui capaz de chamar as pessoas pelo nome.

Tentando fazer com que as pessoas se sentissem especiais

Como parte da comemoração do final de semana, agendei um encontro no sábado com todos os membros que tinham estado na congregação durante meu exercício. Não queria que mais ninguém fosse — só eles. Passamos três horas no porão da igreja lembrando-nos do passado. Olhamos juntos as lembranças que nos fizeram rir e, às vezes, levaram-nos às lágrimas.

Tornando minha visita pessoal para tantas pessoas quanto possível

Distribuí cópias de itens como certificados de batismo e objetos de recordação de momentos especiais. Por exemplo, dei a Shirley Crowder uma cópia do sermão que preguei no dia em que ela se juntou à igreja e a Abe Legenour uma fotografia dele sendo batizado. Todo mundo recebeu alguma coisa de lembrança dos "velhos tempos". Depois tiramos fotos da minha família com cada uma das pessoas.

FAZENDO MAIS QUE O NECESSÁRIO PARA PASSAR UM TEMPO EXTRA COM AS PESSOAS

Alguns oradores e pastores convidados chegam atrasados, mantêm-se distantes de sua plateia, falam da plataforma e, depois, vão embora o mais rápido possível. Não queria fazer isso. Queria estar disponível para as pessoas. Então, Margaret e eu chegamos ao culto de domingo trinta minutos adiantados para podermos cumprimentar o maior número de pessoas possível. Para minha surpresa, quando chegamos, o estacionamento já estava cheio, e o auditório estava lotado! Entrei no prédio e, fila por fila, cumprimentei cada pessoa. Depois do culto, ficamos por lá e fomos os últimos a ir embora.

COMPARTILHANDO MEUS ERROS DURANTE O SERMÃO

Aprendi que se você quiser que as pessoas fiquem impressionadas, pode falar sobre os seus sucessos; mas se quiser que as pessoas se identifiquem com você, é melhor falar sobre os seus fracassos. Foi isso que fiz nesse dia. E agradeci a cada um por ser tão paciente comigo e tão gentil durante aqueles primeiros anos. Honestamente, naquela época estava muito verde, e eles toleravam muita coisa. Era grato e queria que eles soubessem disso.

RECONHECENDO-OS COMO PARTE DO MEU SUCESSO

Ninguém chega a lugar nenhum na vida sem a ajuda dos outros. As pessoas naquela comunidade me ajudaram a pegar o caminho certo na minha carreira. Criei minha mensagem a partir desse fato e a intitulei: "Dez Lições que Aprendi em Hillham." Enquanto falava, eles se lembraram, riram e choraram. Para encerrar minha mensagem, expressei sincera gratidão por sua influência em minha vida. Minhas últimas palavras para eles foram: "Todo jovem pastor deveria passar seus primeiros anos de ministério em Hillham. Isso lhes daria um alicerce para um ministério de sucesso."

Acredito que todo mundo gostou do encontro. Margaret e eu certamente gostamos. No avião, ao voltarmos para casa, Margaret disse: "Bem, você conseguiu. Você se conectou com eles." Senti-me satisfeito por ter feito meu melhor. E estava cansado porque isso tinha exigido muita energia.

Você tem de fazer acontecer

Quando estava fazendo a faculdade, peguei uma disciplina sobre discursos. Mais de 40 anos depois, posso honestamente dizer que aprender a falar em público foi essencial para minha jornada pela vida assim como para meu crescimento como orador. Foi nessa aula que ouvi o que meu professor chamava de "Quatro Pecados Imperdoáveis de um Comunicador": estar despreparado, não estar comprometido, não ser interessante e não estar à vontade. Você nota o denominador comum para três desses quatro "pecados"? É a energia. Os três primeiros são uma função do esforço. É preciso energia para estar preparado, comprometido e ser interessante! Isso vale quer você esteja falando para uma pessoa, quer para mil. Conectar-se sempre requer energia.

A escritora e treinadora em comunicação Susan RoAne, autora de *How to Work a Room* [*Como trabalhar uma sala*], descreve o que é necessário para se conectar com as pessoas em ambientes sociais. Em seu *site*, ela oferece "Dez dicas do especialista em contatar as pessoas", habilidades a serem usadas quando conhecemos pessoas novas. Ao ler a lista dela, pense em quantas delas exigem energia. Ela diz que aqueles que se contatam de forma magnífica:[1]

1. Possuem a habilidade de fazer os outros se sentirem à vontade;
2. Parecem estar confiantes e à vontade;
3. Têm a habilidade de rir de si mesmos (não dos outros);

4. Demonstram interesse pelos outros: mantêm contato visual, envolvem-se, fazem perguntas e ouvem atentamente;
5. Estendem-se aos outros: cumprimentam com um aperto de mão firme e um sorriso;
6. Transmitem um senso de energia e entusiasmo — alegria de viver;
7. São equilibrados, bem informados e têm bons modos;
8. Preparam esquetes ou estórias de fatos reais que são interessantes, engraçados e apropriados;
9. Apresentam as pessoas umas às outras com um entusiasmo contagiante (não existe outro tipo) que motiva a conversa entre as pessoas que são apresentadas;
10. Transmitem respeito e genuinamente gostam das pessoas — a base da comunicação.

Pelas minhas contas, pelo menos sete desses dez aspectos exigem energia. Se você quiser se conectar com os outros, mas está esperando que o possa fazer sem realmente querer, esqueça isso. Conectar-se sempre exige energia.

Cinco modos proativos de se usar a energia para se conectar

Não importa com quem ou em que contexto você está tentando se conectar, é sempre a mesma coisa: você precisa levar energia para fazê-lo de forma eficaz. E, para aproveitar ao máximo as oportunidades para se conectar, você deve canalizar essa energia de forma estratégica. Existem coisas específicas que você pode fazer para ajudar a promover a conexão — com seu marido ou esposa, em reuniões sociais, em uma confraternização com colegas ou com seu chefe, em uma reunião, em cima de um pódio ou no palco em um estádio. Digo isso com confiança porque já me conectei com pessoas em todas essas situações.

Quando sugiro que a energia é necessária para se conectar com os outros, não estou dizendo que você deve ser uma pessoa com realmente muita energia para se conectar com os outros. E você também não precisa ser extrovertido. Deve simplesmente estar disposto a usar toda a energia que você tiver para focar os outros e tentar alcançá-los. É realmente uma questão de escolha. Laurinda Bellinger, engenheira e gerente de projetos, comentou: "Vinte anos atrás, tive de tomar uma decisão de não me esconder atrás de minha personalidade introvertida e me conectar com os outros. Agora, quando digo às pessoas no trabalho que sou introvertida, elas riem. Mas os introvertidos podem demonstrar comportamento extrovertido — [no entanto] isso realmente nos esgota e precisamos recarregar mais rápido que um extrovertido."[2]

Se você quiser se conectar com os outros, precisa realmente ter a intenção de fazer isso. Aqui vão cinco observações sobre a energia necessária para se conectar e sobre a decisão que você deve tomar para ser estratégico ao usar essa energia.

1. CONECTAR-SE REQUER INICIATIVA... SEJA O PRIMEIRO

Já tive o privilégio de falar algumas vezes para os funcionários da Wal-Mart na sede da empresa em Bentonville, Arkansas. Na primeira vez em que fiz isso, fui levado a um *tour* pelas instalações, onde vi cartazes em todo lugar realçando os valores e a filosofia da organização. Naquela primeira visita, depois que já tinha terminado de falar, levei um caderno e anotei as mensagens contidas em muitos dos cartazes. A que me impressionou mais foi a "Regra dos 3 metros." Dizia:

> Deste dia em diante, juro e declaro solenemente que toda vez que um cliente chegar a menos de três metros de mim, sorrirei, olharei em seus olhos e o cumprimentarei.
>
> — SAM WALTON

Sam Walton entendeu a importância de iniciar um contato com os outros. Iniciativa é para qualquer relacionamento o que um fósforo aceso é para uma vela.

Acho que a maioria das pessoas reconhece o valor da iniciativa. Elas, prontamente, admitiriam que tomar iniciativa é importante em relacionamentos, porém muitas ainda não a tomam com os outros. Quando o assunto é interagir, elas sempre esperam que a outra pessoa dê o primeiro passo. Mas tudo que isso faz é levar à perda de oportunidades. Malcolm Bane, pastor aposentado, observou: "Se você esperar até que você possa fazer tudo por todo mundo, em vez de alguma coisa para alguém, acabará não fazendo nada por ninguém." Se você quer se conectar, não espere. Comece logo!

Estar pronto para gastar energia a fim de iniciar o processo de conexão com os outros é importante não apenas com indivíduos, mas também com grupos e equipes. Simon Herbert, treinador da Abbotsholme School, no Reino Unido, comentou:

> Estou no comando do time de Rugby da escola em que trabalho e, no ano passado, tentei me afastar um pouco dessa atividade — um pouco menos do técnico e um pouco mais dos jogadores. Passei o resto da temporada apagando incêndios. Não conseguia entender o que estava errado. Por fim, quando estava em um tour na África do Sul, identifiquei o fato de que, por estar um pouco afastado da atividade de técnico, minha energia não era mais a força propulsora por trás dos times. Não me entenda mal. Tinha ótimos líderes entre os jogadores e os técnicos, mas meu mentor me disse que era minha paixão pelo jogo e pelos jogadores que havia dado o incentivo para todos os outros e que eu precisava continuar jogando o carvão para o fogo continuar aceso.[3]

> **"Se você esperar até que você possa fazer tudo por todo mundo, em vez de alguma coisa para alguém, acabará não fazendo nada por ninguém."**

Sem a disposição de Simon de pôr sua energia no time, o time não teve tanto sucesso como, do contrário, poderia ter tido. A conexão requer iniciativa.

Uma das técnicas que ensino em 25 *Ways to Win with People* [25 *maneiras de vencer com as pessoas*] é: "Seja o primeiro a ajudar." É muito simples, mas também muito poderoso. Qualquer hora na vida que precisemos de assistência e conseguimos ajuda, de quem nos lembramos mais? É sempre da pessoa que nos ajuda primeiro. Isso não acontece com você? Geralmente somos

Capítulo 4

muito gratos às pessoas que fazem esforço para nos ajudar e nos incluir em tudo.

Sei que isso é verdade para mim. Les Stobbe foi a primeira pessoa que me ensinou sobre escrever. Dick Peterson foi quem me ajudou a montar a minha primeira empresa. Meu irmão Larry foi meu primeiro mentor nos negócios. Kurt Kampmeir iniciou minha jornada de crescimento pessoal. Elmer Towns foi o primeiro a me ensinar sobre crescimento dentro da igreja. Gerald Brooks foi o primeiro a doar dinheiro para a EQUIP, minha organização, sem fins lucrativos, sobre liderança. Linda Eggers viu que eu precisava de ajuda na minha empresa e se ofereceu para me ajudar. Foram necessários energia e esforço para eles fazerem o que fizeram por mim, e cada uma dessas pessoas terá sempre um lugar especial em meu coração! Tenho uma conexão com eles que tenho com poucas pessoas.

Um provérbio judeu diz: "O sábio faz de imediato o que o tolo faz por fim." Com frequência, esperamos pelo "momento perfeito" para tomar iniciativa com os outros. Tenho a experiência de que o momento perfeito nunca chega. Iniciar uma conversa com alguém sempre parece estranho. Oferecer ajuda a alguém significa arriscar ser rejeitado. Doar algo aos outros significa poder ser mal-compreendido. Você não se sentirá pronto nem confortável nesses momentos. Só tem de aprender a passar por esses sentimentos estranhos ou de insegurança. Como disse a ex-primeira dama Eleanor Roosevelt: "Devemos fazer aquilo que achamos que não podemos." As pessoas que se conectam com as outras vão em frente e fazem o que o resto de nós nunca chega a fazer.

> "O sábio faz de imediato o que o tolo faz por fim."

2. Conectar-se requer transparência... prepare-se

Enquanto conectar-se requer que você esteja disposto a tomar a iniciativa com os outros, o que frequentemente significa agir no momento, também requer que saibamos o que estamos fazendo quando fazemos contato. Isso significa ter transparência de pensamento suficiente, e a transparência, geralmente, vem como resultado de preparação em três áreas principais:

Conhecer a si mesmo — preparação pessoal. Mais de três décadas atrás, quando fui desafiado a me colocar em um programa de crescimento pessoal, vi o aprendizado como forma de me ajudar. Não demorou muito para descobrir que me ajudar me tornou mais capaz de ajudar os outros. Esta é uma das razões por que digo às pessoas que, para acrescentarem valor às outras, elas devem se tornar mais valiosas. Você não pode dar algo que não tem. Não pode dizer o que não sabe. Não pode dividir o que não sente. Ninguém tira nada de um vácuo.

Conhecer a si mesmo e crescer pessoalmente ajuda você a ganhar clareza mental e emocional. Você sabe o que você sabe e o que não sabe. Você sabe o que pode e o que não pode fazer. Você se torna confortável com você mesmo e seguro em sua identidade. Você está apto a se conectar com outros porque está pronto e é capaz de ser aberto com as pessoas. O que Harvey Pinick, professor de golfe e escritor, diz sobre jogadores de golfe profissionais é verdade sobre pessoas em outras áreas da vida: "Se um jogador estivesse preparado para as pequenas coisas, esse jogador estaria preparado para os grandes desafios."

Conheça o seu público — preparação das pessoas. Conectar-se com as pessoas começa com conhecê-las. Quanto mais você entende sobre pessoas em geral, mais apto você estará para se conectar. Quanto mais você souber sobre as pessoas específicas com quem você está tentando se conectar, melhor será sua posição para conectar-se com elas. Se você não tiver clareza em relação aos seus ouvintes, sua mensagem não será clara.

Há anos, tenho preparado e moldado meus comentários para as pessoas na sala. Por exemplo, quando lidero uma mesa redonda para líderes, discutindo assuntos importantes em suas áreas, tento aprender o máximo possível sobre cada uma das pessoas que estão participando. Quanto mais souber sobre elas, mais posso ajudá-las de forma clara e direta. Quando me preparo para esses encontros, uso uma lista similar à de um jornalista escrevendo sua história. Pergunto:

- Quem são eles?
- Do que eles gostam?

- De onde eles vêm?
- Quando eles decidiram participar?
- Por que eles estão ali?
- O que tenho que posso oferecer a eles?
- Como eles querem se sentir quando concluirmos?

Poderia ir a uma dessas mesas redondas e improvisar? Provavelmente. Estaria apto a me conectar com as pessoas também? Não. Daria valor a elas do modo como gostaria? Absolutamente não! Leva tempo e energia para responder a essas sete perguntas, mas vale a pena. Todas as vezes que quero me conectar com as pessoas, espero gastar energia me preparando de antemão.

Líderes, constantemente, fazem-se perguntas como essas quando querem reunir pessoas em suas organizações. Eles passam grande parte do tempo fazendo perguntas e gastam bastante energia com essas perguntas, reunindo informações, preparando-se para se encontrar com as pessoas. Sabem que se querem lançar uma visão, têm de transmitir isso com clareza para as pessoas em suas organizações. A responsabilidade está sobre seus ombros, não nos das pessoas ouvindo o que os líderes têm a dizer.

Conheça o que você deve fazer — preparação profissional. Ser você mesmo e entender as pessoas levarão você longe em suas conexões com os outros. No entanto, em situações em que você tem que falar, ensinar ou liderar, você também deve estar preparado profissionalmente. Você deve saber o que está falando. Tenho certeza de que você já ouviu comunicadores que são ótimos para se conectar, mas têm pouco a oferecer em termos de substância. Depois que eles falam, você sai se sentindo bem, mas alguns minutos, horas ou dias depois, você percebe que não está melhor do que estava antes.

Outras vezes você encontra pessoas que têm muito a oferecer em termos de conhecimento, mas não conseguem se comunicar de forma eficaz. Pouco depois do início da conversa, você se desliga. Depois que eles acabam, você diz: "Graças a Deus que acabou." Nenhum dos dois tipos de comunicação é eficaz. Quando uma pessoa consegue juntar tudo, o efeito é poderoso.

3. Conectar-se requer paciência... vá devagar

Uma jovem que não estava acostumada a dirigir um carro com câmbio manual deixava o carro morrer quando o sinal ficava verde. Cada vez que ela ligava o carro, ela, nervosa, soltava a embreagem rápido demais e deixava o carro morrer de novo. O carro atrás dela poderia ter desviado, mas, em vez disso, começou a buzinar. Quanto mais ele buzinava, mais envergonhada e zangada ela ficava. Depois de mais uma tentativa desesperada de andar com o carro, ela saiu e andou até o carro dele. O homem, surpreso, abaixou a janela.

— Vamos combinar uma coisa — disse ela. — Você vai lá andar com o meu carro, e me recostarei aqui e buzinarei para você.

Vivemos em uma cultura impaciente. Usamos lojas com *drive through* para fazer tudo sem sair do carro — comprar refeições, pegar nossas roupas na lavanderia, completar transações bancárias e pedir remédios. Acho que o comentário de Lisa Thorne no meu *blog* descreve muitos de nós: "A boa notícia é que vou rápido; a má notícia é que, muitas vezes, vou sozinha."[4] Todo mundo está com pressa, mas isso impede que a maioria de nós se conecte com os outros de forma eficaz. Se quiser se conectar com as pessoas, precisa ir devagar.

Devo admitir, a impaciência sempre foi uma fraqueza minha, e tenho tido continuamente que trabalhar isso. No começo da minha carreira, queria fazer as coisas o mais rápido possível e seguir adiante para a tarefa seguinte. Se alguém não quisesse seguir na minha velocidade, passava batido por ele. Mas esse estilo de liderança atrapalhou a minha habilidade de me conectar com os outros, e meus relacionamentos sofreram com isso. A boa notícia é que ia rápido. A má notícia é que muitas vezes ia sozinho.

> "O homem que vai sozinho pode começar o dia. Mas aquele que viaja com outro deve esperar até que o outro esteja pronto."
> — Henry David Thoreau

Mover-se à velocidade de outra pessoa pode ser exaustivo. Obviamente, requer muita energia acompanhar alguém que está se movendo mais rápido que nós. Mas também não é cansativo ir mais devagar do que queremos? Henry David Thoreau escreveu: "O homem que vai sozinho pode começar o dia. Mas aquele que viaja com outro deve esperar até que o outro esteja pronto." Acho muito frustrante esperar. Testa minha paciência. No entanto, se quiser me conectar com as pessoas, tenho de estar disposto a ir mais devagar e ir no ritmo da outra pessoa. Pessoas que se conectam bem não correm sempre mais rápido, mas sempre conseguem levar os outros com elas. Elas demonstram paciência. Deixam suas prioridades de lado para incluir os outros. Essas coisas exigem energia. Mas descobri ao longo dos anos que qualquer coisa que realmente valha a pena na vida requer tempo para concluir.

4. Conectar-se requer altruísmo... doe

Na vida, há pessoas que doam e pessoas que tomam. Qual tipo de pessoa você gosta de ter por perto? As que doam, é claro. Todo mundo gosta. Quando estamos em um mercado ou em algum outro lugar público, e vemos pessoas que sabemos que são do tipo das que tomam, tendemos a evitar contato visual ou viramos a esquina rápido, fingindo que não as vimos. No entanto, quando encontramos as que doam, ficamos felizes de vê-las e fazemos questão de cumprimentá-las. É fácil conectar-se com as pessoas que doam.

Ser um doador requer energia, e isso nem sempre é fácil, principalmente em situações estressantes. Trudy Metzger, palestrante motivacional que sobreviveu a uma infância de abusos, tornou-se uma adulta doadora. No entanto, ainda acha difícil manter uma mentalidade de doadora quando se depara com algumas pessoas de seu passado difícil. Às vezes, fica na defensiva e tenta controlar a situação quando se sente vulnerável. Recentemente, descobriu que, quando isso acontece, ela se transforma de doadora em alguém que toma. Diz Trudy Metzger: "Embora doar requeira energia, devo dizer que as situações em que me torno aquela que toma me deixam completamente exausta e 'morta' por dentro. Ser uma doadora traz vida — como regar uma planta para que ela cresça — mas ser alguém que só toma é como sugar a água e os nutrientes do solo, deixando a planta e o solo estéreis e inúteis."[5]

Ser um doador pode exigir muita energia. Mas evitar a interação com os outros também exige. Ed Higgins comentou: "Consumia quantidades enormes de energia ao evitar me conectar (e tendo a ser extrovertido a maior parte do tempo), e sentia-me horrível com isso. Vim a perceber que talvez a energia usada para não me conectar pode ser muito maior que a energia exigida para me conectar."[6]

Ser um doador geralmente é uma situação em que todos ganham. Pode lhe energizar e, ao mesmo tempo, ajudar os outros. E isso o ajuda a se conectar. Isso vale individualmente, em um grupo ou com uma grande plateia. Se você se concentrar em doar, verá que é muito mais fácil se conectar. Nos anos em que estava à frente de uma igreja e pregando para a congregação quase todo fim de semana, alguns membros da equipe e eu, várias vezes, tirávamos um tempo detalhando e discutindo como os cultos tinham ido. Durante uma dessas sessões, meu amigo e colega Dan Reiland disse:

— John, acho que as pessoas têm muita facilidade para ouvi-lo.

— Você pode explicar o que você quer dizer? — respondi. Respeito Dan e queria ouvir sua perspectiva.

— Vou fazer até melhor que isso — disse Dan.

Na manhã seguinte, tinha sua análise por escrito na minha mesa. Aqui está o que ela dizia:

> Pensei em por que você é tão fácil de ouvir. A ideia me intrigou principalmente quando pensei no fato de que é verdade mesmo quando as pessoas já sabem sobre o que você falará. E isso definitivamente vai além do valor de entretenimento de simplesmente contar histórias bem.
>
> Acho que tudo tem que ver com um comunicador que é, primariamente, um doador, em vez de um tomador. O espírito humano sente e se alimenta de um espírito doador. O espírito é de fato renovado por um mestre com um espírito doador — isso é provado pelo fato de que as pessoas, quando ouvem o que você já disse tantas vezes, ainda se sentem preenchidas. Seus ensinamentos são essencialmente doadores, e as pessoas podem receber o dia todo

de um doador, enquanto se cansam rápido de um tomador. Pense no que Jesus ensinou — metade do tempo as pessoas não sabiam do que ele estava falando, mas ouviam com atenção. Jesus estava doando — alimentando-as. Não tomando. Era em uma esfera espiritual (coração) — ele não estava simplesmente dando informações.

Aqui está como acho que funciona. Se os comunicadores ensinam por necessidade, insegurança, egocentrismo ou responsabilidade, não estão doando. A pessoa carente quer elogios, algo que a plateia deve dar. A pessoa insegura quer aprovação e aceitação, algo que a plateia deve dar. A pessoa egoísta quer ser elevada, ser superior e só um pouco melhor que todo mundo, algo que a plateia deve dar. Mesmo a pessoa motivada por responsabilidade quer ser reconhecida como a trabalhadora fiel, ser vista como responsável — algo que a plateia deve conferir a ela. Muitos comunicadores, o tempo todo, ensinam em um desses modos de tomadores, e não estão cientes disso.

Aí tem o doador. Essa pessoa ensina por amor, graça, gratidão, compaixão, paixão e transbordamento. Todos esses são modos de doador. Em cada um desses modos do coração, a plateia não tem que doar nada — só receber. O ensinar, portanto, torna-se um dom. Preenche e renova.

Esse é você. É por isso que as pessoas podem ouvi-lo o dia todo. Pelo que venho observando, e aprendendo com você, você ensina 99% do tempo no modo de doador. Só muito raramente você cai para o modo do egocentrismo, e, nesses raros momentos, não sinto mais que você está doando. Você está tomando. Isso pode soar como: "Sou especial e um pouco melhor que vocês." Afora esses momentos muito raros, poderia ouvi-lo o dia todo.

Não acho que me conecte tão bem quanto Dan pensa que faço, mas sempre me esforço para me concentrar nos ouvintes e agregar valor a eles de todas as formas possíveis. No entanto, acho que ele está certo sobre todos os oradores serem doadores ou tomadores, e isso é definitivamente uma função da atitude. A mentalidade deles é altruísta ou egoísta. Vemos os outros, como sugeriu José Manuel Pujol Hernández, como degraus ou pontes. Se os virmos como degraus, os usamos para nos elevarmos; se como pontes, para nos conectarmos.[7]

Quando você ouvir alguém falar, pergunte a si mesmo: "A pessoa está me dando tudo — olhos, rosto, corpo, cérebro e personalidade? Ou essa pessoa está simplesmente passando pela cidade e essa oportunidade de falar é só uma parada no caminho?" As pessoas que querem se conectar com os outros devem dar tudo de si. E isso exige energia!

Recentemente, estava conversando com um comunicador que tinha ficado entediado de fazer sempre as mesmas apresentações o tempo todo para diferentes grupos de pessoas. Lembrei-lhe de que ele não estava fazendo a apresentação para ele; ele a estava dando em benefício dos outros. Como se mantém essa mentalidade e se encontra a energia para dar tudo de si toda vez que se apresenta?

Em seu livro *Presenting to Win* [*Apresentando-se para vencer*], Jerry Weissman dá um grande conselho sobre isso. Ele diz que os palestrantes devem manter a "ilusão da primeira vez", um conceito que vem do mundo dos atores de palco. Embora eles tenham de desempenhar um papel dezenas, centenas ou até milhares de vezes, a plateia precisa ver uma apresentação digna da primeira vez. Weissman segue e conta uma história sobre o jogador do Hall da Fama do beisebol, Joe DiMaggio:

> **A conexão sempre começa com um compromisso com alguém.**

> Certa vez, um repórter disse ao veloz jogador do Yankee: "Joe, você sempre parece jogar com a mesma intensidade. Você corre o campo todo e atrás de todas as bolas, mesmo nos dias de agosto, quando os Yankees estão muito à frente na corrida e não têm ninguém à frente. Como você consegue?"

DiMaggio respondeu: "Eu sempre me lembro que pode haver alguém nas arquibancadas que nunca tenha me visto jogar antes."

Capítulo 4

Esse é o tipo de mentalidade altruísta que uma pessoa deve manter para se conectar com os outros. Requer muita energia — seja individualmente, seja em um grupo, seja em frente a uma plateia — mas rende grandes dividendos. A conexão sempre começa com um compromisso com alguém.

5. Conectar-se requer energia... recarregue-se

Comunicar-se com as pessoas pode ser muito cansativo física, mental e emocionalmente. A escritora e consultora Anne Cooper Ready descreve algumas das emoções envolvidas com falar a uma plateia:

> Falar em público é considerado como o medo número um dos norte-americanos, antes da morte, quinta colocada, e da solidão, sétima colocada na lista. Acho que isso significa que a maior parte de nós tem menos medo de morrer sozinho que de fazer papel de bobo na frente dos outros. O medo é um motivador poderoso para a liderança, o que significa que você se destaca da multidão. Existe o medo de ser visto como excepcional e diferente; o medo do desconhecido; o medo de ser uma fraude; o medo de esquecer tudo que você diria; o medo de correr risco publicamente; e o medo de estar lá em cima, sozinho. Todos eles vêm juntos, para a maioria de nós, ao falar em público.[8]

Com tudo isso, como o trabalho de se conectar com outras pessoas *não* drena a energia de uma pessoa?

Se não tivermos cuidado, conectar-se com as pessoas regularmente pode enfraquecer tanto nossa energia que teremos poucas reservas para nos permitir fazer algo mais. Embora seja uma pessoa "extrovertida", ainda preciso de bastante tempo em particular para recarregar minhas baterias emocionais, mentais, físicas e espirituais. Acredito que isso seja verdade para a maioria dos oradores e líderes. Lorin Woolfe, em *The Bible on Leadership* [O que a Bíblia diz sobre liderança], escreve: "A liderança requer quase que um suprimento inteiro de energia verbal: trabalhar bem com os fones de ouvido, manter seu foco em sua mensagem, repetir o mesmo mantra até você não conseguir mais ouvir o som de sua própria voz — e depois repetir isso mais uma vez, porque assim que você começa a ficar entediado com a mensagem, ela está provavelmente entrando aos poucos na organização."

Com o passar dos anos, tenho aprendido como manter minhas baterias carregadas. Você também precisa fazer isso, se quiser ter energia disponível para se conectar com as pessoas. A primeira coisa a fazer é estancar "vazamentos" de energia reconhecendo e evitando o que desnecessariamente drena sua energia. No início de minha carreira, passei um bom tempo aconselhando as pessoas, e todas as vezes que fiz isso, voltei para casa exausto. Lembro-me de perguntar-me: *Por que estou tão cansado?* Afinal, era jovem e muito entusiasmado com minha carreira. Levou um tempo até que concluísse que sentar com as pessoas para ouvir os problemas delas me deixava sem energia.

Outro sugador de energia para mim é trabalhar nos mínimos detalhes de um projeto. Isso tira uma quantidade enorme de energia por um retorno muito limitado. Assim que fiquei apto a contratar pessoas que se sentem energizadas por cada detalhe do trabalho, o fiz. Acredito bastante em trabalhar, tanto eu e como os outros, nas áreas em que temos nossos pontos fortes. Descubra quais atividades tiram sua energia e evite-as se elas não forem essenciais.

Você deve descrever que tipos de coisas preenchem seu tanque e o deixam energizado. Todo mundo é diferente. Johnson Tey escreveu que ele se energiza fazendo uma caminhada; Kasaandra Roache gosta de passar um tempo na praia. Ryan Schleisman passa um tempo fora do consultório com seus funcionários. Ele diz: "Como médico, às vezes, é difícil sair para recarregar. Sei que depois que me recarrego, meus pacientes e eu ficamos melhor por conta disso. Minha incrível equipe marca horários de recreação para nós. Que plano incrível."[9] Fico recarregado com uma boa massagem, uma partida de golfe, uma mudança no ritmo ou uma prece durante minha natação diária. E a minha forma favorita de me recarregar é passar um dia com Margaret, sem nenhum compromisso. Preste atenção no que o recarrega e comece a transformá--lo em parte de sua agenda.

Capítulo 4

Se você é responsável por liderar pessoas ou se comunicar com outros, é especialmente vital para você achar modos de se recarregar. É realmente muito simples. Tudo que você precisa é saber as coisas que você gosta de fazer e arrumar tempo para elas. Como disse o escritor Louis Auchincloss: "A única coisa que permite um homem continuar seguindo é a energia; e o que é energia além de aproveitar a vida?" Se você pode buscar momentos para fazer coisas que o energizem, então sempre terá reservas de energias que poderá usar para se conectar com outros.

Para conquistar algo de valor, você deve aprender a gerenciar e canalizar sua energia. Artistas e atletas entendem isso melhor que a maioria das pessoas. Se eles não fizerem isso, eles não conseguem os resultados que desejam. Isso foi verdade para o narrador esportivo Joe Theismann quando era jogador da NFL [Liga Profissional de Futebol Americano]. Ele foi o zagueiro do time do Washington Redskins em dois Super Bowls, os campeonatos norte-americanos, na década de 1980. Quando seu time jogou no campeonato pela primeira vez, em 1983, sua atitude era positiva, e sua energia estava acima da média. Ele estava entusiasmado de estar ali e deu tudo que ele tinha. E seu time venceu.

> "A única coisa que permite um homem continuar seguindo é a energia; e o que é energia além de aproveitar a vida?"
> — Louis Auchincloss

O campeonato seguinte foi totalmente diferente. Ele menosprezou muita coisa, e sua atitude não foi boa. Diz Joe Theismann: "Eu reclamava do tempo, dos meus sapatos, dos treinos — enfim, reclamava de tudo." Como resultado, seu desempenho caiu, e o time perdeu. Joe Theismann foi totalmente responsável pela vitória ou pela derrota do time? Não, mas como zagueiro, ele era o líder do time e era ele que dava o tom à jogada. Já ouvi que ele usa algumas vezes seu anel da vitória e seu anel da derrota como um lembrete do que deve fazer para ter sucesso. "A diferença nesses dois anéis", diz Theismann, "está em aplicar-se ou não, ou seja, em não aceitar nada menos que o melhor."

Conectar-se com os outros é como tudo na vida: você tem de querer. Isso não significa que você tem de falar alto ou chamar atenção. Clancy

Cross, treinador de negócios, observou: "As pessoas geralmente confundem energia com volume ou com velocidade. Um músico de sucesso sabe que é preciso mais energia para cantar e tocar devagar e suavemente (e se conectar com a audiência) do que é preciso para correr e fazer barulho. Até mesmo o modo como sentamos com as pessoas e as ouvimos requer energia. Eles detectarão quando o fazemos sem energia. Não é possível fingir ter energia nem é possível fingir uma conexão."[10]

Para se conectar, você tem que se entregar e dar o melhor de si; ou não terá sucesso. Isso requer energia — independentemente do que esteja fazendo — liderando um encontro, tomando café com um amigo, falando para um grande público ou divertindo-se em um momento romântico com seu cônjuge. Mas não consigo pensar em uma forma melhor de gastar energia.

Conectando-se com as pessoas em todas as esferas

Princípio de conexão: conectar-se sempre requer energia.
Conceito-chave: quanto maior o grupo, mais energia é necessária para se conectar.

Conectando-se na esfera individual

Muitas pessoas ficam pouco ativas quando o assunto é conexão individual. Elas supõem que as pessoas as ouvirão. Mas isso é fazer um desserviço para os outros, especialmente às pessoas que estão mais próximas de você, como seus amigos e família.

Evite essa armadilha. Da próxima vez que você tentar se comunicar com alguém individualmente, prepare-se para isso mental e emocionalmente, assim como você faria para uma audiência. Se você levar energia intencional para a conversa, torna o processo muito mais fácil para as pessoas se conectarem com você.

Se você está buscando formas de aumentar sua energia individual, então faça o que Margaret e eu fizemos um com o outro por muito tempo:

- escreva em um pedaço de papel coisas significativas que aconteceram com você durante o dia;
- não conte as coisas importantes a ninguém antes de compartilhar com uma pessoa especificamente;
- tire um tempo todos os dias para analisar suas listas um com o outro, o que requer intencionalidade e energia.

Conectando-se em um grupo

Quando você se comunica com um grupo em um encontro, a energia no lugar pode variar bruscamente. Algumas vezes, o grupo trará muita energia para o processo, e ela durará o dia todo. Outras vezes, como líder ou comunicador, você precisará direcionar e gerar energia.

Da próxima vez que você se comunicar com um grupo, não seja complacente. Traga energia para o processo e continue trazendo-a — mesmo se a energia no lugar for boa. Não se deixe levar pela maré. A experiência será melhor para todo o mundo se você se mantiver intencionalmente energizado. Além disso, ganhará o respeito das pessoas se você se responsabilizar pelo nível de energia.

Algumas vezes ao ano, lidero uma mesa redonda sobre liderança com quinze ou trinta executivos. Aqui estão as diretrizes que sigo com eles:

- vou a cada um deles, antes de a sessão começar e me apresento;
- pergunto a cada um deles alguma coisa pessoal;
- deixo a condução do encontro com eles, já no início da sessão — eles me fazem perguntas, e faço o meu melhor para servi-los;
- trago-os para o assunto contando para os outros algo singular a respeito do assunto, se alguns ficam hesitantes para entrar na discussão;
- termino nosso tempo juntos perguntando como posso ajudá-los a ter mais sucesso.

Conectando-se com uma plateia

Nenhum público chega a um evento esperando fornecer energia ao orador. As pessoas vêm para os *shows*, conferências, oficinas de trabalho e eventos esperando receber, não dar. Se você é o orador, deve manter isso sempre em mente. Quanto maior o público, mais energia você deve fornecer.

Pense em como você pode aumentar sua energia quando estiver falando para um público. Por exemplo, segurança, que vem da preparação, traz energia. Paixão, que vem da convicção, traz energia. Positividade, que vem de acreditar nas pessoas, traz energia. Quanto mais energia você colocar no processo, e quanto melhor você for para transmiti-la para seu público, melhores serão suas chances de se conectar com eles.

Capítulo 5

Conectar-se é mais habilidade que talento natural

Farei algo um pouco fora do comum neste capítulo. Entregarei a palavra a Charlie Wetzel, meu escritor desde 1994, aí ele pode contar a vocês algumas coisas sobre comunicação do ponto de vista dele. Charlie é um excelente observador, um pensador reflexivo e um estudante, há muito tempo, de liderança e comunicação. Ele me conhece tão bem como qualquer amigo meu e já me viu em todos os tipos de situação de comunicação. Acho que você achará sua perspectiva interessante, e ele explicará como conseguimos nos conectar por intermédio da escrita. Mas, primeiro, quero contar algumas coisas sobre as pessoas que considero ser grandes comunicadores.

Comunicando-se na esfera mais alta

Conectar-se é algo que qualquer um pode aprender a fazer, mas é preciso estudar comunicação para se aprimorar. Sou estudante de comunicação há quatro décadas. Toda vez que ouço as pessoas falarem, não apenas ouço o que elas têm a dizer, mas também presto atenção em seu estilo e técnica como comunicadores. Ocasionalmente, vou a eventos nos quais distintos comunicadores se apresentam porque gosto de ouvi-los e de aprender com eles.

Alguns anos atrás, fui a uma conferência em São José, na Califórnia, que falava sobre dez personalidades famosas. Foi uma apresentação diversa e interessante de figuras públicas, e eu estava ansioso para ouvir e ver cada uma delas. Queria ver quais delas se conectariam com o público e se comunicariam eficazmente.

Ao me preparar para ouvir, preparei meu caderno de anotações com duas colunas e nomeei-as: "Conectou-se", e: "Não se conectou." No fim do dia, tinha seis nomes na coluna dos que se conectaram e quatro na outra. Não direi o nome dos que não se conectaram. (Tenho certeza de que você reconheceria todos eles.) No entanto, descreverei os estilos de comunicação deles:

Não conector número 1: Esse político falou de forma totalmente monótona. Falou sem parar, sua voz era totalmente desprovida de paixão ou convicção. Ele falou quase como se não estivéssemos lá. E não tínhamos muita certeza se *ele* também estava lá!

Não conector número 2: Outro político, esse orador foi bastante agradável. Ele transmitiu um clima do tipo vovozão. Ele falou por cinquenta minutos, mas não disse absolutamente nada.

Não conector número 3: Uma jornalista de Washington, ela falou olhando a plateia como inferior. Estava claro que ela se sentia superior. Sei que ela fez com que me sentisse inferior. Tudo que ela disse transmitiu uma mensagem clara: *Sei algo que você não sabe.*

Não conector número 4: Esse orador é autor de um livro de negócios e, para ser honesto, estava ansioso para ouvi-lo falar. No entanto, fiquei surpreso e desapontado com seu comportamento zangado. Sua linguagem facial, corporal e verbal mostravam uma atitude negativa. Não gostaria de passar cinco minutos com ele sozinho. E ele não ofereceu aplicações práticas durante sua palestra.

Cada um desses quatro oradores perdeu seu público. Alguns saíram imediatamente. Outros ficaram mais um tempo. Mas, em todo caso, você poderia dizer que o público estava aliviado que o tempo dele ou dela havia acabado. Mas quando um dos bons oradores — os seis conectores — subia no palco, você podia sentir a esperança nascendo no ambiente. Estas são as pessoas que se conectaram com o público naquele dia:

Mark Russell: Um tipo diferente de habitante de Washington, apresenta um *show* de comédia na capital há mais de vinte anos. Mark nos fez rir, mas também nos fez pensar. Aposto que fez quase cem perguntas durante sua sessão. Todos participaram completamente.

Mario Cuomo: De longe o orador mais passional foi o ex-governador de Nova York. Ele foi elétrico. Pude *sentir* o que ele sentia. Ele mexeu com todo mundo no auditório e quando ele acabou, a plateia inteira ficou de pé e o aplaudiu.

C. Everett Koop: Tenho que admitir que o ex-cirurgião geral do país me surpreendeu em como ele é um bom comunicador. Ele foi um mestre no uso das ilustrações. Ele fazia uma declaração lógica e, depois, ia e voltava com uma grande história. Era como se ele estivesse colando verbalmente cada recado. Depois que ele falou, sabia falar seus sete pontos de cor.

Elizabeth Dole: A ex-senadora dos Estados Unidos e presidente da Cruz Vermelha fez com que cada pessoa no auditório se sentisse como seu/sua melhor amigo/a. Ela possuía uma confiança que nos deixou alegres por estar lá.

Steve Forbes: De todos os comunicadores que vi naquele dia, aprendi mais com ele. O editor-chefe da revista Forbes foi brilhante e informativo. Ele fez tudo que falou parecer novidade.

Colin Powell: Quando o ex-general do exército norte-americano e secretário de Estado falou, deixou todo mundo no auditório relaxado e nos transmitiu um senso de segurança. Sua voz e comportamento eram seguros e, quando ele falava, deixava-nos confiantes. O mais importante: ele nos deu esperança.

Os oradores excelentes nessa lista não poderiam ser mais diferentes uns dos outros. Eles tinham formações diferentes. Eles empregaram diferentes estilos de fala. Eles tinham valores diferentes. Falaram de assuntos diferentes e tinham diferentes talentos e habilidades. Só tinham uma coisa em comum. Eram excelentes ao se conectarem. É algo que todo grande comunicador e todo grande líder têm em comum. E conectar-se é uma habilidade que pode ser aprendida!

Não é por acidente

Os bons comunicadores não saíram todos do mesmo lugar. Mas todos dividem a habilidade de se conectar. Isso não se desenvolve por acidente. Você não pode esperar ter sucesso por pura sorte, como fez o líder das diligências de pioneiros que estavam indo para as planícies do Oeste. Quando um observador viu uma nuvem de poeira a distância se movendo em direção a eles, eles sabiam que estavam em apuros. Como era de esperar, uma tribo de bravos nativos norte-americanos vinha em direção a eles, e o líder ordenou que as diligências formassem um círculo atrás de um monte.

Quando o líder dos colonizadores viu a figura alta do líder dos nativos contra o céu, ele decidiu encarar o chefe e tentou se comunicar com ele usando mímica, uma forma de linguagem corporal. De imediato, o chefe fugiu e partiu com seus homens.

— O que aconteceu? — perguntaram os colonizadores ao líder.

— Bem, como vocês provavelmente viram, nós não falávamos a língua um do outro — disse ele — então usamos a linguagem dos sinais. Desenhei um círculo na terra com o meu dedo para mostrar que somos todos um nesta terra. Ele olhou para o círculo e desenhou uma linha por intermédio dele. Ele quis dizer, é claro, que há duas nações — a nossa e a dele. Mas apontei meu dedo para o céu para indicar que somos todos um sob Deus. Aí ele botou a mão em uma bolsa e pegou uma cebola, que me entregou. Naturalmente entendi que ela indicava as múltiplas camadas de compreensão disponíveis para todo mundo. Para mostrar a ele que entendia o que ele queria dizer, comi a cebola. Então enfiei a mão no bolso do casaco e lhe ofereci um ovo para mostrar nossa boa vontade, mas, como ele era orgulhoso demais para aceitar meu presente, virou-se e foi embora.

Capítulo 5

Enquanto isso, os guerreiros estavam se preparando para um ataque e aguardavam a ordem de seu chefe, mas o velho guerreiro levantou sua mão e recontou sua experiência.

— Quando ficamos face a face — disse ele — imediatamente sabíamos que não falávamos a mesma língua. Aquele homem desenhou um círculo na terra. Sei que ele quis dizer que estávamos cercados. Desenhei uma linha no meio do círculo dele para mostrar a ele que nós os cortaríamos ao meio. Então, ele levantou seu dedo para o alto querendo dizer que podia nos derrotar sozinho. Aí lhe dei uma cebola para lhe dizer que logo ele sentiria o gosto das lágrimas amargas da derrota e da morte. Mas ele me desafiou e comeu a cebola! Então ele me mostrou um ovo para me mostrar como a nossa posição era frágil. Devia haver outros por perto. Vamos embora daqui.

Lars Ray se identificava com essa história de falta de comunicação. "Para a minha empresa, estou prestes a terminar uma tarefa de dois anos aqui na Cidade do México", escreveu. Ele sabe muito pouco espanhol e, embora muitas pessoas com as quais ele trabalha falem inglês bem, ainda assim há problemas. "Houve muitos momentos de confusão, mal-entendidos e falhas de comunicação, tudo devido aos vários níveis de compreensão das palavras e de seus significados — como ilustrado em sua história... Essa foi minha experiência também... e rapaz... aprendi muito com eles!"[1] O que o pastor e ativista Jesse Giglio diz é verdade: "O maior problema na comunicação é a ilusão de que ela foi alcançada."[2]

O que faz as pessoas ouvirem?

Se você quiser ser um comunicador melhor ou um líder melhor, não pode depender só da sorte. Deve aprender a se conectar com os outros aproveitando ao máximo todas as habilidades e a experiência que você tem. Quando ouço grandes comunicadores, noto que existem alguns poucos fatores que eles parecem usar que fazem as pessoas os ouvirem. Ao ler sobre eles, pense quais deles você poderia usar para se conectar com os outros:

Relacionamentos — quem você conhece

Por que milhões de pessoas começaram a ouvir o Dr. Phil McGraw, um psicólogo que ajudava os advogados como consultor de julgamentos, e começaram a seguir seus conselhos sobre a vida, o amor e relacionamentos? Pela mesma razão pela qual milhões começaram a ouvir o Dr. Mehmet Oz sobre questões de saúde. Ambos conheciam Oprah Winfrey e apareceram em seu programa de televisão.

Certamente esses dois homens têm credenciais. McGraw tem doutorado em psicologia, e Oz é um cirurgião cardiotorácico e professor da Columbia University. Mas a maioria das pessoas não conhecia esses detalhes nem se importava com esses fatos. Assim que os seguidores de Oprah Winfrey souberam que *ela* tinha confiança neles, *as pessoas* passaram a ter confiança neles.

Uma das formas mais rápidas de ganhar credibilidade com um indivíduo, um grupo ou uma plateia é pegá-la emprestada de alguém que já tenha credibilidade com elas. É a base das recomendações de vendas e da propaganda boca a boca. "Quem" você conhece pode abrir as portas para você se conectar com alguém. É claro, uma vez que a porta esteja aberta, você ainda tem que dar o seu recado!

Percepção — o que você sabe

A maioria das pessoas quer melhorar sua situação de vida. Quando encontram alguém que pode comunicar algo de valor, geralmente elas escutam. Se o que elas aprendem realmente ajuda, um senso de conexão entre elas pode muitas vezes se desenvolver rapidamente.

> A maioria das pessoas quer melhorar sua situação de vida. Quando encontram alguém que pode comunicar algo de valor, geralmente elas escutam.

Uma das figuras da história norte-americana que mais admiro é Benjamin Franklin. Ele teve uma carreira notável e é responsável como um dos pais fundadores para o sucesso dos Estados Unidos. Benjamin Franklin tinha pouca educação formal — frequentou a escola por apenas dois anos — e, no entanto, era altamente respeitado por causa de seu conhecimento e perspicácia aguçada. Leitor voraz e homem intelectualmente curioso, tornou-se um especialista em um número considerável de áreas: edição e publicação, política, ativismo cívico, ciências e diplomacia. Era um inventor inovador, garantiu o apoio da França durante a Guerra da Revolução, fundou a primeira biblioteca pública dos Estados Unidos, serviu como o primeiro presidente da Sociedade Filosófica Norte-Americana, e ajudou a esboçar a Declaração da Independência. Walter Isaacson chamou Franklin de "o norte-americano mais bem--sucedido de sua era". Era altamente influente, e as pessoas de seu tempo tinham um senso de conexão com ele quando ele compartilhava de sua sabedoria.

Se você tem uma área de habilidade e, generosamente, a compartilha com os outros, dá às pessoas razões para respeitá-lo e desenvolverem um senso de conexão com você.

Sucesso — o que você fez

Muitas pessoas me perguntam como comecei como orador fora de uma igreja local. Elas querem saber qual foi a minha estratégia de *marketing* e como consegui uma brecha. A verdade é que não tinha um plano para me tornar esse tipo de orador. As pessoas viram o sucesso que estava tendo, enquanto liderava e fazia crescer uma igreja, e começaram a me convidar para falar sobre o assunto. Elas queriam ouvir o que eu tinha a dizer por causa do que eu havia conquistado.

Os Estados Unidos abraçam a cultura do sucesso. As pessoas querem obter sucesso e buscam outros que tenham conseguido algo para lhes transmitir conselhos úteis. Se você tem sucesso em alguma coisa que faz, haverá pessoas que gostarão de ouvi-lo. Acho que muitas pessoas partem do princípio que, se alguém consegue obter sucesso em alguma área, ele ou ela detém um conhecimento que pode ser valioso para eles em suas próprias empreitadas. E se o sucesso da pessoa é na mesma área que a delas, o potencial para a conexão é ainda mais forte.

Habilidade — o que você sabe fazer

Indivíduos que têm um alto desempenho em sua profissão geralmente têm credibilidade instantânea com os outros. As pessoas os admiram, querem ser como elas e se sentem ligadas a elas. Quando elas falam, os outros ouvem — mesmo se a área de seu conhecimento não tiver nada que ver com o conselho que dão.

Pense em Michael Jordan. Ele ganhou mais dinheiro em publicidade do que já ganhou jogando basquete. É por causa do conhecimento que tem dos produtos que endossa? Não, é pelo que ele pode fazer com uma bola de basquete. O mesmo pode ser dito do nadador olímpico Michael Phelps. As pessoas o ouvem pelo que ele pode fazer na piscina. E quando um ator nos diz que deveríamos dirigir determinado carro, não o ouvimos por causa de seu conhecimento de motores. Ouvimos porque admiramos seu talento. A excelência conecta. Se você possui grande habilidade em uma área, os outros podem desejar se conectar com você por causa disso.

Sacrifício — como você vive

Madre Teresa tinha o respeito e os ouvidos dos líderes ao redor do mundo. As pessoas de todos os credos pareciam admirá-la. Por quê? Por que eles a ouviam — uma professora escolar pobre e baixa que vivia nas favelas na Índia? Por causa da vida de sacrifícios que ela vivia.

Acho que nosso coração, naturalmente, pende para as pessoas que se sacrificaram ou sofreram. Pense nos sentimentos de solidariedade e de conexão que as pessoas sentiram pelos bombeiros que serviram na cidade de Nova York durante os ataques às torres do World Trade Center no dia 11 de setembro. Note quanto respeito é dado às famílias dos jovens que morreram quando estavam no Iraque ou no Afeganistão. Pense no peso que é dado às palavras dos líderes de direitos civis que ajudaram a preparar o caminho para a eleição de Barack Obama, o primeiro presidente afro-americano dos Estados Unidos.

Se você fez sacrifícios, sofreu tragédias ou passou por obstáculos dolorosos, muitas pessoas se identificarão com você. E se você tiver conseguido se manter positivo e, ainda assim, humilde em meio às dificuldades da vida, os outros o admirarão e poderão se conectar com você.

Esses cinco fatores de conexão são apenas o começo. Tenho certeza de que você pode pensar em outros motivos pelos quais as pessoas se conectam. A questão é que você deve pegar o que tiver e usá-lo para se conectar com os outros. Quanto mais fatores você tiver e quanto melhor os usar, maiores suas chances de se conectar com as pessoas. Você deve usar seus pontos fortes, desenvolver seu estilo e cultivar todas as habilidades que puder para se conectar com as pessoas.

A ARTE DE SE CONECTAR

Por Charlie Wetzel

Uma das coisas que as pessoas me perguntam o tempo todo é: "Como realmente é o John?" Fico feliz de poder lhes dizer que o John Maxwell que observo em particular há uma década e meia é o mesmo que todo mundo vê em frente a uma plateia. Já o vi em centenas de situações — falando em uma arena com milhares de pessoas, pregando em igrejas, ensinando lições de liderança para dezenas de pessoas, frequentando reuniões, negociando acordos, ficando com a família, viajando na estrada e simplesmente se divertindo. E posso lhe dizer, ele genuinamente pratica o que ensina. E sempre se conecta.

Serei honesto com você. A primeira vez que vi John falar em sua igreja, fiquei cético a respeito dele. Ele parecia um pouco astuto em sua pregação. Ele subiu ao palco bem vestido, com um terno bonito, relaxado e sorrindo. Ele tinha uma confiança simples — como se estivesse falando com amigos que ele conhecia havia anos. Pensando bem, acho que estava fazendo isso mesmo.

Essa experiência não era algo a que estivesse acostumado. Cresci frequentando uma igreja com cerca de 35 pessoas em um culto; havia 1.000 no auditório no culto na igreja de John. Estava acostumado a um coro de oito pessoas e o acompanhamento de um teclado meio mal tocado; a música em sua igreja era de qualidade profissional. Meu pastor de infância era um engenheiro severo e introvertido que tinha recentemente se tornado pastor; John era um comunicador que vinha aperfeiçoando suas habilidades de orador havia 25 anos. Digamos apenas que precisava ajustar minhas expectativas. Felizmente, levei apenas algumas semanas para reconhecer que John era genuíno, e não um homem falso. E logo percebi que o que ele estava ensinando toda semana estava me ajudando e realmente fazendo a diferença na minha vida.

Admitirei, minha visão atual de John não é inteiramente imparcial. Sou grato por muitas coisas que ele fez. No entanto, acho que minhas observações são verdadeiras e precisas. Fora sua família, não tem muita gente que o conhece tão bem quanto eu. E porque sou um observador por natureza — como são todos os escritores — acho que posso identificar o que John diz de um bom comunicador para um público, para um indivíduo e, até mesmo, para seus leitores. Aqui está o que posso dizer a vocês.

CONECTANDO-SE COM UM PÚBLICO AO VIVO

Os primeiros cinco anos em que trabalhei com John, era aluno de comunicação. Passei muito tempo estudando seu estilo de comunicação com o público. Antes de me tornar escritor, era professor. E acho que era um bom professor. Meu ponto forte é comunicar coisas complexas de forma fácil, rápida e prática. Mas não tinha a habilidade de cativar um público como o John faz e, normalmente, precisava de semanas dando aula para me conectar com os alunos. Assistia ao John porque queria aprender. Também tive acesso a outros grandes comunicadores e aprendi muito com eles, também. O que descobri é que John, como todos os grandes comunicadores que admiro, exibe cinco qualidades:

Ele possui grande confiança. Ainda estou para observar um grande comunicador que não tenha segurança. Como já mencionei, primeiramente achei a segurança de John um pouco desagradável, por causa do ambiente no qual ele estava falando. Mas isso foi por conta de minha bagagem pessoal. A realidade é que é difícil se conectar e gostar de oradores que não são seguros. A dúvida deles sobre eles mesmos faz com que você duvide deles, e isso se torna uma distração. Torna-se impossível se estabelecer facilmente como ouvinte porque a falta de certeza traz questões relacionadas à credibilidade deles. Seja de forma consciente seja de forma subconsciente, você se pergunta continuamente: "Isso é realmente verdade?" Quando um orador não diz algo com convicção, não ficamos convencidos.

Se você deseja ser um bom comunicador e se conectar com seu público, precisa fazer o trabalho necessário para ganhar segurança. Isso pode ser tão difícil como trabalhar com problemas pessoais relacionados ao seu passado, tão simples como vestir as roupas certas quando estiver falando ou tão mundano quanto ganhar mais experiência em frente a uma audiência falando mais. Não importa o que é necessário, faça o trabalho — pois grandes comunicadores têm muita segurança.

Ele mostra autenticidade. O que me fez gostar de John nas semanas em que o ouvi falar foi sua autenticidade. Ele não estava fingindo ser nada que não era. Como todo mundo, ele tem suas fraquezas, assim como seus pontos fortes, mas ele está pronto para admitir ambos.

Como o conheço pessoalmente, posso afirmar que John não acredita em sua própria fama. Ele fica alegre quando as pessoas dizem a ele que ele as ajudou, mas sempre com espírito de gratidão e senso de dever cumprido. Certa vez, ouvi o cantor George Michael falar sobre a fama com o apresentador Chris Cuomo, no programa *Good Morning America*. Michael disse: "Você tem de entender, não respiro nada disso. É perigoso."[3] Isso também descreve a atitude de John.

> "Grandes comunicadores têm muita segurança."
> — Charlie Wetzel

Um dos perigos de estudar comunicadores é cair na armadilha de tentar imitá-los. Isso é um erro. Antigamente, queria ser mais parecido com o John em minha fala, mas tudo que isso fez foi me intimidar e me deixar inseguro. Foram necessários alguns anos de oratória para encontrar minha voz e o meu ritmo novamente. Não posso ser como John. Não sou "maior que a vida". Ele enche o lugar com sua personalidade, seja uma sala de estar ou um estádio. Não. Em vez disso, minha meta é falar genuinamente com minha própria voz. Para se conectar com as pessoas, seja você mesmo, no seu melhor. Isso é algo que todo mundo pode aprender a fazer.

Ele se prepara completamente. Nunca vi John despreparado para falar em público. Ele já contou a você um pouco de sua preparação quando descobre o que o seu anfitrião quer e conhece seu público, então falarei sobre outras coisas que ele faz.

John é um preparador meticuloso. Com sua experiência e personalidade, ele poderia facilmente improvisar. Mas ele nunca faz isso. Ele se prepara. Ele escreve tudo em itens. Ele inclui todas as citações e histórias em seu esboço. Por ele ler muito e constantemente buscar citações e ilustrações, sempre tem muito material pronto para incluir em qualquer mensagem que ele está escrevendo. (Você poderia dizer que ele está sempre se preparando, porque ele está sempre aprendendo e pesquisando.) Ele escreve suas falas à mão com uma caneta de quatro cores, grava sua citações em seu esboço e se lembra de histórias pessoais escrevendo uma palavra ou duas precedidas por um asterisco.

> "Para se conectar com as pessoas, seja você mesmo, no seu melhor."
> — Charlie Wetzel

E, além disso, John está preparado mesmo quando os outros não esperam que ele esteja. Toda vez que ele viaja, ele leva muitos cartões plastificados com ele, cada um com um esboço de fala para um discurso que ele possa vir a dar sem aviso prévio. Quando, alguns anos atrás, estávamos em uma turnê de um de seus livros, em uma das paradas onde ele estava se preparando para falar, alguém que o havia assistido um ano antes ali, mencionou como ele havia gostado da palestra de John. Essa conversa anterior foi muito similar à que John estava falando em sua turnê de livros. Rapidamente, John pegou um de seus cartões e falou sobre um assunto diferente. Ninguém — além de mim, John e outro companheiro de viagem — tinha a menor ideia a respeito disso, porque John nem pestanejou.

Ele utiliza humor. John é engraçado no palco e fora dele. Ele adora uma boa piada. Tem uma mente rápida e é esperto para essas coisas. E ele facilmente ri dele mesmo. Quando procura materiais para trabalhar, o humor é uma das coisas que ele procura.

O que algumas vezes me surpreende é o quão brega ele pode ser. Ele pode dizer coisas e contar histórias no palco que ninguém no mundo poderia. Você quer saber como? Ele faz isso porque genuinamente acha engraçado. E, acredite, ninguém gosta mais de se divertir do que o John.

Raro é o comunicador que pode se conectar com pessoas sem usar o humor. Tenho certeza de que existem alguns, mas, honestamente, não consigo pensar em nenhum. O segredo é se apegar ao que você acha divertido e não forçar.

Ele foca os outros. John já escreveu um capítulo inteiro em como se conectar diz respeito aos outros, não a nós mesmos. E se você já o ouviu falar alguma vez, então você sabe que ele, no momento em que chega a algum lugar para falar, está pensando nas pessoas com quem falará. Se ele puder, encontra e cumprimenta as pessoas antes. E quando ele começa sua apresentação, fala positivamente sobre seu anfitrião ou fala sobre alguém que ele conhece ou conheceu da plateia. E quando ele termina, ele fala com as pessoas, aperta a mão delas e autografa livros.

> "Raro é o comunicador que pode se conectar com pessoas sem usar o humor."
> — Charlie Wetzel

Enquanto me preparava para trabalhar neste capítulo, entrei em contato com pessoas para saber sua percepção sobre como John se conectou com elas. Uma dessas pessoas foi Marty Grunder. Ele contou uma experiência com John que ilustra como John faz isso. Marty disse:

> Cinco anos atrás, John só sabia da minha existência porque havia mandado uma cópia do meu livro para ele (pelo qual, a propósito, ele me mandou uma bela nota de agradecimento). Quando ele estava se preparando para falar em Dayton, Ohio, ele pediu a Linda Eggers, sua assistente, para me ligar e me convidar para participar. Durante a sessão, ele me chamou da plateia para me conhecer em frente da multidão da minha cidade. Conhecia várias pessoas no evento e nem preciso dizer, elas ficaram embasbacadas porque eu

conhecia John. Ele também se certificou que eu sentasse próximo a ele durante o almoço. Ele conversou comigo e me olhou nos olhos, como se fosse o único na sala. Você pode imaginar como me senti!

Essas e outras gentilezas são um marco na vida de John. Ele possui uma incomum habilidade de criar momentos especiais e honrar as pessoas. E ele não faz isso só de improviso. Já o vi planejar algo especial com um ano de antecedência. Ele passará meses imaginando o que poderia transformar um momento em algo especial para alguém. Já o vi homenagear Bill Bright, Billy Graham, Elmer Towns, Orval Butcher, seu pai e outros. Ele tem uma presença de espírito excelente e um incrível senso do momento certo.

Também já fui protagonista de um desses momentos especiais. Todos os meses, John costumava dar uma aula de uma hora sobre liderança para seus funcionários, que era guardada e depois enviada para mais de dez mil assinantes. Nunca me esquecerei do dia em que John estava dando uma aula chamada "Procurando águias", na qual ele explicou o que procurar em um líder em potencial. Trabalhava para ele havia pouco tempo. No final dessa lição, ele disse: "Quero falar sobre uma águia que acabou de vir trabalhar para mim." Ele então prosseguiu dizendo coisas muito boas sobre mim e contando uma história sobre algo que tinha feito para ele por minha própria iniciativa.

Isso pode não parecer muito, mas acho que foi a primeira vez em que fui destacado publicamente por meu trabalho. Minha esposa estava na mesma sala nessa hora! Assim como o presidente da empresa de John e todo o seu pessoal. E milhares de pessoas por todo o país o ouviriam me elogiando. Isso me fez chorar. Até hoje, quando me lembro disso — mais de uma década depois — isso me faz chorar. Foi inesperado, ele não tinha que fazê-lo e o fez de coração. Sinto uma conexão com John desde então. Ele realmente se importa com as pessoas e se esforça para mostrar isso.

CONECTANDO-SE NA ESFERA INDIVIDUAL

Ao longo dos anos, encontrei muitos oradores e celebridades. Alguns deles têm facilidade para ser atraentes, divertidos e agradáveis no palco, mas, depois que descem da plataforma, têm muita dificuldade para se relacionar com os outros. Esse não é o caso de John. Na minha opinião, ele, na verdade, é melhor com as pessoas individualmente que com uma grande plateia. Ele realmente entende as pessoas e quer ajudá-las. Mais do que qualquer coisa, acho que sua força no palco vem dessas qualidades. Carole King, cantora e compositora, diz: "Tudo são conexões. Quero me conectar com as pessoas; quero que as pessoas pensem: 'Sim, é assim que me sinto.' E, se conseguir fazer isso, esse é um feito." John faz isso no palco, em um grupo e individualmente.

É difícil decidir quais coisas lhes dizer sobre minha interação pessoal com John. Poderia descrever como ele me deu uma regalia, a de viajar na primeira classe na primeira viagem que fiz com ele e como ele preparou um pãozinho para o meu café da manhã enquanto conversávamos — não são grandes coisas, mas são coisas bem incomuns para um diretor-executivo fazer para um novo funcionário. Ou poderia lhes contar sobre a vez em que ele queria me enviar para uma conferência de escritores, mas para participar dela teria perdido meu primeiro aniversário de casamento. Sua solução foi pagar para mim e para minha esposa irmos juntos. Ou poderia lhes dizer que ele foi a primeira pessoa a me ligar e ver como estava depois que minha mãe morreu.

> "Tudo são conexões. Quero me conectar com as pessoas; quero que as pessoas pensem: 'Sim, é assim que me sinto.' E, se conseguir fazer isso, esse é um feito."
> — Carole King

Todo mundo que conhece John poderia lhe contar histórias semelhantes. Tudo que posso dizer é que ele sempre me fez sentir como um amigo, não um funcionário. E se você está familiarizado com seu livro *25 Ways to Win with People* [*25 maneiras de vencer com as pessoas*], posso lhe garantir que, de fato, ele faz todas aquelas coisas o tempo todo. O livro é um curso sobre como se conectar com os outros individualmente, e John o vive todos os dias.

Mas nenhuma dessas histórias ajuda você de fato, então lhe contarei sobre uma coisa que John sempre faz que o ajuda a se conectar com os outros, algo que você pode facilmente aprender a fazer. Chamo a isso de inclusão intencional. Ele faz as pessoas se sentirem bem-vindas e queridas e as convida a ter experiências que, de outra forma, não teriam. Quando John participa de uma reunião, não só ele inclui as pessoas necessárias para ela, como também convida alguém que aprenderá e crescerá com essa experiência. Quando ele compra ingressos para a temporada completa de um time desportivo ou compra entradas para um *show*, ele sempre compra o suficiente para poder levar outros com ele. Ele apresenta as pessoas umas às outras para que elas possam construir conexões. Por exemplo, Anne Beiler, da Auntie Ann's Pretzels, sempre tinha desejado conhecer Truett Cathy, fundador da Chick-fil-A, então John convidou os dois para jantarem em sua casa.

John continuamente procura maneiras de agregar valor às pessoas. E ele tenta tornar tudo divertido para as pessoas à sua volta. Uma vez, quando estava viajando com John, pegamos uma carona em uma limusine e recebemos um inesperado acompanhamento policial até o aeroporto. John estava se divertindo. E o que ele fez? Puxou seu celular e ligou para Linda Eggers, sua assistente, que não tinha podido ir conosco. Ele contou tudo a Linda enquanto estava acontecendo para que ela pudesse compartilhar esse momento conosco.

Se você não fizesse nada diferente além de incluir intencionalmente os outros em suas melhores experiências e coisas favoritas, tornar-se-ia um conectador melhor da noite para o dia.

Conectando-se por intermédio da palavra escrita

Depois de ouvir centenas de oradores e escritores, cheguei à conclusão de que existem dois tipos de pessoas no mundo da comunicação: há oradores que escrevem, e escritores que falam. Ainda estou para conhecer alguém que faça ambos no mais alto nível.

"E qual dos dois é John?", você pode perguntar. Na minha opinião, ele é um orador que escreve. Antes de mais nada, John brilha na frente de uma plateia. Ele se conecta porque sabe exatamente o que todo mundo está pensando, e sabe como dizer a coisa certa no tom de voz certo para deixar a plateia à vontade, fazer as pessoas rirem ou tocar o coração de todo mundo. Mas, diferentemente de alguns palestrantes que simplesmente fazem a multidão curtir o momento, John pode transmitir grandes ideias. Na verdade, quando as pessoas me encontram e descobrem que escrevo para John, muitas vezes elas dizem algo como:

— O quê? Você quer dizer que John leva crédito pelas suas ideias?

— Não — explico — John é o homem das ideias. Ele nunca viverá tempo o bastante para compartilhar todas as ideias que tem. Não, simplesmente pego as ideias dele e as escrevo para que as pessoas possam entrar em contato com elas na forma escrita.

Essa é uma formas diferente de interagir com uma plateia.

Como a maioria dos grandes comunicadores, John transmite muito sentido por intermédio da entonação, expressões faciais, sincronia e linguagem corporal. Isso vem naturalmente para ele no palco. Muitos oradores têm dificuldade de se comunicar nesse mesmo patamar por intermédio da palavra escrita. John sabe escrever, mas é, antes de mais nada, um orador.

Então, como ele consegue se conectar por escrito? Eu lhe contarei um pequeno segredo sobre o qual nunca ouvi nenhum escritor falar. Quando trabalho nos livros de John, não tento dizer exatamente o que ele diria se ele fosse dizê-lo. Na verdade, sei dizer quando os livros são criados por intermédio da transcrição de um orador. Eles parecem enferrujados e não funcionam. Por quê? Porque estão desprovidos de tudo que um grande comunicador inclui de forma não verbal. Então, o que faço é pegar as ideias de John e tentar criar a mesma reação em um leitor que John criaria se as estivesse transmitindo pessoalmente. Tento fazer os leitores se sentirem da mesma forma como se sentem quando veem John pessoalmente. Em outras palavras, minha tarefa é garantir que suas ideias façam conexão com os leitores.

Tornar-se um comunicador que se conecta é um processo

Espero que você tenha achado úteis as observações de Charlie. Para ser honesto, uma das minhas preocupações ao incluí-las neste livro é que pode parecer autopromoção. Espero que não tenha sido o caso. Mas, para pôr as coisas na perspectiva certa, quero lhe contar uma história que lhe ajudará a entender como era um péssimo comunicador quando comecei. Acho que é o tipo de coisa que pode dar esperança a qualquer um.

Quando estava na faculdade estudando para o ministério, era comum as igrejas pequenas convidarem potenciais pastores para falar em sua congregação. Uma semana antes de pregar minha primeira mensagem desse tipo, acompanhei Don, um amigo, para que pudesse ouvir sua primeira tentativa.

Don se levantou diante da congregação e começou. Mas depois de apenas três minutos, ficou sem gás. Não tinha mais nada a dizer. Depois de alguns poucos momentos de gagueira, ele rapidamente se sentou. Todos ficaram em choque.

No carro, de volta para o *campus*, a única coisa que ficava dizendo para mim mesmo era o seguinte: "Meu sermão tem que durar mais de três minutos." O restante daquela semana passei cada segundo livre me preparando para o meu discurso inaugural. Ao trabalhar nele, adicionava pontos ao meu esquema. No domingo, tinha nove pontos. Nem me preocupei em me conectar com os meus espectadores. Só tinha um objetivo: falar por mais de três minutos.

Margaret e eu estávamos noivos na época, e ela me acompanhou à pequena igreja para esse importante primeiro passo em minha carreira. Quando acabei o sermão, estava contente comigo e me sentia satisfeito. Achava que tinha feito um bom trabalho.

No carro, na viagem de volta à cidade, Margaret estava estranhamente silenciosa. Finalmente, perguntei:

— Como me saí essa manhã?

— Acho que você foi bem para a sua primeira vez — respondeu depois de certa hesitação. Ela não parecia muito entusiasmada, mas ainda assim estava motivado.

— Quanto tempo falei?

Depois de uma longa pausa, ela respondeu:

— Cinquenta e cinco minutos.

Não tinha a menor noção! Você consegue imaginar o que as pessoas devem ter pensado ao sair do culto? Não tinha ideia de como minha mensagem tinha sido longa e monótona. E elas sabiam que eu não fazia a menor ideia que falara demais. Mas o que elas poderiam fazer? Educadas demais para simplesmente ir embora, foram mantidas reféns por um orador inexperiente que não tinha ideia de como se comunicar. Elas, certamente, teriam preferido Don com seus três minutos.

O filósofo e poeta Ralph Waldo Emerson disse: "Todos os grandes oradores foram péssimos oradores no início de suas carreiras." Essas palavras certamente se aplicavam a mim. Comecei mal — muito mal. Levei anos de prática para melhorar minha oratória. E só melhorei depois que aprendi o que todos os bons comunicadores têm em comum: eles se conectam.

Não sei quais são seus objetivos ou qual o seu potencial como comunicador. Não sei quais sonhos você tem. Mas posso lhe dizer isso. É mais fácil impactá-los se você se tornar um comunicador eficaz, e isso acontece quando se conecta bem com sua plateia. Max De Pree, autor de *Leadership Is an Art* [*A liderança é uma arte*], afirma: "Pode ser que não haja uma coisa mais importante em nossos esforços para atingir um trabalho e relacionamentos relevantes do que aprender a praticar a arte da comunicação." Não poderia concordar mais com isso.

> "Todos os grandes oradores foram péssimos oradores no início de suas carreiras."
> — Ralph Waldo Emerson

Se você quiser ter relacionamentos melhores, se quiser atingir sucesso pessoal ou se quiser se tornar um líder melhor, transforme a conexão em seu objetivo. Para fazer isso, torne-se um estudante de comunicação se já não o for. Estude oradores eficazes e ineficazes, observando o que funciona e o que não funciona. Pense no que faz as pessoas ouvirem as outras e comece a trabalhar em cultivar essas características. E onde quer que você vá, observe como aqueles que se conectam bem interagem com as pessoas individualmente. Você pode se conectar melhor se estiver disposto a trabalhar nisso.

Conectando-se com as pessoas em todas as esferas

Princípio da conexão: conectar-se é mais habilidade que talento natural.
Conceito-chave: as habilidades que você aprende para se conectar em uma esfera podem ser usadas para começar a se conectar em outra esfera.

Conectando-se na esfera individual

A maior parte das pessoas acredita que é mais fácil se conectar com as pessoas individualmente do que com um grupo ou uma plateia. Acredito que, geralmente, isso procede porque elas têm mais prática se conectando com um indivíduo que com um grupo. A maneira de vencer o medo de falar para grupos maiores é praticar, na esfera seguinte, as habilidades que você adquire em uma determinada esfera. O processo começa com o uso de quaisquer talentos e dons que você tenha para começar a se conectar com as pessoas individualmente.

Para se conectar bem individualmente, você precisa:

- interessar-se pela pessoa;
- valorizar essa pessoa;
- pôr os interesses dessa pessoa antes dos seus;
- expressar gratidão a essa pessoa e por ela.

Conectando-se em um grupo

Depois que você começa a se conectar bem individualmente, faça um inventário de quais habilidades você desenvolveu e quais ferramentas você utilizou para vencer nessa esfera. Agora, pense em como você pode usar essas coisas para se conectar em um grupo. O que se transfere facilmente? O que deve ser "traduzido" ou alterado de alguma forma para ser usado com um grupo? Use essas habilidades. Além disso, pegue os quatro itens mencionados acima para se conectar individualmente e expanda-os para aplicá-los a um grupo:

- demonstre interesse em cada pessoa em seu grupo e faça isso fazendo perguntas para cada pessoa;
- valorize cada pessoa destacando seu valor para os outros no grupo;
- faça com que seu objetivo seja agregar valor para todo mundo no grupo e mostre a eles que essa é sua intenção;
- expresse sua gratidão para cada pessoa na frente das outras.

Conectando-se com uma plateia

Ao se tornar mais apto a se comunicar com grupos, mais uma vez tome nota do que funcionou ao se conectar com eles. Tente antecipar o que poderia funcionar bem com plateias maiores. Lembre-se: quanto maior a plateia, mais energia você precisa levar a sua comunicação.

Para começar o processo de conexão, faça o seguinte:

- Demonstre interesse pelo seu público. Sempre que possível, conheça e cumprimente os membros da plateia antes de falar. Ao falar, mostre às pessoas que você entende que cada pessoa é única e especial.
- Valorize cada pessoa mostrando a elas que você passou muito tempo preparando seu discurso porque você não só as valoriza, como também valoriza o objetivo e o tempo delas.

- Ponha as pessoas em primeiro lugar mostrando a elas que você está lá para servi-las. Faço isso estando disposto a responder às perguntas, tornando-se disponível para interagir com as pessoas depois de um discurso e estando disponível para autografar livros.
- Expresse gratidão a elas e agradeça-lhes por seu tempo.

PARTE II

Práticas de conexão

Capítulo 6

Os que se conectam o fazem por intermédio de um ponto em comum

Se tivesse que escolher a primeira regra de comunicação — a prática acima de todas as outras que abre a porta para a conexão com os outros — seria a procura pelo terreno em comum. Essa regra aplica-se em todas as situações — resolvendo um conflito com seu cônjuge, ensinando uma criança, fechando um negócio, vendendo um produto, escrevendo um livro, liderando uma reunião ou se comunicando com o público.

Já expliquei como meu foco, nos primeiros anos da minha carreira como líder e orador, estava totalmente em mim mesmo. E só quando comecei a perceber que se conectar tem tudo que ver com os outros foi que comecei a melhorar. É difícil achar terreno em comum com os outros quando a única pessoa em que está focado é você mesmo!

> É difícil achar terreno em comum com os outros quando a única pessoa em que está focado é você mesmo!

Acho que você começa a entender os outros melhor quando você se entende, mas para crescer e passar para outro estágio, você tem que trabalhar para passar a entender os outros. Tive a experiência de um outro momento de iluminação que me ajudou a me conectar com outros quando li o livro de Florence Littauer, *Personality Plus* [*Personalidade positiva*]. Pela primeira vez, reconheci que diferentes temperamentos fazem com que as pessoas pensem e ajam de modo diferente do meu. Isso pode parecer óbvio para você, mas foi algo importante que abriu meus olhos. Mais importante que isso, percebi que não existe temperamento certo. Para ser honesto, por anos pensei que meu temperamento colérico fosse superior a todos os outros. Como resultado, tentei converter pessoas com outros temperamentos para o meu. Que ridículo! Parecia a esposa que ficou decepcionada com o resultado da cirurgia de olho do marido. Ela disse à amiga: "Gastamos mais de 4.000 dólares em uma cirurgia a laser para os olhos dele, e ele ainda não consegue enxergar as coisas do meu ponto de vista!"[1]

Continuo trabalhando para aprender como os outros pensam e percebem o mundo. Recentemente, li um livro de Terry Felber, intitulado *Am I Making Myself Clear?* [*Estou sendo claro?*] Ele diz que as pessoas possuem diferentes sistemas representacionais baseados nos cinco sentidos, e esses sistemas fornecem uma base primária para seus pensamentos e sentimentos. Por exemplo, se diversas pessoas andassem juntas na praia, suas lembranças dessa experiência seriam muito diferentes, baseadas em seus sistemas representacionais. Alguém pode se lembrar de como sentiu o sol em sua pele e a areia no pé. Outro pode se lembrar de como era a água e o colorido do pôr do sol. Uma terceira pessoa poderia descrever os sons do oceano e dos pássaros e uma quarta pessoa, o cheiro do sal e do bronzeador dos banhistas ao lado. Cada um de nós cria uma moldura do modo como processamos informações. Felber diz: "Se você pode aprender a identificar como aqueles a sua volta percebem o mundo e realmente tentar ter a experiência do mesmo mundo que eles têm, você ficará maravilhado no quão eficiente sua comunicação se tornará."[2] Esta é simplesmente uma outra forma de procurar por um ponto em comum.

Barreiras para encontrar um ponto em comum

As pessoas que se conectam estão sempre buscando o ponto em comum. Isso provavelmente parece óbvio porque todos os relacionamentos positivos são construídos em interesses e valores comuns. Eles são construídos a partir de acordo, e não de desacordo. Mas se isso é verdade, por que tantas pessoas negligenciam a busca por senso em comum e em edificar a partir dele? Existem muitas razões, mas darei a você o que acredito ser as quatro maiores barreiras para encontrar o ponto em comum. Você deve evitá-las:

1. SUPOSIÇÕES — "JÁ SEI O QUE OS OUTROS SABEM, SENTEM E QUEREM."

Jerry Ballard diz: "Todas as falhas de comunicação são resultados de diferentes suposições." Você não acha que isso é verdade? Algumas vezes, os resultados são trágicos. Com frequência eles podem ser cômicos, como foi o caso da passageira que estava esperando sua conexão em um aeroporto. Ela foi à praça de alimentação, comprou um pequeno pacote de biscoito e, depois, sentou-se para ler um jornal.

Ela ouviu um ruído de farfalhar e viu um homem bem vestido que pegou um biscoito dela. Ela não queria fazer uma cena, então, pegou outro biscoito do pacote esperando que ele entendesse o recado. O tempo passou, ela achou que fora bem-sucedida. Mas ouviu mais ruído do farfalhar do pacote de biscoito. Ela não acreditou. Ele estava pegando outro biscoito!

> "Todas as falhas de comunicação são resultados de diferentes suposições."
> — Jerry Ballard

Só tinha um biscoito no pacote. Enquanto ela olhava não acreditando, o homem partiu o último biscoito em dois, deu a metade para ela e enfiou a outra metade em sua boca e saiu.

Ela ainda estava furiosa quando, algum tempo depois, seu voo foi anunciado. No momento em que ela abriu sua bolsa para pegar a passagem, imagine como ela ficou chocada e sem graça ao ver seu pacote de biscoitos fechado![3]

Capítulo 6

Como a mulher da história, você não achou que o homem estava comendo os biscoitos dela? Isso foi o que pensei na primeira vez em que li a história. E isso diz muito sobre nós mesmos. Muitas vezes fui culpado de tirar conclusões precipitadas em relação às pessoas. Sempre fiz generalizações quando deveria estar fazendo observações. É fácil rotular as pessoas e depois só vê-las por este ângulo.

Precisamos nos lembrar de que todas as generalizações são falsas, incluindo esta. Uma vez que uma pessoa foi posta em uma determinada caixa, fica mais difícil para pensarmos nela de forma distinta. Em vez disso, devemos ser como um bom alfaiate. Toda vez que ele vê um cliente, ele tira novas medidas. Ele nunca acha que as pessoas continuam as mesmas desde a última vez em que ele as viu.

Não é inteligente tirar conclusões sobre as pessoas, mesmo que elas sejam próximas a você. Deb Ingino, fundadora e presidente da mywiredstyle.com, falou-me sobre uma mãe solteira, em um *workshop* sobre paternidade que ela ministrou, que tirava conclusões sobre seu filho. A mãe sempre falava a seu filho que ele era igual a seu pai. O problema é que o pai do menino estava na prisão, e a mãe sempre dizia coisas negativas sobre ele. Ela presumiu que seu filho sabia que ela o amava e que ela estava falando de suas características de personalidade. Mas seus comentários estavam surtindo um efeito negativo no menino, então ela mudou a interação e passou a se esforçar para poder se conectar com ele. "Agora", disse Deb, "ela busca sempre descobrir o que ele sabe, ela alimenta esse aspecto positivo dele e o encoraja, e ela está vendo uma grande melhora em seu comportamento e no relacionamento deles."[4]

Você tira conclusões sobre as pessoas — baseadas em seu histórico, profissão, raça, gênero, idade, nacionalidade, política, fé ou outros fatores? Quando você é rápido em fazer isso, você para de prestar atenção nas pessoas e perde as dicas que, de outra forma, ajudariam você a encontrar e a buscar o ponto em comum com elas. O escritor nigeriano Chimamanda Adichie diz: "Se só ouvirmos uma história sobre uma pessoa ou país, arriscamos um mal-entendido crítico."[5] Por quê? Porque supomos que essa é a história inteira sobre essa pessoa ou país, e fechamos nossa mente para aprender mais sobre eles. Quando isso acontece, torna-se difícil encontrar o ponto em comum.

2. Arrogância — "Não preciso saber o que os outros sabem, sentem ou querem"

Pessoas arrogantes dificilmente percebem algum ponto em comum com as outras. Por quê? Porque elas não se esforçam para isso — acreditam que não devem fazer. Em sua estimativa, elas vivem em uma esfera superior à dos outros. Elas não querem se rebaixar ao patamar das outras pessoas. Esperam que todos façam o esforço para vir até elas.

Um dos segredos de se entender bem com outros é levar em consideração o ponto de vista das outras pessoas. O juiz da Suprema Corte de Justiça Louis D. Brandeis observou: "Nove décimos das sérias controvérsias que surgem na vida resultam da falta de entendimento de um homem que não conhece os fatos que para outro homem parecem importantes ou que deixam de apreciar seu ponto de vista."

A maioria de nós está pronta para admitir, como os Beatles o fizeram, que precisamos de uma ajudinha de nossos amigos. Sabemos como é ridículo para alguém pensar que tem todas as respostas. Tais pessoas parecem irremediavelmente sem conserto. Eles são como Archie Bunker da clássica série de comédia da década de 1970 *Tudo em Família*. Cheio de opiniões firmes, com o pensamento estreito e intolerante, Bunker esperava que todos concordassem com ele. Amigos e família estavam expostos a seus insultos. A pobre Edith, sua esposa, sempre levava a pior. "Nosso problema, Edith", disse ele a ela certa vez, "é que falo em inglês, e você ouve em idiotês."

> **Você não pode construir um relacionamento com todos em uma sala quando não se importa com ninguém no lugar.**

Bunker era tão caricato que o público até ria. Não é engraçado quando alguém mostra tal arrogância na vida real. Estudo líderes e comunicadores há mais de 40 anos e o que é triste é que a maioria das pessoas tenta provar sua competência ou seu ponto de vista quando eles se comunicam. Eles, como resultado disso, raramente se conectam porque são arrogantes, e essa arrogância constrói uma barreira entre eles e os outros. Você não pode construir um relacionamento com todos em uma sala quando não se importa com ninguém no lugar.

3. Indiferença — "Não me importo em saber o que os outros sabem, sentem ou querem"

O comediante George Carlin brincou: "Os cientistas anunciaram hoje que acharam a cura para a apatia. No entanto, eles dizem que ninguém mostrou o mínimo interesse nisso." Isso pode ser dito de algumas pessoas quando elas se comunicam. Elas podem não se sentir superiores aos ouvintes, mas elas não saem de suas zonas de conforto para aprender sobre as pessoas. Talvez apenas porque isso dê trabalho.

Todo ano faço uma viagem internacional na minha agenda de palestras. Acho muito desafiador. Sempre existem barreiras linguísticas e culturais para superar. Penso constantemente sobre modos de encontrar o ponto em comum nesses eventos, e isso sempre requer muita preparação.

Muitos anos atrás, Margaret e eu viajamos com nossos filhos, Joel Porter e Elizabeth, para a Rússia. Naquela época, o país estava em transição com a queda da União Soviética. Deram-me um compromisso oral muito importante no Kremlin, e quando me preparava para falar, quebrava minha cabeça tentando achar formas de me conectar com as pessoas. Aí me caiu a ficha: nossa filha, Elizabeth, tinha uma voz maravilhosa e estava procurando uma oportunidade de cantar para as pessoas em russo.

Elizabeth praticou muito para aprender foneticamente a cantar uma canção em russo. No evento, quando ela começou a cantar, a plateia amou quando ouviu palavras russas saindo de sua boca. A energia no lugar se intensificou imediatamente. E, quando ela terminou, ganhou muitos aplausos! Significou muito para eles ela ter feito o esforço de se conectar com eles na língua deles. O que o ex-presidente da África do Sul, Nelson Mandela, disse é verdade: "Se você falar com o homem em uma língua que ele entende, o assunto vai para a cabeça dele. Se você falar com ele na língua dele, vai para o coração."

A questão é que essa indiferença é realmente uma forma de egoísmo. Os comunicadores que são indiferentes estão focados neles mesmos e em seu próprio conforto, em vez de procurarem encontrar o melhor modo de se relacionar com os outros.

Se você teve dificuldade para se conectar com as pessoas porque você não fez um esforço para conhecê-las, então grave as palavras do romancista inglês George Eliot, que disse: "Tente se importar com alguma coisa neste vasto mundo além da gratificação de pequenos desejos egoístas. Tente se importar com o que é melhor em pensamento e ação — algo que seja bom além de seus próprios percalços. Olhe para outras vidas, além da sua própria. Veja os problemas dos outros e como lidam com eles." A maioria das pessoas aprecia qualquer esforço que você faça, não importa quão pequeno seja, para ver as coisas do ponto de vista deles.

4. Controle — "Não quero que os outros saibam o que sei, sinto ou quero"

Encontrar o ponto em comum é uma faca de dois gumes. Enquanto é importante focar os outros para entendê-los, também é crítico estar aberto e ser autêntico para que os outros entendam você. Claro, nem todos os líderes e comunicadores estão prontos para isso. Como observou o autor e ex-Capitão da Marinha norte-americana Mike Abrashoff: "Alguns líderes sentem que deixando a pessoa no escuro, eles mantêm uma medida de controle. Mas é engano do líder e uma falha para a organização. O segredo gera isolamento, não sucesso. Conhecimento é poder, sim, mas o que os líderes precisam é de poder coletivo, e isso requer conhecimento coletivo. Descobri que quanto mais pessoas soubessem quais eram as metas, mais aceitação conseguia — e melhores os resultados que conseguiríamos juntos."[6] Como C. Hannan observou, se você vai para o próximo passo, os resultados podem ser ainda melhores. Hannah diz: "Se você explica o porquê de algo e a razão por trás disso, não apenas ajuda os outros a entenderem o propósito, mas também permite que concordem com sua visão e participem dela. Então, vocês poderão trabalhar juntos!"[7]

"Nós, os desinformados, que trabalhamos para os inacessíveis, estamos fazendo o impossível pelos ingratos!"
— O lamento do subordinado, de Jim Lundy

Toda vez que funcionários sentem que a informação é preservada distante deles, e eles não desempenham nenhum papel para conquistar as metas da organização, eles se sentem intrusos. Como resultado, a motivação e o sentido de valor ficam baixos e, em consequência disso, o desempenho também fica aquém do desejado. Da mesma forma, quando os membros da audiência sentem que o orador está retendo parte da informação ou se orgulha de estar "por dentro", mas não inclui o público, as pessoas se sentem alienadas.

Adoro o que diz Jim Lundy sobre isso em seu livro *Lead, Follow, or Get Out of the Way* [Comande, Siga ou Saia do Caminho]. Nele, ele inclui a resposta das pessoas que trabalham em um ambiente em que os líderes se mantêm afastados deles. Ele descreve o *Lamento do subordinado*, que diz: "Nós, os desinformados, que trabalhamos para os inacessíveis, estamos fazendo o impossível pelos ingratos!"[8] E o *Lamento da fazenda de cogumelo* é assim: "Sentimos que estamos sendo mantidos no escuro. De vez em quando, alguém vem e joga fertilizante em nós. Quando nossas cabeças aparecem, elas são cortadas. E somos enlatados."[9]

Bons líderes e comunicadores não se isolam, e eles não mantêm deliberadamente as pessoas no escuro. Eles informam as pessoas, fazem-nas parte do que está acontecendo e as incluem na tomada de decisões sempre que possível. Você não pode estabelecer o ponto em comum caso se recuse a deixar alguém saber quem você é ou em que acredita.

Cultivando uma mentalidade do ponto em comum

A maioria das pessoas acredita que encontrar o ponto em comum com os outros é uma questão de talento: algumas pessoas são simplesmente boas em se conectar enquanto outras não o são. Embora concorde que nem todo mundo comece com a mesma habilidade de se conectar, também acredito que todos podem aprender a se conectar melhor porque *a conexão é uma escolha*. É um conceito que pode ser aprendido. Se você quer aumentar suas possibilidades de se conectar com outros, então faça as seguintes escolhas em sua vida.

A conexão é uma escolha.

Disponibilidade — "Escolherei passar mais tempo com as pessoas"

O ponto em comum pode ser descoberto, mas isso leva tempo. Certa vez, alguém me contou que o período de atenção no trabalho de um típico executivo norte-americano é de seis minutos. Isso é patético. Em seis minutos, uma pessoa mal consegue colocar seu pé no chão, muito menos achar o ponto em comum.

Disponibilidade também requer intenção. Hans Schiefelbein escreveu: "Quando estava no comando de grandes eventos, também me mantinha perto das pessoas da produção ou corria como se fosse o diretor de um filme superprodução. Queria parecer importante, então não ficava disponível. Isso pode vir do egocentrismo e pode ser diferente de achar o ponto em comum, mas talvez seja o impulso que os líderes sentem e os impede de estar disponíveis."[10]

Como líder e comunicador, determinei que minha meta seria estar sempre disponível para os outros. Quando estou com os amigos e a família, não me desconecto; mantenho-me ligado. Quando sou um palestrante em uma conferência, autografo livros e falo com as pessoas durante os intervalos, em vez de descansar. Quando era pastor de uma igreja de bairro, tinha uma regra para mim e minha equipe seguirmos aos domingos: enquanto houvesse pessoas na igreja, não haveria reuniões a portas fechadas. Queria que minha equipe andasse lentamente na multidão e estivesse disponível. Também ficava disponível. Cumprimentava as pessoas, conversava com elas e as ouvia. Isso não só me ajudou a me conectar com elas individualmente, mas também me ajudou a me manter focado enquanto falava.

Ouvir — "Ouvirei para alcançar o ponto em comum"

Quando era criança, algumas vezes brincava de *quente ou frio* com meus amigos. Se você tem mais ou menos a minha idade, também brincou disso. A pessoa da vez ia para um outro quarto, e as outras crianças escondiam os objetos. Quando a pessoa voltava, seu trabalho era procurar as coisas. Enquanto ele olhava em volta, os outros jogadores diziam se ele estava esfriando (indo para longe do objeto) ou esquentando (chegando perto). Quando ele chegasse bem perto, alguém diria a ele: "Você está pelando. Está pegando fogo!"

Acredito que todos os dias as pessoas jogam variações desse jogo. Elas estão buscando sucesso, mas não sabem onde ele está. Estão procurando por outros que dividem o mesmo valor, mas não sabem como achá-los. Se você é líder ou comunicador, tem a oportunidade de ajudá-los em sua busca. Mas, para fazer isso, você precisa aprender a escutar. De que outra forma você saberá o que eles estão procurando?

Encontrar o ponto em comum requer prestar atenção nos outros. Sonya Hamlin, em seu livro *How to Talk so People Listen* [*Como falar de modo que as pessoas ouçam*], mostra que a maior parte das pessoas acha isso difícil por causa do seguinte fator: "Sou o primeiro." Ela escreveu: "Ouvir requer desistir de seu passatempo favorito — o envolvimento com nós mesmos e nossos próprios interesses. É nosso foco primário e inteiramente humano. E é de onde vem nossa motivação para fazer as coisas. Tomando isso como base, você pode perceber como um problema é criado quando nos pedem para ouvir alguém?"

Qual é a solução que ela oferece? "Para fazer com que alguém ouça quando você tenta transmitir sua mensagem", recomenda ela, "você sempre deve responder às perguntas instintivas do ouvinte: 'Por que devo ouvir você? O que ganho se deixar você entrar?'" Toda vez que você estiver disposto a ouvir os outros e imaginar como as coisas que você está oferecendo preenchem suas necessidades, encontrou um modo de alcançar o ponto em comum.

> "Ouvir requer desistir de seu passatempo favorito — o envolvimento com nós mesmos e nossos próprios interesses."

Perguntas — "Ficarei interessado o bastante nos outros para fazer perguntas"

Peter Drucker, pai do gerenciamento moderno, lembrou: "Meu ponto mais forte como consultor é ser ignorante e fazer algumas perguntas." Que modo maravilhoso de achar o ponto em comum. Adotei esse conselho como prática na minha carreira como orador. Toda vez que me pedem para falar em uma empresa, peço uma reunião antes para que possa fazer algumas perguntas e descobrir mais sobre eles. Algumas vezes, quando falo, começo fazendo algumas perguntas. Sempre pergunto: "Quantos são da comunidade de negócios? Da comunidade educacional? Do governo? De comunidades religiosas? Essas perguntas não só me ajudam a conhecer o meu público, mas também deixam as pessoas entenderem que estou interessado nelas."

O apresentador de televisão Larry King, que já fez milhares de entrevistas, diz que fazer perguntas é o segredo de toda boa conversa. "Sou curioso a respeito de tudo", escreve King em How to Talk to Anyone, Anytime, Anywhere [Como falar com qualquer um, a qualquer hora, em qualquer lugar], "e se estou em um coquetel, sempre faço minha pergunta favorita: 'Por quê?' Se um homem me diz que ele e sua família estão indo para outra cidade: 'Por quê?' Uma mulher está mudando de emprego: 'Por quê?' Alguém torce pelos Mets: 'Por quê?' Em meu programa de televisão, provavelmente uso essas duas palavras mais que qualquer outra. É a melhor pergunta já inventada e sempre será. E, certamente, é o modo mais certo de manter uma conversa viva e interessante."

Se você não é especialmente extrovertido ou tem dificuldade de fazer perguntas, pode usar o truque que Duke Brekhus diz que aprendeu com Roy Puryear. Lembre-se da palavra FORM, que quer dizer **f**amília, **o**cupação, **r**ecreação e **m**ensagem. Duke comentou: "Quando fazemos perguntas em torno desses tópicos, é incrível como aprendemos sobre a pessoa e o quão rápido podemos conhecê-la."[11]

CONSIDERAÇÃO — "PENSAREI NOS OUTROS E PROCURAREI MEIOS DE AGRADECER A ELES"

Na década de 1970, era o pastor de uma igreja em rápido crescimento em Lancaster, Ohio, onde meus dias eram cheios de horários marcados e outros compromissos que demandavam muito tempo. Como estávamos com pouco pessoal, muitas vezes me sentia esmagado pela minha agenda.

Certo dia, notei um nome na minha agenda que achei que não era para estar ali. Embora ele fosse membro da igreja, não era um líder, e

Capítulo 6

estava tentando concentrar minha atenção nos 20% mais importantes líderes daquele tempo.

Impacientemente, perguntei à minha assistente o que ela queria. Quando ela me disse que não tinha certeza, fiquei irritado.

Quando Joe chegou à minha sala, tinha um objetivo — fazer com que ele entrasse e saísse da minha sala o mais rápido possível.

— O que posso fazer por você? — perguntei assim que ele se sentou.

— Absolutamente nada, Pastor — respondeu ele para minha surpresa. — A questão é, o que posso fazer por você? Venho me fazendo essa pergunta nessas últimas semanas e, quando finalmente consegui uma resposta, marquei esse horário. John, estou vendo que a sua agenda está cheia e você está muito ocupado. Gostaria de realizar tarefas pessoais para você. Se você puder arranjar uma lista de coisas que você queira que eu faça ou que dê para sua assistente, vou passar aqui toda quinta-feira à tarde e cuidar delas para você. Está bem assim?

Fiquei chocado. Também fiquei envergonhado. Que oferta gentil! Pelos seis anos seguintes, Joe realizou tarefas para mim todas as quintas-feiras. Naquele dia, ele me ensinou muito sobre como encontrar o ponto em comum. E tornou-se um amigo a quem sou grato. Se você conseguir demonstrar um tipo semelhante de consideração, também encontrará o ponto em comum com os outros.

Abertura — "Deixarei as pessoas entrarem em minha vida"

Recentemente, tive o privilégio de jantar com o ex-senador e presidenciável republicano Bob Dole. Tivemos uma conversa interessante sobre liderança, política e eventos mundiais. Uma das coisas que mencionei para ele naquela noite foi como tinha ficado impressionado pela maneira como sua esposa, Elizabeth Dole, lidou com as responsabilidades durante seu discurso na convenção republicana em 1996. Para surpresa de todos, ela deixou o pódio e foi ao encontro da plateia, dizendo: "Bem, vocês sabem que a tradição é que os oradores na Convenção Nacional Republicana permaneçam nesse pódio muito imponente. Mas, esta noite, gostaria de quebrar a tradição por duas razões — primeiro, falarei para amigos. Segundo, falarei sobre o homem que amo. E é muito mais confortável para mim estar aqui embaixo com vocês." Elizabeth Dole encontrou um jeito de mostrar sua abertura às pessoas e criou um senso de comunidade com sua plateia.

Comunicação tem tudo que ver com a abertura para encontrar algo em comum com os outros. Na verdade, a palavra *comunicação* vem do latim *communis*, que significa "comum."[12] Antes de podermos nos comunicar de forma eficaz, devemos estabelecer o que temos em comum — quanto melhor fizermos isso, maior será o potencial para a comunicação eficaz.

Isso não é fácil para todo mundo. Michelle Pack entende essa necessidade. Ela diz: "Posso ouvir os outros por horas, principalmente porque é exatamente isso que as pessoas querem mais que tudo — ser ouvidas. No entanto, devido a um histórico de abandono emocional, fecho-me e não divido meu coração com os outros. Como escritora e pessoa que quer se comunicar, esse é o meu maior muro a derrubar."[13] A conexão sempre exige que *ambas* as partes se entreguem e estejam abertas.

GOSTAR — "GOSTAREI DAS PESSOAS"

Roger Ailes, ex-consultor de comunicação para presidentes, acredita que o fator mais importante no falar em público é a compatibilidade. Ele diz que se as pessoas gostam de você, elas o ouvirão, e se não gostarem, não o ouvirão. Então, como se faz para as pessoas gostarem de você? Importando-se com as pessoas. As pessoas gostam das pessoas que gostam delas.

> **As pessoas gostam das pessoas que gostam delas.**

Quando os outros sabem que você se importa, elas ouvirão. A maneira que usei para dizer isso para meu pessoal quando era pastor foi assim: as pessoas não se importam com quanto você sabe até saberem o quanto você se importa com elas.

Grace Bower me escreveu para me contar uma história sobre sua filha, Louise. Quando Louise era uma estudante universitária, ainda adolescente, em Auckland, Nova Zelândia, seus amigos Victoria e Phil tiveram seu primeiro bebê. Louise era muito próxima a eles e queria fazer algo por eles. Ela tentou se colocar no lugar deles, perguntando-

-se o que seria mais útil, já que eles eram pais de primeira viagem. Ela teve a ideia de fazer as compras para eles nas seis primeiras semanas de vida do bebê Andrew.

Toda semana, ela pegava a lista de compras de Victoria e o dinheiro, e lá ia Louise para o mercado. Louise também era muito observadora. Quando notava que estava faltando algum item importante na lista, ela o comprava, sabendo que Victoria e Phil precisariam dele. Eles ficavam felicíssimos e, realmente, sentiam quanto ela se importava com eles. E, dois anos depois, quando o casal teve seu segundo filho, mais uma vez Louise fez as compras para eles.[14] Quem não adoraria ter uma amiga assim?

Pense nos seus professores favoritos. Aposto que era fácil para os alunos gostarem deles. Pense em quais vizinhos de sua infância você se lembra mais. Não era fácil gostar deles? E seus colegas de turma ou seus parentes? E seu melhor chefe? É bem possível que era bem fácil de gostar dessas pessoas! É uma qualidade muito atraente para termos e faz os outros quererem se conectar com você.

Humildade — "Pensar menos em mim para poder pensar mais nos outros"

Alan Ross, poeta, jornalista e editor afirmou: "Humildade significa conhecer e usar seus pontos fortes em benefício dos outros, em nome de um objetivo maior. O líder humilde não é fraco, mas forte... não está preocupado consigo mesmo, mas em como usar melhor seus pontos fortes pelo bem dos outros. Um líder humilde não pensa menos em si, mas escolhe pensar nas necessidades dos outros em prol de uma causa válida. Adoro estar na presença de um líder humilde porque eles trazem à tona o melhor em mim. Seu foco está em meus propósitos, minha contribuição e minha habilidade de conquistar tudo que planejei conquistar."[15] Que ótima perspectiva. A falsa humildade reduz seus próprios pontos fortes genuínos para receber elogios. A arrogância eleva seus pontos fortes para receber elogios. A humildade eleva os outros para que eles possam ser elogiados.

Muitos anos atrás, fui convidado para fazer o encerramento de uma conferência de três dias em que muitas pessoas falariam. Por dois dias, sentei-me na plateia e fui bombardeado com histórias de sucesso. Todos os oradores tiveram sucesso na vida em família, nos negócios e na comunidade. Todos os oradores compartilharam histórias de sucesso ao construir suas empresas e conquistar as pessoas e, depois de um tempo, parecia que cada orador estava tentando ser melhor que o anterior.

No terceiro dia, estava arrasado e sobrecarregado. Senti-me muito intimidado por aqueles oradores. Meu talento, experiência e resultados pareceram insignificantes comparados com o sucesso deles. E posso dizer que o público se sentia como eu me sentia. Eles acreditavam que existia uma lacuna enorme entre eles e os oradores. Seu moral estava baixo e posso dizer que eles estavam se sentindo desencorajados.

Durante a pausa do almoço, pensei no que poderia fazer para mudar as coisas. Alguém precisava se conectar com a plateia e preencher essa lacuna. De repente, descobri o que precisava fazer. Joguei fora o discurso que havia preparado e comecei rapidamente a escrever um novo. Seria sobre fracasso, não sobre sucesso. Chamei-o de "Falhas, fracassos e fiascos." Nele, incluí histórias de meus maiores fiascos, minhas piores ideias e minhas grandes falhas como líder. Todo mundo já foi humilhado uma vez ou outra na vida. Esse era o assunto em que poderia achar o ponto em comum com a plateia.

Quando levantei para falar, comecei dizendo que estava cansado do assunto sucesso e senti que eles também estavam. Na hora seguinte, compartilhei minhas falhas como líder e como pessoa. Admiti que fiquei surpreso que minha empresa tenha dado tão certo comigo liderando-a. Com cada história honesta de fracasso, o público e eu encontramos nosso ponto em comum e nos aproximamos um do outro. Eles se identificavam comigo. Eles se conectaram com minha transparência. No fim de minha apresentação, disse a eles que acreditava neles, e o público ficou de pé e aplaudiu, porque eles estavam muito animados sob suas pers-

> "Humildade significa duas coisas. Uma, a capacidade de autocrítica... e a segunda característica é permitir que os outros brilhem, afirmando-os, capacitando-os e ajudando-os."
> — Cornel West

pectivas para o futuro. Eles acreditaram que se eu pude dar certo, eles também poderiam.

Se você quer impactar as pessoas, não fale sobre seu sucesso; fale sobre suas derrotas. O ativista de direitos humanos Cornel West diz: "Humildade significa duas coisas. Uma, a capacidade de autocrítica... e a segunda característica é permitir que os outros brilhem, afirmando-os, capacitando-os e ajudando-os. Aqueles que não têm humildade são dogmáticos e egoístas. Isso mascara um grande senso de insegurança. Eles acham que o outro tem sucesso à custa de sua fama e glória."

Então como você coloca essas ideias em ação? Recomendo que você siga o conselho de Rick Warren, pastor e autor, que adverte que a humildade vem de:

- admitir nossas fraquezas;
- ser paciente com as fraquezas dos outros;
- estar aberto a ser corrigido;
- dar o brilho aos outros.

Faça isso com as pessoas e eles se inspirarão em você e ouvirão o que você tem a dizer.

Adaptabilidade — "Irei do meu mundo para o deles"

O estudioso medieval Tomás de Aquino disse: "Para converter alguém, vá, pegue-o pela mão e guie-o." Para mover os outros, primeiro temos que estar prontos para nos mover para onde eles estão. Devemos nos adaptar aos outros e tentar ver coisas do ponto de vista deles.

Henry J. Kaiser, um construtor de navios que revolucionou a indústria na década de 1940, fez o melhor que ele pode em sua época. Ele gastou dois mil dólares em sua conta de telefone para que, todos os dias, pudesse passar horas falando com seus executivos pelo país. Antes de as conferências por telefone se tornarem comuns, ele conseguiu que membros de sua equipe, que estavam em lugares diferentes, estivessem na mesma ligação. Talvez ele não pudesse estar fisicamente no mundo de seus líderes todos os dias, mas ele fez o melhor possível para isso.

Joel Dobbs explicou que, em seu trabalho como executivo de uma grande empresa japonesa, ele enfrentou grandes dificuldades para se conectar com as pessoas do Japão. "A língua e a cultura são um campo minado", explicou Joel, "então, deve-se ter cuidado ao tentar usar qualquer coisa além das palavras mais básicas. Os relacionamentos são mais complicados pelo fato de que a maior parte de nosso trabalho é conduzido por intermédio de tradutores tornando a interação ainda mais impessoal. Descobri que compartilhar refeições e fazer um esforço sério para experimentar e aproveitar as comidas diferentes que aparecerem no menu ajudaram muito em relação a concretizar um relacionamento."[16]

Toda vez que você estiver consciente da distância entre você e as pessoas com quem está tentando se conectar, é inteligente tentar se mover para o mundo deles mentalmente, se não fisicamente, e, depois, buscar algo em sua formação e experiência que tenha que ver com a deles. Foi o que fiz nos anos 1980 quando minha liderança e meu ministério estavam começando a receber um reconhecimento nacional. Naquela época, o instituto Charles Fuller estava dando um seminário chamado "Quebrando a barreira dos 200" para pastores de igrejas pequenas de todo o país. Eles me convidaram para dar aula sobre essa seção e sabia que isso seria um desafio. A igreja que conduzia na época tinha mais de 250 pessoas participando. Como poderia me identificar com pastores de igrejas pequenas quando minha congregação tinha muito mais pessoas? Mais importante, como poderia ajudá-los a se relacionar comigo?

Passei um tempo pensando sobre o mundo deles, seus desafios e seus sonhos. Aí a minha ficha caiu: minha igreja em Hillham seria nosso ponto em comum. Era uma das menores igrejas e ela cresceu para mais de 200 membros sob minha liderança. Mostraria a eles como fiz minha pequena igreja crescer, e eles estariam aptos a se identificar com minhas experiências e desenvolveriam um plano de ação. Essa estratégia funcionou. Acabamos por nos conectar nos encontros, eles aprenderam com minha experiência, e milhares de pastores fizeram crescer suas igrejas.

Sempre que você não tiver certeza de como preencher a lacuna de comunicação, não comece o processo falando para as pessoas sobre você. Comece indo até o ponto em que eles estão e vendo as coisas da perspectiva deles. Adapte-se a eles — não espere que eles se adaptem a você.

Capítulo 6

Os que se conectam vão primeiro

Essa disposição para ver as coisas do ponto de vista dos outros realmente é o segredo de encontrar o ponto em comum, e encontrar o ponto em comum é realmente o segredo para se conectar. Se você fizesse só isso e nada mais, sua comunicação melhoraria imensamente em todas as áreas da sua vida. Como isso é tão importante, quero lhe dar quatro conselhos para lhe ajudar a se conectar melhor.

1. Pergunte: "Sinto o que você sente?", antes de perguntar: "Você sente o que sinto?"

A comunicação eficaz leva as pessoas em uma jornada. Não podemos levar os outros nessa jornada a menos que comecemos do ponto em que eles estão. Só então poderemos nos conectar e tentar levá-los até o ponto que queremos levá-los.

Herb Kelleher, fundador da Southwest Airlines, era um mestre nisso. Estava em contato constante com as pessoas que trabalhavam para a companhia aérea. Ele costumava viajar pelo país, encontrando-se com os funcionários em todas as esferas da organização — de executivos aos que recebiam a passagem no balcão da companhia e de comissários de bordo a carregadores de bagagem — e passando um tempo com eles. Ele sabia como as pessoas se sentiam porque ele ia até o local onde elas trabalhavam, ficava ao lado delas e vivenciava o que elas vivenciavam. Suas atitudes e ações criaram o ponto em comum e derrubaram barreiras entre empregador e empregados. Não era à toa que as pessoas que trabalhavam para ele o adoravam e o ouviam.

Se você quiser encontrar o ponto em comum com os outros, o lugar para começar é com os sentimentos deles. Se você puder se conectar na esfera emocional, fica muito mais fácil conectar-se em todas as outras esferas.

2. Pergunte: "Vejo o que você vê?", antes de perguntar: "Você vê o que vejo?"

Durante muito tempo de minha carreira como líder e comunicador, estava concentrado em fazer com que as pessoas vissem o que eu via. Transmitir uma visão vinha naturalmente para mim e adorava falar sobre o que poderia ser. Geralmente, quando a organização não estava indo como queria, pensava: *Se os outros pudessem ver o futuro como vejo, aí poderíamos seguir em frente*. Mas o verdadeiro problema era que, primeiramente, queria que os outros vissem as coisas do meu modo. Ou pior, achava que eles já viam tudo sob a minha perspectiva. Tais erros podem levar a resultados humilhantes e, às vezes, engraçados.

Quando Orville e Wilbur Wright tiveram sucesso em colocar seu avião no alto, em Kitty Hawk, Carolina do Norte, em 17 de dezembro de 1903, eles enviaram um telegrama para a irmã deles em Dayton, Ohio, contando sobre a grande conquista. Dizia assim: "Primeiro voo sustentado hoje por cinquenta e nove segundos. Esperamos estar em casa para o Natal."

A irmã deles, animada com a notícia, correu para o jornal local e entregou o telegrama para o editor para que ele pudesse publicar. Na manhã seguinte, a manchete do jornal dizia: "Vendedores locais de bicicletas esperam estar em casa para as férias."

Como o editor pôde não entender a verdadeira notícia? Ele não via as coisas como a irmã de Orville e Wilbur as via. E ela, evidentemente, não fez nada para garantir que ele visse tudo dessa forma. Tamanha falha de comunicação parece cômica para nós hoje, mas somos culpados dos mesmos tipos de diferença de percepção. Por exemplo, em 2000 fui ao 35º encontro de ex-alunos da Circleville High School. Estava muito animado porque seria o primeiro encontro do qual participaria. Mal podia esperar para chegar lá. Imagine minha surpresa quando olhei à minha volta e vi tanta gente velha! Sentia-me mais jovem do que todos aparentavam. Mas aposto que, quando olharam para mim, todos ficaram surpresos em ver como estava velho.

As pessoas podem estar no mesmo lugar, dividindo a mesma experiência ao mesmo tempo, mas podem ir embora tendo visto coisas muito diferentes. Pessoas que se conectam bem entendem essa tendência e se esforçam para ver as coisas do ponto de vista dos outros primeiro.

Mais de trinta anos atrás, tive o privilégio de falar com Paul Rees em uma conferência de líderes. Conhecido por sua perspicácia e sabedoria, ele já tinha pouco mais que 80 anos na época, e tinha pouco mais de 30. Durante uma sessão de perguntas e respostas, alguém perguntou se ele pudesse voltar no tempo e fazer algo diferente, o que seria isso. Nunca me esquecerei de sua resposta.

"Se pudesse voltar aos meus primeiros dias de pai", respondeu, "eu me esforçaria mais para ver as coisas do ponto de vista dos meus filhos." Prosseguiu e explicou que tinha perdido muitos momentos de ensinamento porque queria que seus filhos vissem primeiramente o que ele via. Naquele dia, comprometi-me a ver as coisas pelo ponto de vista dos outros antes de lhes pedir para que vissem os fatos pela minha perspectiva.

3. Pergunte: "Sei o que você sabe?", antes de perguntar: "Você sabe o que sei?"

Por muito tempo, como líder e pastor, tentei ajudar as pessoas a superarem conflitos relacionais. Na maioria das vezes, quando peço para as pessoas nessas situações para se sentarem juntas para se comunicarem, seu maior desejo é expressar seu ponto de vista de sua perspectiva. Elas querem garantir que sua mensagem seja ouvida. Quando o conflito é comigo, geralmente deixo que falem até "acabar o gás", e, depois, faço-lhes perguntas. Só depois de saber o que elas sabem é que tento dividir meu lado da história. A pessoa que dá as respostas antes de entender o problema é uma tola.

Abraham Lincoln disse: "Quando estou me preparando para argumentar com um homem, passo um terço do meu tempo pensando em mim e no que vou dizer — e dois terços pensando nele e no que ele vai dizer." Se quisermos encontrar o ponto em comum, faríamos bem em fazer o mesmo.

4. Pergunte: "Sei o que você quer?", antes de perguntar: "Você sabe o que quero?"

Líderes de igreja sabem que a frequência tipicamente muda em ciclos. Na maioria das igrejas, a frequência cai no verão porque as pessoas saem de férias, querem passar mais tempo em atividades ao ar livre no final de semana, e se cansam por causa das demandas da vida de pai quando seus filhos não têm aulas.

Quando estava à frente de uma igreja, tentava, todo ano, algo para manter a frequência alta durante o verão. Depois de muitas tentativas fúteis, finalmente descobri a resposta. Uma primavera compartilhei com a congregação que durante o verão falaria sobre uma série chamada "Você pediu." Encorajei cada um a pedir o assunto sobre o qual mais gostaria de me ouvir falar, e escolheria os dez tópicos mais pedidos. Milhares de pessoas participaram, escolhemos os dez mais, e esses se tornaram os tópicos do sermão durante o verão. O resultado foi que a frequência na verdade aumentou em vez de diminuir. Por quê? Porque sabia o que as pessoas queriam aprender.

O inventor Charles F. Kettering disse: "Há uma grande diferença entre saber e entender. Você pode saber muito sobre algo sem entender isso de verdade." Isso também pode ser dito sobre as pessoas. Você pode saber muito sobre uma pessoa e ainda assim não entendê-la. Mais informações nem sempre são a resposta. Para realmente entender as pessoas, você deve saber o que elas querem, e isso exige que você vá além da cabeça e pense no coração.

> "Há uma grande diferença entre saber e entender. Você pode saber muito sobre algo sem entender isso de verdade."
> — Charles F. Kettering

Quando quero realmente conhecer alguém, faço três perguntas. As respostas das pessoas a elas me dão uma grande percepção do coração de alguém. As perguntas são:

- Com o que você sonha?
- Sobre o que você canta?
- Sobre o que você chora?

Se você souber as respostas a essas perguntas, poderá encontrar o ponto em comum com alguém e se conectar com essa pessoa.

Se existe uma solução mais importante para a comunicação do que encontrar o ponto em comum, com certeza não consigo pensar nela. O ponto em comum representa o ponto em que as pessoas podem discutir as diferenças, compartilhar ideias, encontrar soluções e começar a criar algo juntas. Muitas vezes as pessoas veem a comunicação como o processo de transmitir grandes quantidades de informação a outra pessoa. Mas essa imagem está errada. Como já mencionei, a comunicação é uma jornada. Quanto mais as pessoas têm em comum, melhor a chance de poderem trilhar essa jornada juntas.

Conectando-se com as pessoas em todas as esferas

Prática de conexão: os que se conectam o fazem por intermédio de um ponto em comum.

Conceito-chave: saber as razões pelas quais você e seu ouvinte querem se comunicar e construir uma ponte entre essas razões.

Conectando-se na esfera individual

Quando duas pessoas se aproximam para se comunicar, cada uma delas tem uma razão para fazer isso. Para se comunicar por meio de um ponto em comum, você deve saber seu motivo, conhecer o motivo da outra pessoa e encontrar um modo de conectar as duas coisas. O fundamento em encontrar um ponto em comum é saber como tornar a interação um ganho para ambas as partes.

Construir uma ponte por meio do ponto em comum é mais fácil individualmente do que com muitas pessoas, porque você pode ter retornos contínuos e imediatos da outra pessoa. Para encontrar o ponto em comum, faça perguntas sobre interesses e experiências comuns. Quando você encontra o ponto em comum, conta histórias, compartilha emoções e aprende lições a partir dessas experiências. E, se possível, façam algo de que vocês gostam juntos.

Conectando-se em um grupo

Encontrar o ponto em comum em um grupo é um pouco mais difícil porque você não pode focar uma única pessoa. (Se você fizer isso, estará arriscando perder o resto do grupo.) Então como você faz isso? Comece perguntando a você mesmo: "O que nos uniu?" A resposta para essa pergunta geralmente dá um ponto para começar diferente.

Se o grupo foi forçado a se reunir, tal como um comitê obrigatório designado por um empregador, então pergunte a você mesmo: "Qual a meta que todos nós temos?" Com a meta em mente, reconheça as diferenças de todo mundo e também suas habilidades para contribuir para essa meta comum usando suas habilidades únicas, lembrando-os de que a meta é mais importante do que o papel. E quando um grupo consegue vencer, comemorem juntos.

Comunicando-se com uma plateia

Quando as pessoas vêm para ouvi-lo falar, elas esperam aprender algo que os ajudará. Um público ansioso tem isso como meta principal em suas mentes. Um público hostil pode não estar pensando nisso, mas se ouvir for uma vantagem para eles, eles estarão abertos. Alcance esse desejo de se comunicar por meio do ponto em comum da próxima vez que você falar para um público. Use o seguinte modelo: Sentir, Sentiu, Descobriu, Descobrir.

- Sentir: tente *sentir* o que eles sentem, reconheça e valide os sentimentos deles.
- Sentiu: compartilhe com eles que você também se *sentiu* da mesma forma.
- Encontrou: compartilhe com eles o que você *encontrou* que o ajudou.
- Encontrar: ofereça *encontrar* ajuda para a vida deles.

Capítulo 7

Os que se conectam fazem o trabalho difícil de manter tudo simples

Alguns anos atrás, fui entrevistado em um programa de TV. O entrevistador segurou dois livros meus e disse: "John, já li diversos livros seus e eles são tão simples." Seu tom de voz, linguagem corporal e maneirismos deixaram claro para mim e para o público que isso não era um elogio!

Minha resposta foi direta: "Isso é verdade. Os princípios em meus livros são simples de entender. Mas nem sempre são fáceis de aplicar." O público aplaudiu e ele aceitou que eu estava certo.

Qual o problema com o que é simples?

Ronnie Ding me diz que depois de um culto na igreja, o pastor apertava a mão dos membros de sua congregação, e um deles comentou sobre seu sermão, dizendo: "Pastor, você é mais inteligente que Albert Einstein."

O pastor ficou surpreso e lisonjeado pela declaração, mas ele não sabia como responder. Na verdade, quanto mais ele pensava sobre o comentário, mais intrigado ele ficava. Ele não dormiu direito por uma semana!

No domingo seguinte, ele finalmente perguntou ao membro o que ele quis dizer com aquilo.

"Veja só", o homem respondeu, "Albert Einstein escreveu algo tão difícil que, na época, apenas dez pessoas podiam entender. Mas quando o senhor pregou, ninguém conseguiu entendê-lo."[1]

Acho que muitas pessoas acreditam que se um indivíduo, especialmente um autor ou orador, os bombardeia com muitas informações complexas ou escreve usando palavras grandiosas em um estilo denso e difícil de entender, então ele ou ela é, de alguma forma, inteligente e tem credibilidade. No mundo acadêmico, isso parece ser mais verdade ainda. Quando um professor é complexo, eles sempre acham que é porque o professor é muito esperto e sabe muito mais do que eles. Não acho que isso seja sempre verdade. Como a corretora de imóveis Sue Cartun disse: "Se você usar uma linguagem rebuscada para tentar impressionar, você não se conecta. O público simplesmente espera a tortura terminar."[2] Na maioria dos casos, o professor não é um bom comunicador. Enquanto os educadores pegam algo simples e o tornam complicado, os comunicadores pegam algo complicado e o tornam simples.

Em seu excelente livro, *The Power of Little Worlds* [*O poder das pequenas palavras*], o autor John Beckley, ex-editor de negócios da *Newsweek*, observa: "A ênfase na educação é raramente colocada na comunicação de ideias simples e claras. Em vez disso, somos encorajados a usar palavras e estruturas de frase mais complicadas para mostrar nosso grau de escolaridade... Em vez de nos ensinar como nos comunicarmos de forma mais clara possível, nossa educação nos ensina a deixar as coisas mais densas. Isso até cria o medo de que, se não escrevermos de forma complicada, seremos considerados como de um nível educacional inferior."

Acho que todos podem concordar que muitos dos problemas que enfrentamos na vida podem ser complexos. Um professor pode argumentar legitimamente que sua área de especialidade é complicada. Não contesto isso. Mas, como líderes e comunicadores, nosso trabalho é trazer clareza para um assunto, não complexidade. Não é preciso tanta habilidade para identificar um problema quanto a necessária para ter uma boa solução. Não se diz que um professor é bom ou ruim pelo que sabe; mas pelo que seus alunos sabem. Tornar as coisas simples é uma habilidade, e essa habilidade é necessária se você quiser se conectar com as pessoas quando se comunica. Ou para colocar da forma como Albert Einstein o fez: "Se você não consegue explicar algo de forma simples, você não entende o suficiente a respeito desse assunto."

Charlie Wetzel, que contratei em 1994 para me ajudar com o trabalho de escrita e pesquisa, veio de uma área acadêmica. Ele se formou em Letras, e, antes de trabalhar comigo, ele era professor e reitor acadêmico em uma faculdade de negócios. Sabia que para fazer uma pesquisa eficiente para mim, ele deveria saber que tipo de materiais eu gostaria de ter em mãos. Milhares de pesquisas que não me ajudassem a me conectar com as pessoas não teriam utilidade para mim.

Perguntei a outros autores o que eles fizeram para ajudar a treinar alguém com uma tarefa assim, mas eles não ajudaram muito. Então Charlie e eu criamos nosso plano. Ele leria um livro de citações e marcaria os itens que ele achasse bons, e eu pegaria o mesmo livro e faria o mesmo. Quando comparamos nossas avaliações, descobrimos que o que selecionamos era 90% diferente! A maior parte do que Charlie selecionou seria grandioso e pedante. Isso refletia sua herança acadêmica. Ele disse que estava procurando por citações com pensamentos e percepções profundos. Explicarei qual o problema com isso: o que um homem vê como fonte de percepção o outro homem vê como cura para a insônia. Então lhe dei alguns critérios para pegar um bom material. Para as minhas necessidades, uma citação ou ilustração tinha que se encaixar em uma ou mais destas categorias:

> Não se diz que um professor é bom ou ruim pelo que ele sabe; mas pelo que seus alunos sabem.

- humor — algo que fará as pessoas rirem;
- coração — algo que cativará a emoção das pessoas;
- esperança — algo que inspirará as pessoas;
- ajuda — algo que ajudará as pessoas de forma concreta.

Essas quatro coisas podem parecer simples, mas são eficientes.

Com essas informações, Charlie e eu tentamos novamente o processo com um outro livro de citações. Dessa vez, chegamos a 50% de acordo. E, com o passar dos meses, Charlie e eu concordamos em 90% do material que ele estava pesquisando. Hoje, quinze anos depois, ele sabe o que quero antes de mim. Ele praticamente lê minha mente. Escreve da mesma forma que eu. Conhece minhas intenções, idiossincrasias e paixões. Ele pega o meu material e o transforma em algo melhor. Ele reescreve o que escrevo e melhora o que quero dizer. Mais importante, trabalhamos duro para tornar as coisas simples.

> "Ser simples é ser grande."
> — Ralph Waldo Emerson

Ser simples não é fácil. O matemático Blaise Pascal, certa vez, disse: "Escrevi esta carta mais longa que o usual porque não tenho tempo para torná-la mais breve." Dá muito trabalho fazer qualquer tipo de comunicação concisa, precisa e impactante. Ou para colocar essa ideia como Ralph Waldo Emerson, filósofo e poeta, disse: "Ser simples é ser grande." Grandes comunicadores não deixam seu público com dúvidas. Os ruins os deixam mais confusos que quando eles chegaram.

Comunicando-se através das culturas

Manter a comunicação de forma simples não é fácil. Em nenhuma época, isso foi mais evidente para mim que quando tentei me comunicar com o público e individualmente em viagens para o exterior. Conectar-se de forma intercultural requer muita energia mental, física e emocional. E, algumas vezes, pode levar a resultados engraçados. Aqui estão algumas placas interessantes que foram observadas em várias partes do mundo.

- Uma lavanderia em Bangkok: *Deixe suas calças aqui para um resultado melhor.*
- Um folheto de hotel na Itália: *Este hotel é conhecido por sua paz e solidão. Na verdade, multidões de todo o mundo vêm aqui para curtir sua solidão.*

Capítulo 7

- Em um hotel em Tóquio: *É proibido roubar toalha do hotel. Se você é o tipo de pessoa que não faz isso, por favor, não leia este aviso.*
- No saguão de um hotel em Bucareste: *Este elevador está sendo consertado para amanhã. Durante esse tempo, lamentamos que você será insuportável.*
- Em um hotel em Atenas: *Esperamos que os hóspedes reclamem no escritório entre as 9 e 11 horas todos os dias.*
- Em uma lavanderia em Roma: *Senhoras, deixem suas roupas aqui e passem a tarde se divertindo.*
- Pelo lado de fora da loja de um alfaiate em Hong Kong: *As senhoras podem provar lá em cima.*
- Em um alfaiate de Rodes: *Encomendem seus ternos de verão. Como estamos na correria, vamos executar os clientes em rotação estrita.*
- No balcão de bilhetes de uma empresa aérea em Copenhague: *Pegamos suas malas e as enviamos para todos os lugares.*
- Em um zoológico de Budapeste: *Por favor, não alimentem os animais. Se você tiver alguma comida apropriada, dê para o guarda de plantão.*
- Em um hotel em Acapulco: *O gerente pessoalmente passou toda a água servida aqui.*
- No folheto de uma empresa de aluguel de carros em Tóquio: *Quando passageiro a pé aparecer à vista, buzine. Trompete melodiosamente primeiro, mas se ele ainda obstruir sua passagem, então buzine com vigor.*[3]

Acredite em mim, se você já viajou muito para fora do país, posso garantir que essa atividade pode ser um desafio. Depois de falar em mais de 50 países diferentes em diversas situações, desenvolvi uma estratégia dos "3 S":

- mantenha tudo **S**imples.
- fale **S**uave e vagarosamente.
- **S**orria.

Se as duas primeiras opções não funcionarem, espero que a terceira pelo menos comunique às pessoas que você gosta delas.

A arte da simplicidade

Acredito que você não ficará desapontado com este capítulo porque não há muito a se dizer sobre manter as coisas simples. É um conceito realmente simples. Todavia, ele nem sempre é fácil de aplicar, não é? Para ajudar você, incluí cinco diretrizes:

1. FALE COM AS PESSOAS, NÃO ACIMA DELAS

Um aluno de idade do maternal estava comendo uma maçã no banco de trás do carro do pai:

— Papai — disse ele — Por que minha maçã está ficando marrom?

O pai do menino explicou:

— Porque depois que você comeu a pele, a parte de dentro da maçã entrou em contato com o ar, o que fez com que ela oxidasse, mudando assim sua estrutura molecular e ficando de outra cor.

Houve um longo silêncio, e depois o menino perguntou:

— Papai, você está falando comigo?

Muitas pessoas se sentem assim quando um orador ou líder transmite ideias complexas sem fazer o esforço de torná-las claras e simples. Sei que, às vezes, sentia-me assim como ouvinte. Quando isso ocorre quer dizer que o comunicador não entende que atirar acima da cabeça das pessoas não significa que você tem munição superior — apenas quer dizer que você não sabe atirar.

Meu primeiro ensino superior foi em teologia. Enquanto estudava para essa faculdade, nunca me ensinaram nem incentivaram a falar com uma plateia em termos simples. No último ano, recebi o primeiro prêmio em um concurso de discursos. Meu tema e o estilo do meu discurso não eram exatamente simples para a plateia. Falei em frases longas e usei muitas palavras compridas. Meus professores ficaram impressionados. E eu também... até pegar meu primeiro pastorado em uma comunidade rural no sul da Indiana. Logo, percebi que analisar verbos gregos e rebuscar teologia complexa não eram de muito interesse para ninguém na congregação.

As pessoas a quem eu falava semanalmente eram como o homem ouvindo um oficial de armamentos da marinha dos Estados Unidos explicando detalhadamente como mísseis teleguiados funcionam. Depois da conversa, o homem parabenizou o oficial por sua apresentação brilhante dizendo:

— Antes de ouvir a palestra, eu me sentia totalmente confuso em relação a como funcionam esses mísseis.

— E agora? — perguntou o oficial.

— Graças a você — respondeu o homem — continuo confuso, mas muito mais que antes.

Depois que percebi que minhas conversas "brilhantes" não estavam ajudando ninguém, comecei a trabalhar para mudar meu estilo. Exigiu esforço, mas como já mencionei, passei de um orador que queria impressionar os outros a um que queria causar-lhes impacto. A mudança principal veio em ir do complicado para o simples. À medida que minhas frases se tornavam mais curtas, minha congregação aumentava. Com o tempo, percebi que um dos maiores elogios que eu poderia receber era: "Pastor, entendi tudo que o senhor disse, e fez sentido".

A abordagem direta e simples geralmente é melhor em todas as formas de comunicação. Janet George escreveu para mim que, depois de aceitar um cargo diferente no trabalho, começou a treinar a senhora que ia ficar em seu antigo cargo.

— Eu lhe mostrei o formulário que tinha criado para me comunicar com as filiais de campo — diz Janet.

— Parece que foi escrito para pessoas com leitura elementar — comentou a senhora com um tom desdenhoso. — Vou reescrevê-lo para uma forma de comunicação mais adulta.

Janet não a viu por muitos meses, mas quando a viu, a senhora lhe confidenciou que seu novo formulário tinha sido complicado demais para o campo entender, e ela tinha voltado para o formulário anterior.[4]

Uma maior complexidade nunca é a solução em comunicação — se o seu desejo for se conectar.

2. Chegue ao ponto

Uma mulher se aprontando para sair do consultório de um médico deu um olhar confuso para o médico.

— Há alguma coisa errada? — perguntou o médico.

— Não tenho certeza — respondeu a mulher. — Cheguei cinco minutos adiantada para minha consulta. O senhor me chamou imediatamente. Passou um tempão comigo. Entendi cada palavra de suas instruções. Consigo até mesmo ler sua receita. O senhor é médico de verdade?

Em certas situações, você não espera que as pessoas sejam claras, concisas e rápidas. Em outras, você espera isso. Sempre que você está se preparando para ouvir alguém falar, se essa pessoa demora para chegar ao ponto, você sabe que está em apuros.

Winston Churchill, certa vez, disse sobre um colega: "Ele é um daqueles oradores que, antes de se levantar, não sabe o que vai dizer; quando está falando, não sabe o que está dizendo; e quando se senta, não sabe o que disse." Que crítica. Já ouvi alguns comunicadores assim. Você não? Infelizmente, também já fui um deles!

Todos os bons comunicadores chegam ao ponto antes de seus ouvintes começarem a perguntar: "Aonde ele quer chegar?" Para fazer isso, é preciso começar sabendo aonde você quer chegar. O dramaturgo grego Eurípedes observou: "Um mau começo leva a um mau final." Obviamente, a hora para começar a pensar na razão para a sua comunicação é antes de você começar a falar.

Sempre que estou me preparando para me comunicar com os outros, seja com uma plateia de centenas seja com uma só pessoa, pergunto-me duas coisas: "O que eu quero que eles saibam?", e: "O que eu quero que eles façam?" Se eu tiver respostas claras para essas duas perguntas, aí é mais provável que eu fique no caminho certo, chegue ao ponto e me conecte com os meus ouvintes.

> **Todos os bons comunicadores chegam ao ponto antes de seus ouvintes começarem a perguntar "Aonde ele quer chegar?"**

Talvez um dos cenários mais difíceis para a comunicação seja quando você tem que confrontar alguém. Por causa das responsabilidades de liderança que tive em minha carreira, precisei, várias vezes, confrontar as pessoas. No começo, eu ficava inseguro e intimidado nesses encontros. Muitas vezes minha estratégia era falar um monte de outras coisas primeiro antes de dar a má notícia ou eu sugeriria o problema, em vez de declará-lo claramente. Levei muitos anos para assumir uma abordagem mais direta e dizer o que eu precisava dizer o mais rápido possível.

Tom Arington, fundador e diretor-executivo da Prasco Pharmaceutical Company, e eu jantamos no ano passado em Cincinnati. Conversamos sobre muitas coisas interessantes naquela noite, incluindo as decisões difíceis que os líderes devem tomar. Durante essa conversa, ele dividiu comigo uma das estratégias para confrontar um funcionário que não está indo bem. Ele disse: "Quando alguém em minha companhia não está indo bem, eu lhes faço duas perguntas. A primeira pergunta é esta: 'Você quer manter seu emprego?' Isso lhes mostra que há um problema. A segunda: 'Você quer que eu o ajude?' Isso lhes mostra que estou disposto a lhes ajudar." Isso que chamo de ir direto ao ponto.

Honestamente, acho que a maioria das pessoas preferiria que os outros fossem direto ao ponto com elas. Elas preferem a abordagem direta, especialmente em uma situação difícil. E isso me lembra uma história engraçada sobre um funcionário que estava em uma sinuca de bico. Seu nome era Sam. Na pequena empresa onde trabalhava, todos, exceto ele, tinham feito um novo plano de previdência privada no qual os empregados deveriam contribuir com uma pequena quantia todo mês, e a empresa pagaria todas os outros custos e taxas. Havia apenas um senão: o plano seria implementado somente se houvesse 100% da participação dos funcionários.

As pessoas tentaram de tudo para convencer Sam a aderir ao plano. Seus colegas, alternadamente, imploraram a ele e o criticaram. Seu chefe tentou convencê-lo, mas ele não cedia. Ele não queria reduzir seu contracheque em nem um centavo.

Finalmente, o presidente da companhia chamou Sam a seu escritório e disse: — Sam, aqui está uma cópia do novo plano de previdência, e aqui está uma caneta. Você pode assinar os papéis, ou você pode começar a procurar um novo emprego porque, se não assinar, será despedido.

Sam assinou os papéis sem hesitar.

— Agora — disse o presidente — por que você não os assinou antes?

— Bem, senhor — respondeu Sam — ninguém tinha me explicado isso antes de forma tão clara.

Todos gostam de clareza. Até mesmo as pessoas que não gostam de chegar ao ponto querem saber qual é o ponto. Bons comunicadores lhes dão o ponto. É claro, há vezes em que as pessoas se comunicam de tal forma que, propositalmente, tornam o sentido do que querem dizer obscuro. Isso não acontece em nenhum lugar mais do que quando um mau funcionário pede uma carta de recomendação aos seus supervisores. Quando a pessoa pedindo a recomendação não é alguém que eles querem endossar, suas respostas podem ser muito criativas. Aqui estão algumas junto com o sentido "real" delas, todas selecionadas para o livro Lexicon of **I**ntentionally **A**mbiguous **R**ecommendations [*Léxico de recomendações intencionalmente ambíguas*] (L.I.A.R.; em inglês liar *quer dizer mentiroso*), de Robert Thornton:

RECOMENDAÇÃO	SENTIDO
Ela, na minha opinião, está sempre ligadona.	Ela foi vista algumas vezes fumando um baseado.
Quando trabalhava conosco, ele recebeu inúmeras citações.	Ele foi preso muitas vezes.
Diria que o verdadeiro talento dele é desperdiçado em seu trabalho atual.	Sempre foi um fracassado.
Fico feliz de dizer que esse candidato é um antigo colega meu.	Não tenho palavras para lhe dizer como estou feliz que ele saiu da nossa empresa.
Não dá para acreditar nas credenciais dessa mulher.	Ela inventou a maior parte de seu currículo.
Ele sempre perguntava se havia alguma coisa que ele pudesse fazer.	Ele também não sabia o que fazer.
Você nunca o pegará dormindo no emprego.	Ele é esperto demais para ser pego.
Ele não sabe o significado da palavra *desistir*.	Também não sabe soletrá-la.

Se está se comunicando com outros, seja falando com uma criança, seja liderando uma reunião, seja falando para uma grande audiência, sua meta deve ser chegar ao ponto logo que a conexão com as pessoas for estabelecida e causar o maior impacto possível nos outros com a menor quantidade de palavras possível. Grandes líderes e oradores fazem isso com consistência.

Os fundadores dos Estados Unidos, George Washington e Benjamin Franklin, ficaram conhecidos por essa qualidade. Thomas Jefferson, o terceiro presidente americano, escreveu sobre eles: "Servi com o General Washington na legislatura da Virgínia antes da revolução e durante esse período com o Dr. Franklin no congresso. Nunca os ouvi falar mais de dez minutos de uma vez, e o objetivo principal sempre era decidir a questão. Chegavam direto ao ponto, sabendo que os outros os seguiriam." Se fizermos o mesmo, ganharemos o respeito dos outros e aumentaremos nossas chances de permanecermos conectados às pessoas quando falamos.

3. Diga de novo, de novo, de novo

Bons professores sabem que a lei fundamental do aprendizado é a repetição. Alguém, certa vez, disse-me que as pessoas têm de ouvir uma coisa dezesseis vezes antes de realmente acreditarem nela. Isso parece um tanto extremado, mas, no entanto, sei que a repetição é essencial na comunicação se você quiser que as pessoas entendam e acreditem no que você está dizendo. William H. Rastetter, que foi professor de duas famosas universidades norte-americanas, MIT e Harvard, antes de se tornar diretor-executivo da IDEC Pharmaceuticals Corporation, afirma: "Da primeira vez que você diz uma coisa, ela é ouvida. Da segunda vez, ela é reconhecida. Da terceira, é aprendida." Isso é muito mais otimista, mas enfatiza o valor da repetição.

> "Da primeira vez que você diz uma coisa, ela é ouvida. Da segunda vez, ela é reconhecida. Da terceira, é aprendida."
> — William H. Rastetter

Se você quiser ser um comunicador eficaz, tem de estar disposto a continuar enfatizando uma questão. Isso também vale se você quiser ser um líder eficaz. Bill Hybels, meu amigo e pastor fundador da igreja de Willow Creek, diz: "A visão vaza!" Com isso, ele quer dizer que as pessoas, mesmo se acreditarem em uma visão, podem, por fim, perder sua paixão e entusiasmo por ela. Podem até perdê-la de vista. Por causa disso, os líderes devem continuamente repetir os valores e a visão de sua organização para que os funcionários (ou voluntários em igrejas e em outras organizações sem fins lucrativos) conheçam esses valores e a visão, pensem em termos deles e os vivam.

Articular um tema e repeti-lo muitas vezes pode ser muito desafiador. Na esfera mais elementar, você pode seguir o conselho dos instrutores da Dale Carnegie School, que dizem às turmas: "Diga à plateia o que você vai dizer. Diga. Depois, diga-lhes o que você disse." Uma abordagem mais sofisticada é usada por uma pessoa como Andy Stanley, líder da North Point Community Church [Igreja Comunitária de North Point], um comunicador maravilhoso e bom amigo. Várias vezes ele elabora uma mensagem baseada em uma só questão — uma grande ideia. E depois tudo que ele comunica informa, ilustra ou ilumina essa questão principal. É uma forma muito criativa e eficaz de garantir que ele transmita sua mensagem, e seus espectadores realmente se conectem com a mensagem.

Jim Blanchard, presidente da Synovus Financial Corp, sedia uma conferência sobre liderança todo ano em Columbus, Geórgia. No ano passado, tive o privilégio de falar lá junto com o escritor vencedor do Prêmio Pulitzer, Tom Freidman, o antigo orador do Congresso Newt Gingrich e o escritor Daniel Pink. Durante seu discurso, Daniel fez a seguinte afirmação: "Três palavras são essenciais para se conectar com os outros: (1) brevidade, (2) leveza e (3) repetição. Deixe-me repetir!" A casa veio abaixo. E ele também se conectou porque praticou exatamente o que aconselhava — em apenas dezesseis palavras. Deveríamos tentar fazer o mesmo.

Capítulo 7

4. Diga claramente

O grande navio da Cunard Line, o *Queen Mary*, era originalmente para ter outro nome. A intenção original era batizar o navio de *Queen Victoria*. No entanto, quando um oficial da Cunard foi designado para o Palácio de Buckingham para informar George V da escolha, o oficial não foi claro em sua comunicação. Ele disse ao rei que a empresa tinha decidido chamar o imponente novo navio com o nome da "maior de todas as rainhas inglesas".

"Oh", exclamou o felicíssimo monarca, "minha esposa vai ficar tão contente!", pensando que ele se referisse a ela. O oficial da Cunard não teve a coragem de corrigir o erro do rei. Então, em vez disso, voltou ao escritório da Cunard, explicou a situação, e o navio foi batizado de *Queen Mary*.

Charles Blair, meu mentor na década de 1970, costumava me dizer: "Entenda-se com as pessoas para não haver mal-entendidos." Em outras palavras, você deve poder ver algo claramente em sua mente antes de poder dizê-lo claramente com sua boca. Sempre que as pessoas não puderem articular bem uma ideia, isso é um sinal claro de que não têm uma compreensão boa o bastante dela. Isso provavelmente nunca fica mais evidente que quando uma pessoa insegura ou mal informada, em uma posição de autoridade, fala. Jack Welch, antigo diretor-executivo da General Electric, disse: "Gerentes inseguros criam complexidade. Gerentes amedrontados e nervosos usam livros de planejamento densos e complicados e *slides* repletos de tudo que sabem desde a infância."[5]

> "Entenda-se com as pessoas para não haver mal-entendidos."
> — Charles Blair

Certa vez, fui líder de uma organização e herdei um funcionário de carreira da Marinha como chefe de operações. Ele tinha criado um manual enorme de políticas antes da minha chegada, e isso me fez pensar em uma observação de David Evans, que criticava o modo como os militares tendem a se comunicar. Evans ilustrou isso com a seguinte afirmação, bem simples, e os tipos de revisões que são implementados nas forças armadas:

1ª REVISÃO: para bom entendedor meia palavra basta.
2ª REVISÃO: para bom entendedor pode ser que meia palavra baste.
3ª REVISÃO: acredita-se que para bom entendedor pode ser que meia palavra baste.
4ª REVISÃO: acredita-se que para bom entendedor pode ser que meia palavra baste sob algumas condições.
5ª REVISÃO: há indícios de que se acredita que para bom entendedor pode ser que meia palavra baste sob algumas condições, embora isso possa variar sob diferentes circunstâncias. Essa conclusão pode não ter suporte sob uma análise detalhada e deve ser usada apenas em um sentido geral com uma percepção completa das suposições subjacentes.

O manual do meu chefe de operações era denso e complicado demais. Ao lê-lo, perguntava-me como meu pessoal poderia compreendê-lo e segui-lo se eu não conseguia fazer isso. Livrei-me do manual.

Se você está se preparando para se comunicar com uma plateia, faria bem em seguir o conselho de Peter Meyer, o orador profissional. Ele diz:

> A maioria dos oradores leva coisas demais para seus discursos. Há um limite para o número de tópicos que você pode cobrir em uma hora e esperar que ocorra aprendizado. Começamos a seguir um modelo específico para garantir que não quebremos essa regra. Chamo de Gerenciamento Quebra-Cabeça.
>
> Ao passar suas ideias, imagine que você pedirá à sua plateia que monte um gigantesco quebra-cabeça do zero. Suas ideias são as peças.
>
> Quando estiver fazendo o quebra-cabeça, a primeira coisa que você faz é olhar para a tampa da caixa. Sua conversa deve ter uma tampa de caixa. Ela lhe diz quais peças você quer apresentar.
>
> Agora, quantas ideias você tem em seu quebra-cabeça? Lembra-se de que é muito mais difícil montar um quebra-cabeça de mil peças do que um de cem peças se você só tiver uma hora para fazê-lo. Se você tiver mais do que algumas poucas ideias principais, você tem demais. Mantenho meus discursos a um máximo de três ideias, e isso ainda pode ser demais para uma hora.

Faça-se outra pergunta antes de começar a organizar seu discurso. Se você estivesse brincando com um quebra-cabeça e tivesse apenas uma hora para terminar, você gostaria que a pessoa com o quebra-cabeça escondesse de você a tampa da caixa? Você gostaria que a pessoa adicionasse peças extras à pilha de peças? Não seja culpado do mesmo erro quando fizer os seus discursos.

Em outras palavras, não importa como a ideia é maravilhosa para você, não a inclua a menos que se encaixe perfeitamente na imagem na tampa de sua caixa.

Segundo, ao começar o discurso, certifique-se de dizer à plateia como é a tampa da caixa. Diga-lhes o que você lhes mostrará para que eles saibam onde as ideias se encaixam.

No final, as pessoas são convencidas não pelo que dizemos, mas pelo que compreendem. Quando você fala de forma clara e simples, mais pessoas podem entender o que você está tentando comunicar. Ser simples como comunicador não é uma fraqueza. É um ponto forte! John Ruskin, escritor e crítico, observou: "A maior coisa que um ser humano faz no mundo é ver algo e dizer aos outros o que viu de forma clara. Centenas de pessoas podem falar por alguém que pode pensar, mas milhares podem pensar por alguém que pode ver. Ver claramente e dizer aos outros claramente é poesia, profecia e religião, tudo ao mesmo tempo."

> **No final, as pessoas são convencidas não pelo que dizemos, mas pelo que compreendem.**

5. Fale menos

Recentemente, eu estava pronto para falar em um programa que estava com excesso de atrações programadas e, como resultado disso, toda a programação estava muito atrasada. À medida que o relógio batia e minha hora de falar se aproximava, podia ver que o apresentador estava ficando ansioso. Ao me preparar para subir no palco, ele, nervosamente, explicou-me que minha parte, originalmente programada para durar uma hora, tinha sido reduzida para apenas 30 minutos. Brinquei com a situação e tentei acalmá-lo dizendo: "Não se preocupe. Darei meu discurso pizza. Se eu não terminar em menos de 30 minutos, você não precisa me pagar." Fiz alguns ajustes rapidamente, e tudo correu bem.

Muitas pessoas ficam muito defensivas em relação a seu tempo na plataforma ou a sua oportunidade de falar em uma reunião. Elas adoram estar no palco e, no que lhes diz respeito, quanto mais tempo tiverem diante de outras pessoas, mais gostam. É verdade, admito que gosto de me comunicar com as pessoas. Energiza-me. E mesmo quando me pedem para falar o dia todo em um seminário, vou embora animado, e não exausto. No entanto, ao mesmo tempo, também descobri que quando falo menos tempo e o faço de forma mais sucinta, as pessoas se lembram melhor e por mais tempo. Não é irônico?

Tire um momento e pense em todos os professores, oradores, pastores, políticos e líderes que você já ouviu ao longo dos anos. Quantas vezes você saiu de uma sessão pensando: *Com certeza eu preferiria que ele tivesse falado por mais tempo; foi breve demais.* Apostaria que o percentual em que isso acontece é muito pequeno. Infelizmente, mais de 90% das vezes, as pessoas esgotam a boa vontade de seus ouvintes quando se comunicam. São como o político sobre quem Abraham Lincoln disse: "Ele consegue comprimir mais palavras nas menores ideias do que qualquer homem que eu conheça."

> "Ele consegue comprimir mais palavras nas menores ideias do que qualquer homem que eu conheça."
> — Abraham Lincoln

A treinadora executiva de comunicação Anne Cooper Ready, em seu livro *Off the Cuff* [Tirado da manga da camisa], dá os seguintes conselhos:

> Comece e termine, pontualmente. Ou melhor ainda, termine um pouco antes. Mesmo se você for um orador que está sendo pago e quiser impressionar os organizadores para que eles saibam que estão recebendo o valor de seu dinheiro, acabe alguns minutos antes do horário previsto com uma resposta particularmente boa. Na sociedade ocupada de hoje, nada é mais valorizado que o presente de um pouco de tempo.

CAPÍTULO 7

De acordo com Peggy Noonan, a escritora dos discursos de Ronald Reagan, este acreditava que ninguém queria se sentar em uma plateia em silêncio respeitoso por mais de 20 minutos. Então, ofereça até 20 minutos de perguntas e respostas, e todos podem ir para casa!

Nada é pior do que manter uma plateia presa noite adentro. Não se apaixone pelo som das suas próprias palavras. Assim você desfará todo o bem que fez quando se alongar para chegar a só mais uma questão. Ao terminar um pouco adiantado, você deixa tudo e todos de forma positiva, de preferência querendo mais da próxima vez.[6]

Não tem como algo dar errado mantendo sua comunicação breve. Mas há um milhão de maneiras de as coisas darem errado caso se alongue demais.

Uma das maiores ovações que já recebi veio ao final de um dos menores discursos que já dei. Foi em um banquete após um evento beneficente de golfe. Tinha sido um longo dia. Todos nós tínhamos jogado no torneio, o programa estava demorando demais, e eu podia ver que os jogadores estavam cansados e inquietos.

Finalmente, depois de três horas de programações, o mestre de cerimônias informou à plateia que eu faria um discurso sobre liderança. Depois do que só poderia ser descrito como um aplauso educado, subi no pódio e disse: "Foi um longo dia e um longo programa. Muitos já estão cansados. Minha conversa sobre liderança é a seguinte: tudo dá certo ou errado dependendo da liderança."

Aí eu saí do pódio e me sentei.

Por um momento, houve um silêncio atônito. Depois, de repente, a multidão irrompeu. Com grande apreciação, todos se levantaram para me ovacionar de pé. Juro, esse foi um discurso de que eles nunca se esquecerão!

Agora, não estou recomendando que você comece dando apenas discursos de sete palavras. (Essa foi a única vez em mais de 40 anos de discursos que fiz isso.) Quase sempre que lhe pedem para falar, seu anfitrião espera mais de você. Espera que você agregue valor a sua plateia e, raramente, pode fazê-lo com tão poucas palavras. Mas sempre que você se comunicar — seja com uma pessoa seja com cem — sempre é uma boa ideia tentar fazê-lo de forma simples. Ninguém lhe dá pontos extras por ser obscuro ou difícil.

Winston Churchill foi provavelmente o maior comunicador do século XX. Era um líder excelente, um comunicador inspirador e um grande escritor, recebendo o prêmio Nobel da literatura em 1953. Expressou continuamente a importância de manter a comunicação simples. Afirmou: "Todas as grandes coisas são simples, e muitas podem ser expressas com uma única palavra: liberdade, justiça, honra, dever, misericórdia, esperança", e "falando de forma ampla, as palavras mais curtas são as melhores, e as antigas, as melhores de todas."

Pode parecer contrário ao que diria a intuição ou o senso comum, mas se você quiser levar sua comunicação a um novo patamar e se conectar com as pessoas, não tente impressioná-los com seu intelecto nem sobrecarregá-los com informações demais. Dê-lhes clareza e simplicidade. As pessoas se identificarão com você, vocês se conectarão, e elas sempre gostarão de convidá-lo mais vezes para se comunicar com elas de novo.

Conectando-se com as pessoas em todas as esferas

Práticas de conexão: os que se conectam fazem o trabalho duro de manter a simplicidade.

Conceito-chave: quanto maior o grupo, mais simples a comunicação precisa ser.

Conectando-se na esfera individual

Ajudar uma pessoa a entender o que você tem a dizer é, geralmente, bem fácil. Por quê? Porque você pode adequá-lo à personalidade, à experiência e ao intelecto dessa pessoa. E se você não for muito claro em sua comunicação, provavelmente poderá percebê-lo na expressão da pessoa. Você também pode responder a quaisquer perguntas que essa pessoa possa fazer. É claro, isso ainda não quer dizer que você pode ser preguiçoso. Se você quiser se conectar, e não somente transmitir um punhado de informações, ainda deve se esforçar para manter a simplicidade. Quanto mais bem compreendido você for, maiores as suas chances de se conectar com seu interlocutor.

Conectando-se em um grupo

Comunicar-se em um grupo é um pouco mais complicado do que comunicar-se individualmente. Você tem de fazer suas ideias funcionarem para mais de uma pessoa, então simplifique-as. Você deve simplesmente "descarregar" um punhado de informações sobre as pessoas e esperar que elas as entendam. Isso é preguiçoso e ineficaz. Se você recebeu a oportunidade de falar, faça o trabalho duro de tornar a comunicação simples. Para ter certeza de que você foi eficaz, faça o seguinte:

- peça às pessoas para darem um retorno;
- peça às pessoas no grupo para compartilharem o que aprenderam;
- peça que o grupo diga como eles passarão aos outros o que você disse.

Conectando-se com uma plateia

Existe uma verdadeira arte em tornar a comunicação simples, mas memorável. Levei anos para aprender a fazê-lo. Duas boas formas de abordar uma mensagem são você fazer as seguintes perguntas a si mesmo: "Quais são os pontos essenciais que preciso comunicar para que as pessoas entendam a mensagem?", e: "Como eu posso tornar esses poucos pontos essenciais memoráveis?"

Outro truque que os bons líderes usam para afiar uma mensagem para algo importante, como a comunicação da visão, é praticar contando primeiro a uma só pessoa. Se funcionar para um indivíduo, depois, tente com um grupo pequeno, selecionado a dedo. Dessa forma, o comunicador pode ler as expressões das pessoas, ver o que funciona e também receber os comentários das pessoas. (Às vezes, quando faço isso, peço que as pessoas expliquem o que acabei de dizer para a pessoa ao seu lado.) Só depois que uma comunicação importante tiver sido testada, os oradores então a levam às massas.

CAPÍTULO 8

OS QUE SE CONECTAM CRIAM UMA EXPERIÊNCIA QUE TODOS APRECIAM

Que palavras você escolheria para descrever os melhores comunicadores que se conectaram bem com você? Divertidos? Enérgicos? Engraçados? Talvez, se pensasse por um tempo, você pudesse encontrar uma longa lista de atributos. Agora pense nas pessoas de que você não gosta, os que não conseguiram se conectar com você. Se lhe pedisse para descrevê-las usando apenas uma palavra, qual seria? Estou disposto a apostar que a palavra seria *monótonas*. É essa palavra que melhor descreve alguém que não se conecta com os outros. Todos os dias, em todo lugar, milhões de olhares passeiam em salas de aula, auditórios, igrejas, salas de reunião e salas de estar porque as pessoas falando não são interessantes e, como resultado disso, não se conectam.

De quantas aulas a que você assistiu em uma sala de aula você realmente se lembra? De quantas conversas? Ou discursos? Para cada uma das que você se lembra, existem provavelmente milhares das que você não se lembra. O treinador de apresentações corporativas Jerry Weissman destaca: "Poucas atividades humanas são feitas tantas vezes quanto apresentações, e tão malfeitas. Uma estimativa recente diz que são feitas diariamente 30 milhões de apresentações de *slides* usando o Microsoft

PowerPoint. Tenho certeza de que você já assistiu a várias delas. Quantas eram verdadeiramente memoráveis, eficazes e persuasivas? Provavelmente apenas algumas."

Bem, aqui vai uma boa notícia: não importa qual seja o seu patamar atual de habilidades nessa área, você pode melhorar. Pode-se aprender a ser interessante. Sei porque minha experiência pessoal pode corroborar isso. Nos meus primeiros anos, não era um orador interessante. Na verdade, antes de meu primeiro emprego, quando ainda estava na faculdade, fiz um teste que media a criatividade. Meu resultado foi o menor da minha turma! Pensei: *Oh, não, vou ser mais um pastor monótono.*

Foi aí que comecei a disciplina de colecionar citações, histórias e ilustrações para os meus discursos. Imaginei que, se não pudesse ser interessante, pelo menos incluiria coisas em minhas mensagens que fossem.

É claro, não importa o quanto eu você trabalhe arduamente para se conectar com as pessoas e tente ser interessante, não consegue agradar a todos. Meus filhos eram pequenos quando eu era pastor em tempo integral, pregando quase todos os domingos. Nas noites de sábado, quando eu orava com minha filha Elizabeth, ela muitas vezes orava: "Caro Deus, por favor, ajude o papai a não ser monótono amanhã." Também a ouvi dizendo a seu irmão mais novo, Joel, em uma manhã de domingo, para levar muitas coisas para a igreja com ele porque seria eu quem pregaria.

O que posso dizer? Muitas vezes, identificava-me com o pastor que ouvia sua filha perguntar por que ele sempre orava antes de ir ao púlpito.

— Querida — respondia ele — faço isso para pedir a Deus que me ajude com meu sermão."

A garotinha pensou por um minuto e respondeu:

— Então por que ele não ajuda, papai?

Não posso culpar meus filhos. Quando criança, crescendo na igreja, minha oração de domingo de manhã era algo assim...

Ao me deitar para dormir,
O sermão é longo, e o assunto, profundo.
Se ele acabar antes de eu acordar,
Peço a alguém para me cutucar.

Meu irmão, minha irmã e eu nos sentíamos muitas vezes como meus filhos se sentiam — ficávamos entediados. Muitas vezes, os pastores que ouvíamos faziam exatamente o que Peggy Noonan, a maior escritora de discursos de Ronald Reagan, aconselhava a não fazer. Eles davam o que ela chamava de discurso rede de dormir: "O discurso tem uma árvore boa e forte segurando-a de um lado, no começo, e uma árvore boa e forte segurando-a na outra ponta, na conclusão, e no meio há uma seção boa e macia em que todos nós dormimos." Você não pode fazer isso se quiser manter uma conexão positiva com seus ouvintes!

Como ser interessante

Depois proferir dar milhares de discursos e me comunicar por décadas, aprendi algumas coisas sobre como ser interessante aos outros e tornar a comunicação uma experiência prazerosa para todos. Apresentarei a você o melhor do melhor de tudo que aprendi — quando estou trabalhando com uma pessoa, liderando um grupo e falando com plateias. Ao se preparar para se comunicar, não importa se é com uma pessoa, cem ou mil, tente fazer tantas dessas sete coisas quanto possível:

1. Assuma responsabilidade por seus ouvintes

Muitas vezes, ouço apresentadores falarem sobre plateias ruins para quem falaram. Geralmente, estão descrevendo pessoas que não respondem favoravelmente a seus discursos. Acho que estão errados. Em geral, não há plateias ruins; apenas maus oradores. Se a plateia está dormindo, alguém precisa subir ao palco e acordar o orador!

O livro de Brent Filson, *Executive Speeches* [Discursos executivos], contém conselhos sobre discursos de 51 diretores-executivos. Um executivo escreveu: "A Constituição garante liberdade de expressão, mas não garante ouvintes. Mesmo se você conseguir ouvintes, não há garantia de que eles

> **Em geral, não há plateias ruins; apenas maus oradores.**

estarão ouvindo. Então, sua primeira responsabilidade como palestrante é ganhar e manter a atenção da plateia. Seja qual for seu propósito, você tem mais chances de sucesso quando sabe que a atenção deles é responsabilidade sua, e de mais ninguém." Grandes comunicadores assumem responsabilidade pelas respostas dos outros a eles, mesmo em circunstâncias desfavoráveis e sob condições difíceis.

Quase todo mundo já ouviu a expressão: "Você pode levar um cavalo até a água, mas não pode fazê-lo beber." Isso pode ser verdade. Mas também é verdade que você pode dar sal a um cavalo e deixá-lo com sede. Em outras palavras, você pode trabalhar para manter seus ouvintes engajados.

Quando estou falando às pessoas, sinto que é minha responsabilidade fazer disso uma experiência agradável de aprendizado. *Como posso capturar sua atenção? O que é necessário para tornar esse discurso memorável? Como posso capturar sua atenção e mantê-los comigo até o fim?*

Muitas vezes, as pessoas se põem de frente a uma plateia com a expectativa de que é responsabilidade do ouvinte "captar" o que o orador está falando e responder de forma favorável a isso. Eles têm uma mentalidade do tipo: "Ame-o ou deixe-o." Que erro. Chamo isso de comunicação cemitério: muitas pessoas estão ali, mas ninguém está ouvindo. Para evitar me tornar esse tipo de palestrante, assumo a responsabilidade quando comunico. Nunca esqueço que é meu dever criar interesse nos ouvintes, ativar a plateia, curtir a experiência e agregar valor aos outros. Quando consigo fazer isso, minha missão foi cumprida. Conectei-me.

> **Comunicação cemitério: muitas pessoas estão ali, mas ninguém está ouvindo.**

Tento manter a mesma mentalidade ao escrever livros. Qua- do comecei a escrever, muitas vezes me senti inadequado para manter o interesse do leitor. Individualmente, sou um conversador muito bom. E, como orador, tinha aprendido a usar o carisma para engajar meus ouvintes. Demonstrava um interesse genuíno pelas pessoas. Usava linguagem corporal positiva, expressões faciais e o tom de voz para manter o interesse das pessoas. Divertia-me, e a plateia, muitas vezes, divertia-se comigo. Como escritor, não tinha mais essa vantagem. Muitas vezes, perguntava-me como podia

Capítulo 8

tornar meus livros interessantes. O que me ajudou foi algo que li sobre a historiadora Barbara Tuchman. Durante todos os anos em que ela escreveu, tinha um pequeno aviso sobre sua máquina de escrever que dizia: "Será que o leitor vai virar a página?" Ela não supunha a resposta do leitor; ela assumia responsabilidade por ela.

Há anos, ao me sentar com meu bloco para escrever, faço-me essa mesma pergunta. Isso me lembra de assumir a responsabilidade pelo interesse do leitor. Ao começar a escrever, penso: *O que me faria querer ler sobre isso?* Depois que escrevi um capítulo, tento lê-lo pela perspectiva das pessoas que podem comprar o livro. *O que as motivará a virar a página? O que as encorajará a terminar o livro?*

Também assumo responsabilidade por criar uma experiência que os outros curtirão quando estou com um pequeno grupo de pessoas. Se estamos jantando, esforço-me para criar uma boa conversa. Penso: *O que posso dizer para deixar as pessoas envolvidas em volta da mesa? Como posso atraí-los?* Se levo amigos em uma viagem ou para uma noite na cidade, tento criar memórias. Por exemplo, muitos anos atrás, convidei Dan e Patti Reiland e Tim e Pam Elmore para se unirem a mim e Margaret em um final de semana na cidade de Nova York. Uma noite, jantamos na Tavern on the Green, um restaurante no Central Park que é uma grande atração turística. Depois, queríamos ir à Macy's e, em vez de andar ou pegar um táxi, chamamos três jinriquixás (também conhecidos como riquixás) movidos a bicicleta, um para cada casal. Para tornar isso memorável, disse aos três condutores que era uma corrida, e quem chegasse à Macy's primeiro ganharia uma gorjeta adicional de 50 dólares.

Bem, você pode imaginar o que aconteceu. Todos nós ficamos com problemas na cervical quando os condutores partiram. Eles entravam e saíam do trânsito. Cortavam uns aos outros. Algumas vezes, pensei que fôssemos virar. Foi a viagem de 3 quilômetros mais emocionante que já tínhamos feito. Foi e é uma grande memória.

Você pode achar que dar a um condutor uma gorjeta de 50 dólares foi algo extravagante. Talvez tenha sido. Mas qual o preço de uma grande memória? Ela nos conectou! E é uma coisa de que todos nós vamos nos lembrar para sempre. Eu diria que valeu a pena o preço — e o esforço. Como líder, acredito que tem o privilégio e a responsabilidade de dar às pessoas experiências que elas curtam. Como marido, pai e, agora, avô, isso é ainda mais importante para mim. Criar experiências positivas e memoráveis faz mais para conectar as famílias do que quase qualquer outra coisa. Recomendo fortemente que você tome responsabilidade por isso.

2. Comunique-se no mundo deles

Quando era criança, os pais geralmente não dividiam os deveres relacionados aos filhos, como o fazem hoje. Os homens e as mulheres, muitas vezes, viviam em mundos diferentes. Naquela época de fraldas de pano, um homem cuja obsessão era beisebol, em uma ocasião em que estava jantando fora com sua esposa, seu bebê começou a chorar. A mulher tinha passado o dia inteiro cuidando da criança e estava exausta. Então, ela pediu a seu marido para trocar a fralda de seu filho.

— Não sei trocar a fralda de um bebê — disse o marido, tentando escapar da tarefa.

— Olhe aqui, rapaz — disse ela, fulminando-o com os olhos — você abre a fralda como um diamante. Depois põe a segunda base na base do batedor. Ponha o bumbum do bebê no monte do arremessador, una a primeira à terceira base, e puxe a base debaixo. E se começar a chover, o jogo não acaba — você começa tudo de novo.

Se você quiser transmitir sua mensagem, tem de aprender a se comunicar no mundo de outra pessoa. Conectar-se com os outros requer essa habilidade. Muitas vezes, os oradores não estão dispostos ou não conseguem sair de seu próprio mundo e dizer as coisas da perspectiva de seus ouvintes. Quando isso acontece, não só é improvável que se desenvolva uma conexão; mas também cria uma distância entre o orador e o ouvinte.

O gerente sênior de engenharia Lars Ray comentou:

> Várias vezes sou solicitado a apresentar ideias ou soluções para novos produtos sendo desenvolvidos. A menos que esteja falando a outros engenheiros que dormem e acordam com esse assunto,

a conversa é entediante. Como sempre, há pessoas da equipe da gerência, da liderança ou do financeiro presentes entre os ouvintes, e tenho de assumir a responsabilidade por eles também e garantir que o que é comunicado atinja todos os participantes de uma forma relevante e que permita que seja feito algo a respeito... em vez de supor que eles entenderão linguagem de engenharia.[1]

Um dos meus primeiros desafios de comunicação ocorreu porque pensei que as pessoas que estavam me ouvindo estivessem tão interessadas no meu assunto quanto eu. A semana inteira, trabalhei para preparar uma mensagem para o domingo. Pensava que a minha congregação chegaria ao domingo com a mesma ansiedade que eu. Mas a realidade era que eles estavam vivendo sua própria vida — trabalhando, ficando com a família, realizando tarefas, praticando esportes, visitando amigos e assim por diante. Ninguém estava esperando ansiosamente para me ouvir falar. E quando o domingo chegava, não podia esperar que eles entrassem no meu mundo. Se quisesse me conectar, teria que encontrá-los em *seu* mundo.

> As pessoas não se lembram do que *nós* achamos que é importante; elas se lembram do que *elas* acham importante.

O mesmo vale para as pessoas no mundo dos negócios, principalmente para vendedores e outros que trabalham com clientes. A oradora, treinadora e escritora Terri Sjodin diz:

> Em média, os clientes em potencial retêm apenas metade do que lhes dizemos. Menos de uma hora depois, perdem 10% do pouco que sabiam originalmente. Depois de uma noite de sono, adivinhe? Mais 20% da informação se evapora. Depois que o café da manhã já foi digerido, eles já evitaram duas quase colisões na estrada, encontraram bilhetes de seu chefe em sua mesa e esqueceram outros 10%. Então, o tempo todo em que supúnhamos que o cliente em potencial estava pensando em nossa proposta, ele a estava esquecendo.

Para se conectar com os outros no mundo deles, você não pode viver somente no seu próprio mundo. Você tem que unir o que você quer dizer às necessidades dos outros. As pessoas não se lembram do que *nós* achamos que é importante; elas se lembram do que *elas* acham importante. É por isso que é uma boa ideia, sempre que possível, evitar usar termos abstratos e tornar pessoal o que você diz. Se você faz parte da equipe de liderança de uma empresa, não fale sobre o que a "gerência" acredita ou o que a "liderança" pretende implementar. Diga o que você está fazendo. Se você estiver falando com os funcionários, não fale sobre eles como se eles não estivessem ali; dirija-se a eles diretamente. Melhor ainda, sempre que puder dizer com credibilidade, use "nós" para incluir seus ouvintes quando estiver falando sobre *todo mundo* da equipe. Isso remonta ao antigo ditado:

Fale para mim e falará sozinho.
Fale comigo, e ouvirei.
Fale sobre mim, e ouvirei por horas.

Qualquer coisa que você puder fazer para se identificar com os seus ouvintes e encontrá-los nos termos *deles* o ajudará a se conectar — desde que você mantenha a autenticidade. Você não pode fingir ser alguém que não é. Você tem de ser você mesmo quando falar a língua de alguém.

3. Capture a atenção das pessoas desde o início

A consultora gerencial Myrna Marofsky brincou: "As pessoas, hoje em dia, têm controles remotos na cabeça. Se você não capturar o interesse delas, simplesmente se desligam de você." Você não notou que as pessoas podem "pedir as contas" rapidamente quando começa a falar? Já notei isso. Como orador, descobri que não tenho muito tempo até as pessoas se ligarem ou se desligarem. E se desligarem, tenho que me esforçar muito para conseguir conquistá-las de novo — se conseguir. É por isso que faço tudo ao meu alcance para causar uma boa primeira impressão e começar bem quando me comunico.

Capítulo 8

As pessoas fazem julgamentos rápidos sobre nós o tempo todo, não só quando estamos nos comunicando com um grupo. Como Sonya Hamlin sugere, desde o momento em que os outros nos conhecem, estão consciente ou inconscientemente nos avaliando e decidindo se continuam ouvindo ou simplesmente nos despacham. Ela diz: "Se não formos capturados por algo naqueles primeiros momentos, ouvimos: 'Com licença, acabei de ver um amigo', e lá se vão eles."

> "As pessoas, hoje em dia, têm controles remotos na cabeça. Se você não capturar o interesse delas, simplesmente se desligam de você."
> — Myrna Marofsky

Na maior parte do tempo, temos uma reação instantânea às pessoas e somos atraídos por elas ou não. Sei que isso vale para mim. Quando as pessoas sorriem, fazem contato visual ou tentam iniciar contato de alguma forma, dizendo: "olá", ou esticando a mão para me cumprimentar, isso me deixa com uma mentalidade muito mais positiva em relação a elas.

Quando falo a uma plateia, tento iniciar de uma forma positiva, assim como faço na esfera individual. Mais especificamente, aqui estão algumas das coisas que faço:

Comece com um comentário sobre a situação ou lugar. Antes de falarem, comunicadores experientes prestam atenção ao que está acontecendo à volta deles. Sabem o que vem acontecendo. Tentam saber quem estava falando e o que aconteceu na plateia. Prestam atenção a quaisquer comentários que tenham sido feitos. Então, quando sobem para falar, usam isso em seu benefício. Da próxima vez em que falar, diga algo fundamentado no que todos acabaram de vivenciar. Isso põe você alinhado com seus ouvintes e lhes ajuda a se sentirem conectados a você.

Apresente-se. Muitas vezes quando falo, uma das primeiras coisas que faço é simplesmente dizer: "Oi, meu nome é John. Qual o seu nome?" Quando a maioria dos indivíduos da plateia grita nomes para mim, isso cria um pouco de caos energético. Aí todos nós damos uma boa risada disso. Pode parecer brega, mas quebra o gelo, e as pessoas começam a se sentir conectadas a mim.

Relaxe. Em um capítulo anterior, mencionei que descobri que poderia ficar muito mais relaxado em frente a uma plateia quando me sentava em um banco. Isso mostra às pessoas que estou à vontade e quero que todos ali também se sintam assim. Minha postura é a de alguém que quer conversar *com* eles, e não falar *para* eles. Quando estou à vontade e curto a experiência, as pessoas têm uma maior possibilidade de curti-la também. Se você puder encontrar um jeito de mostrar a seus ouvintes que você está relaxado, mas prestando atenção a eles, normalmente consegue deixá-los à vontade.

Comece com humor. Certa vez, quando era o orador principal em um banquete que parecia que não acabaria nunca, quando, finalmente, subi para falar, abri com a seguinte história: "Com 8.578 palavras, o discurso inaugural do presidente William Henry Harrison foi o mais longo da história. Ele o leu em um dia inaugural frio e úmido, recusando-se a usar chapéu ou casaco. O resfriado que ele pegou naquele dia virou pneumonia. Ele morreu um mês depois."

A seguir, disse: "Como orador, aprendi uma lição com essa história. Permanecerei vestido, e meu discurso, prometo a vocês, será breve." A casa irrompeu em gargalhadas, todos perceberam que minha sessão seria divertida e nos conectamos.

Crie a sensação de expectativa. No começo de muitas sessões de discursos, divido com as pessoas que quero agregar valor a sua vida. E, muitas vezes, falo: "Vocês vão aprender algo", e depois peço que repitam isso para a pessoa ao seu lado. Quando as pessoas se viram umas para as outras, a energia na sala aumenta, e a expectativa começa a se elevar. E quando peço para dizerem isso para essa outra pessoa: "E já não era sem tempo", elas riem, e muitas delas chegam a dizer isso. Geralmente, é divertido para a maioria das pessoas, e, depois, elas se sentem mais conectadas a mim e umas às outras.

Certamente não recomendo que você faça tudo que faço. O que funciona para mim pode não funcionar para você. Ao se comunicar, você precisa encontrar seu próprio estilo e experimentar com técnicas que se apliquem a você. Mas o princípio ainda é o mesmo. Você precisa encontrar maneiras de se conectar com seus ouvintes logo no início, deixá-los à vontade e interessados desde o princípio. Encontre maneiras de tornar a experiência agradável.

4. Ative seus ouvintes

É fácil se comunicar com pessoas que são ativas e cheias de energia. É muito mais difícil com pessoas que são passivas. O que você deve fazer em tais situações? Deve simplesmente seguir adiante e esperar pelo melhor? É claro que não. Deve se esforçar para ativar seus ouvintes e envolvê-los.

Sempre que falo, procuro sinais de envolvimento das pessoas com quem estou me comunicando. Verifico se estão tomando notas. Observo se as pessoas estão exibindo certa "inclinação de ouvinte". As pessoas estão mantendo contato visual? Estão sinalizando aprovação ou compreensão? Estou recebendo uma resposta audível de algumas das coisas que digo? As pessoas estão rindo ou aplaudindo? Se existirem sinais de vida, ótimo! Se não houver, então ponho as mãos à obra tentando envolver os membros da plateia. Apresento a seguir algumas estratégias para isso:

Faça perguntas. Quer você esteja se comunicando individualmente, quer com uma grande plateia, fazer perguntas cria uma conexão entre você e seus ouvintes, vital para liberar energia e aumentar o nível do interesse deles. Como minhas plateias, muitas vezes, são tão variadas, quando começo a falar, às vezes pergunto de onde as pessoas são e faço piadas sobre esses vários lugares. Ou faço uma pergunta relacionada ao tópico sobre o qual falarei. Estou simplesmente tentando engajar as pessoas de imediato.

Ao continuar falando, muitas vezes faço perguntas mais amplas e inclusivas. São geralmente perguntas às quais 90% das pessoas respondem. Por exemplo, se estou falando sobre o fracasso, faço perguntas como: "Quantos de vocês já cometeram erros pelo menos uma vez na vida?" Geralmente há algumas risadas, e as pessoas levantam as mãos. A maioria das pessoas quer se sentir parte da experiência e, no entanto, não quer se destacar em um grupo. Se você fizer perguntas que sejam específicas demais, as pessoas não levantarão as mãos.

Recomendo que você experimente isso, mas sempre comece com uma vitória fácil — uma pergunta que receberá uma grande resposta, até uma risada de reconhecimento. Então, mantenha a bola rolando fazendo mais uma pergunta. Depois que eles pegarem a ideia, gostarão de participar.

Uso perguntas em cenários muito menos formais também. Antes de jantar com as pessoas, penso em umas duas perguntas que posso lhes fazer, como: "Que coisas interessantes aconteceram a vocês este mês?", ou: "Que bons livros você leu recentemente?" Não espero que as pessoas se envolvam, faço coisas que as convidam para o processo.

Faça com que as pessoas se mexam. Quando falo a uma plateia, geralmente é por uma manhã ou uma tarde inteira. Às vezes, depois que as pessoas estão sentadas há muito tempo, peço que elas se levantem e se espreguicem. A cada meia hora mais ou menos, a maior parte das pessoas precisa de algum tipo de ação física. O movimento dá a todos um descanso rápido da rotina.

Às vezes, peço às pessoas que façam um exercício em seus assentos. Por exemplo, quando ensino como a mudança pode ser difícil ou como é diferente quando experimentamos algo novo, peço que juntem as mãos com os dedos entrelaçados. Invariavelmente, as pessoas estão acostumadas a fazer isso com um polegar por cima. Então, peço que juntem as mãos de novo, mas dessa vez com o outro polegar por cima. Isso sempre dá uma reação, porque é diferente. O resultado é que a energia na sala aumenta.

Fazer as pessoas se moverem também funciona em grupos e individualmente. Você pode planejar atividades para um grupo que ajude as pessoas a se energizar. E se a comunicação estiver empacada quando estiver se reunindo com uma pessoa, você pode dar uma caminhada ou mudar o lugar onde está sentado. Atividades físicas podem ajudar a criar atividades mentais.

Peça às pessoas para interagirem. Embora isso não funcione em qualquer cenário, às vezes peço que as pessoas interajam umas com as outras. Às vezes, peço que as pessoas se apresentem aos outros à sua volta. Ou peço que as pessoas compartilhem uma ideia com alguém sentado ao seu lado. Ou ponho as pessoas em grupos de discussão.

Mais uma vez, isso exige que as pessoas se envolvam, e, geralmente, isso aumenta a energia no ambiente. A questão principal é que a responsabilidade para trazer energia à plateia e se esforçar para ativá-los é do orador.

5. Diga de forma que as pessoas gravem o que foi dito

Toda grande comunicação tem uma coisa em comum: o orador disse algo de que as pessoas se lembrarão muito tempo depois que a conversa acabar. Aqui vão alguns exemplos:

- Patrick Henry — "Dê-me a liberdade ou dê-me a morte."
- Nathan Hale — "É uma pena que eu só tenha uma vida para dar pelo meu país."
- Abraham Lincoln — "Um governo do povo, pelo povo e para o povo."
- Winston Churchill — "Nunca, nunca, nunca desista."
- John F. Kennedy — "Não pergunte o que seu país pode fazer por você. Pergunte o que você pode fazer pelo seu país."
- Martin Luther King Jr. — "Eu tenho um sonho."
- Ronald Reagan — "Sr. Gorbachev, derrube esse muro."

Se você quiser que as pessoas se lembrem do que você diz, precisa dizer a coisa certa, no momento certo e da maneira certa!

No começo da minha carreira, muitas vezes eu dizia o que pensava e não dava muita atenção a como dizia. Como vim a perceber, é muito importante como as coisas são ditas, trabalhei mais nisso, mas, para ser honesto, meus esforços iniciais foram um pouco desastrados. Continuei a trabalhar nessa habilidade e, ao longo dos anos, aprendi a dizer as coisas de maneiras que as pessoas se lembrem. Quero dividir com vocês algumas das coisas que aprendi:

> Se você quiser que as pessoas se lembrem do que você diz, precisa dizer a coisa certa, no momento certo e da maneira certa!

Ligue o que você diz ao que as pessoas precisam. Nada torna um discurso mais memorável que a necessidade. Quando Churchill disse: "Nunca, nunca, nunca desista", as pessoas estavam enfrentando a ameaça de os nazistas conquistarem toda a Europa. Quando Martin Luther King Jr. disse às pessoas no Lincoln Memorial que tinha um sonho, elas precisavam de sua inspiração para continuar lutando pelos direitos civis.

As pessoas prestam atenção quando uma coisa que é dita se liga a algo que desejam ansiosamente. Se você seguir meu conselho sobre tentar se comunicar com as pessoas por meio do ponto em comum e se esforçar para entrar no mundo delas quando falar, aí você aumenta suas chances de entender suas necessidades e anseios. E isso aumenta sua habilidade de se conectar.

Encontre uma maneira de ser original. Estudos mostraram que existe uma correlação direta entre a previsibilidade e o impacto. Quanto mais previsível os ouvintes acharem que você é, menor o impacto que causará neles. Ao contrário, se você diminuir sua previsibilidade, isso aumenta seu impacto. Se sua plateia sempre sabe o que vem por aí, acaba por se desligar.

O gerente de produção Joseph Marler diz que luta contra a previsibilidade fazendo um truque de mágica em cenários de negócios.[2] O Pastor Robert Keen me contou que, certa vez, pôs um vaso em um saco plástico e o quebrou em pedaços com um martelo para conseguir a atenção das pessoas — mas ele o acertou com tanta força que voou vidro para todo lado. Robert diz: "A congregação gargalhava à socapa enquanto tentava me recompor."[3] E Jeff Roberts explicou que pegou uma apresentação monótona de um projeto para seu curso de empreendedorismo e o converteu em uma apresentação rimada, inspirada no Dr. Seuss, complentada com cartazes que formavam um livro de história. Foi uma ovação de pé. "Nosso professor, conhecido por sua exigência nas notas", diz Jeff, "nos deu 100%, o que era inédito. Ele disse que nunca tinha visto nenhuma apresentação como essa e nunca tinha visto os alunos ouvirem com tanta atenção e ficarem tão cativados como nossos ouvintes estavam... Ao criar uma experiência de que todos gostaram, conseguimos elevar a típica apresentação em aula, engajar os ouvintes e fazer daquele um dia de diversão e gargalhadas para um grupo de estudantes esforçados que estavam chegando ao final de sua carreira na universidade."[4]

> As pessoas prestam atenção quando uma coisa que é dita se liga a algo que desejam ansiosamente.

Use humor. Provérbios diz: "O coração bem disposto é remédio eficiente."[5] Mesmo quando os membros da plateia não conseguem se lembrar de algumas das coisas que você fala, muitas vezes lembram o humor que você usa. Afinal, todos gostam de humor, principalmente quando você fala mal sobre si mesmo. Mostra a humanidade do apresentador. Sempre que alguém brinca consigo próprio, isso o conecta com as pessoas, em vez de pô-lo acima deles. O presidente Abraham Lincoln, conhecido como o presidente do povo, muitas vezes fez brincadeiras a respeito de si mesmo. E a história o homenageia por essa qualidade humana. É uma técnica que todo comunicador deveria utilizar.

Use uma afirmação ou estatística chocante. Nunca me esquecerei do que Nancy Beach disse em uma mensagem sobre a pobreza: "Seis milhões de crianças com menos de cinco anos de idade morrem todos os anos de fome. Uma a cada sete pessoas no mundo vai para a cama com fome todos os dias. As três pessoas mais ricas do mundo têm mais riquezas juntas que o Produto Nacional Bruto dos 48 países mais pobres do mundo."[6]

Você não acha esses números surpreendentes? Eu achei. E é por isso que eles ficaram comigo. Se você tiver informações sobre o seu tema que prenderão a atenção das pessoas, então use-as.

É claro, você também pode usar as estatísticas de forma bem-humorada para se conectar com as pessoas. Duke Brekhus diz: "Uma das minhas citações anônimas em relação a estatísticas é que 37,5% de todas as estatísticas são inventadas na hora. Isso sempre faz rir!"[7]

Diga as coisas de uma maneira interessante. Se você simplesmente der às pessoas informações ou comunicar ideias sem pensar na maneira como constrói as frases, estará perdendo oportunidades de se conectar e de as pessoas lembrarem o que você diz. Compare essas frases:

Uma pessoa deve se sacrificar para chegar ao topo.	Você tem de abrir mão de muita coisa para subir.
Relacionamentos são importantes para influenciar as pessoas.	As pessoas não o seguirão se não se entenderem com você.
As pessoas não o ouvirão até saber que você se importa.	As pessoas não se importam com quanto você sabe até saberem o quanto você se importa.

Sempre que você puder dizer algo de uma maneira nova ou inteligente, mais provavelmente as pessoas prestarão atenção ao que diz.

Aprenda a pausar. Conectar-se com as pessoas é uma via de duas mãos. É um diálogo, não um monólogo. Sempre que você começar a falar sem parar nem pausar, a mente das pessoas se desligará. No entanto, se você pausar, mesmo se só por um momento, você dá às pessoas uma chance de pensar no que você acabou de dizer. Dá à mente deles um necessário descanso. E a melhor hora de fazer isso é quando você estiver dizendo alguma coisa especialmente relevante.

> **Conectar-se com as pessoas é uma via de duas mãos. É um diálogo, não um monólogo.**

Muitas pessoas ficam inseguras com o silêncio. Passei a ser seu amigo. Quando estou me comunicando e pauso, estou transmitindo esses pensamentos: "Isso é importante... pense nisso... considere isso no contexto do que foi dito... sublinhe-o na sua mente." Valorizo as pausas porque elas permitem que as pessoas alcancem uma afirmação que valha a pena. Meu conselho para qualquer um que queira se conectar com os outros é ficar à vontade com o silêncio e aprender a deixar que ele se torne um ponto de exclamação para as coisas que você disser.

6. Seja visual

A maioria das pessoas aprende visualmente. E em nossa atual era da televisão, cinema, YouTube e outras formas de comunicação visual, o que as pessoas veem se torna cada vez mais importante. Houve uma época em que grupos de pessoas se sentavam em volta de um rádio e ouviam notícias e entretenimento, mas esses dias pertencem ao passado.

Um dos livros que tiveram um forte impacto em minha comunicação quando era pastor foi *The Empowered Communicator* [*O comunicador cheio de poder*] de Calvin Miller. Nele ele escreveu uma série de cartas de membros imaginários da plateia aos oradores. Em uma delas, ele escreveu:

Capítulo 8

Caro orador:

O mundo nunca superou seu gosto pela verdade. Hoje sou membro de uma igreja há mais de 50 anos. Devemos ter tido vinte pastores ou mais. Não tenho certeza. Nenhum deles ficou muito tempo. Todos eles falaram a verdade. Na realidade, eles seriam capazes de entediá-lo por horas a fio com a verdade. Só houve um deles que realmente quisemos que ficasse. Ele falava a verdade de forma interessante. Certa vez, ele botou um robe e agiu como se fosse o Rei Davi. Com certeza foi interessante. Outra vez, ele agiu como se fosse o guardião da hospedaria em Belém. Em ainda outra ocasião, ele sujou o rosto com fuligem — com certeza ficou muito estranho — e disse-nos que era Jó. Todos nós sabíamos que ele não era, e ele sabia que sabíamos, mas eu nunca tinha realmente entendido o livro de Jó até aquele sermão. Uma vez, ele pôs umas vestes brancas e veio pelo fundo do auditório carregando uma placa. Ele nos disse que era um arcanjo. Ele parecia muito convincente, acreditamos nele. Bendito seja, ele fazia quase qualquer coisa para manter nossa atenção. Sempre conseguia. Uma grande igreja em Chattanooga o tirou de nós. Parece que os bons sempre vão embora.

Prenderam um homem perto de Greenville outro dia. Jogaram-no na cadeia. Ele estava andando com uma veste branca, portando uma placa que dizia "O MUNDO ESTÁ CHEGANDO AO FIM". Não sei por que o prenderam. Quase todo mundo acreditava que ele estava certo. A meu ver, ele estava contando a verdade de uma forma interessante. Na semana passada, meu pastor pregou exatamente sobre isso. A maneira como ele contou essa mesma verdade não foi tão interessante assim. Pode ser que tenham prendido o homem errado.

Com certeza, parece-me importante contar a verdade de uma maneira interessante. Poucas pessoas o fazem. Muitos de nós que ouvem os seus sermões gostariam que o fizesse. Você pode tentar a técnica da veste branca e a placa. Só não saia na rua desse jeito.

— Sua plateia

Nem todo mundo pode usar o estilo de comunicação que Miller descreve nessa carta, mas essa não é a questão. O importante é que, como comunicadores, precisamos encontrar uma maneira de atrair visualmente nossos ouvintes de alguma forma. Alguns apresentadores usam filmes, PowerPoint ou gráficos. Nenhuma dessas coisas funciona especialmente bem para mim. Em vez disso, quando falo, muitas vezes uso movimentos e expressões faciais. Também uso o contato visual. Todas essas coisas me ajudam a me conectar visualmente, embora ter um bom contato visual nem sempre seja sinal de grande conexão. Candace Sargent me escreveu para contar sobre um orador que viu uma mulher na plateia que manteve contato visual intenso com ele durante todo o tempo em que ele falava. "Ele ficou felicíssimo", disse Candace, "e aumentou ainda mais sua confiança! Depois, descobriu que ela era surda e só precisava ler os lábios dele."[8]

Tudo que ajuda as pessoas visualmente, as ajuda a se conectar. Encorajo as pessoas a tomar notas. Quando você escreve algo, é mais provável que a ideia fique gravada. Uma vez, em uma conferência, meus amigos Terry e Jen Brown me deram uma camiseta que adoro usar. Ela diz: "Se estou falando, você deveria estar fazendo anotações." Não é dessa forma que muitas pessoas se sentem quando elas ensinam ou falam?

Também uso palavras para estimular a imaginação de meus ouvintes. Quero encorajá-los a pintar imagens vivas em sua mente. Quando comecei a compartilhar minha visão para recrutar e treinar um milhão de líderes no mundo todo com minha organização, EQUIP, eu costumava usar a palavra *imagine* quando me comunicava. Pedia às pessoas para imaginar o que aconteceria nos países em desenvolvimento se os líderes fossem treinados para liderar, ou dizia: "Imagine como você se sentiria se investisse tempo e dinheiro preparando líderes para fazer a diferença no mundo." As pessoas começaram a criar sua própria visão, comprometeram-se e permaneceram interessadas.

7. Conte histórias

Talvez o modo mais eficiente de captar o interesse das pessoas e tornar a experiência mais agradável quando você fala seja incluir histórias. Independentemente do que esteja comunicando — humor, fatos difíceis ou tragédias — contar histórias melhora a experiência. Isak Dinesen, citando um amigo, lembrou: "Todas as tristezas podem ser suportadas se você as colocar em uma história ou contar uma história sobre elas." Fatos frios raramente se conectam com as pessoas. Mas boas histórias possuem um incrível impacto e podem ajudar até mesmo o mais fraco dos comunicadores a melhorar a forma e começar a se conectar com as pessoas.

Embora entenda que, em conversas e como orador, as histórias sejam importantes, essa lição foi mais difícil para aprender quando o assunto passou a ser escrever livros. Sou uma pessoa prática. Minha atitude é normalmente: *apenas me dê os princípios e os aplicarei em minha vida*. Como resultado disso, em meus primeiros livros faltava o calor do meu falar em público. Honestamente, escrevi livros para pessoas como eu. Eles tratavam do que eu gostaria de ler. Eles eram simples, práticos e aplicáveis. Eram preenchidos com listas e grandes citações que coletei. Mas faltava calor.

Um amigo me ajudou de verdade a entender o que estava fazendo errado quando mostrou: "Quando você fala, compartilha histórias interessantes com seu público. Leva as pessoas a uma jornada com você. É o que precisa acontecer em seus livros." Ele estava certo. As pessoas se conectam com as histórias, não com as estatísticas. E foi aí que comecei a colocar mais histórias em meus livros.

Todos os grandes comunicadores usam histórias. Abraham Lincoln, talvez o maior presidente que os Estados Unidos já teve, lembrou: "Dizem que conto histórias demais; acho que é verdade, mas descobri, ao longo de minha vida, que as pessoas comuns são mais facilmente informadas por intermédio de uma ilustração que de qualquer outra forma, e quanto ao que os poucos hipercríticos podem pensar, não dou a mínima."

Os neurologistas dizem que nosso cérebro é programado muito mais para histórias que para ideias abstratas ou apresentações de *slides*. As histórias, afinal, são tão antigas quanto a raça humana. Nós as vivemos, e adoramos contá-las. Usamos histórias para dar sentido a nossa experiência. E quando as compartilhamos, ajudamos as pessoas a entender a nós, a si mesmas e a seu mundo.

Amo a forma como o livro de Eugene Peterson, *The Message* [*A mensagem*], descreve o impacto de contar histórias. Quando os discípulos perguntaram por que Jesus contava tantas histórias, ele respondeu:

A vocês foi dado o conhecimento dos mistérios do Reino dos céus. Vocês sabem como o Reino dos céus funciona. Nem todos têm esse dom, essa percepção; isso não foi dado a eles. Sempre que alguém tem o coração pronto para isso, as percepções e as compreensões fluem livremente. No entanto, se não existir essa prontidão, qualquer traço de receptividade logo desaparece. Essa é razão por que conto histórias: para criar essa prontidão, para dar um empurrãozinho para que as pessoas fiquem receptivas a essas percepções. Em seu presente estado, eles podem olhar atentamente até o fim dos tempos e não ver nada, escutar até ficarem exasperados e não entender. (Mateus 13:11-13; tradução livre)

Por muito tempo, construí a reputação de um comunicador que atrai as pessoas para minhas conversas. Um de meus segredos é que coleto grandes histórias e as uso quando falo. Tenho uma coleção de cartões plastificados que incluem as melhores histórias que já achei. Quando puxo um desses cartões em frente às pessoas que já me ouviram falar antes, elas podem ter certeza de quatro coisas: lerei o cartão para eles. Será engraçado. Isso lhes ensinará alguma coisa. E lerei para elas como se fosse a primeira vez que estivesse lendo. Acredito que existe humanidade em se sentar em uma cadeira, puxar um cartão e compartilhar seu conteúdo. Se você memorizar histórias como essas e as passar para um grupo de pessoas, pode soar artificial e, na verdade, criar uma lacuna entre você e elas. No entanto, lê-los, se feito da forma correta, pode preencher a lacuna e ajudar você a se conectar. Descobri que isso é uma experiência agradável para mim e para os meus ouvintes.

Seja o comunicador que você quer ouvir

A questão principal no que diz respeito a manter o interesse das pessoas e se conectar com os outros é que você deveria tentar ser o tipo de comunicador que você quer ouvir. Que comunicadores você gosta de ouvir? Quem se conecta com você quando fala? Que qualidades observou nas pessoas que admira como comunicadores?

Capítulo 8

Sonya Hamlin, em seu livro *How to Talk So People Listen* [*Como falar de modo que as pessoas ouçam*], chega ao cerne do problema quando apresenta duas listas de qualidades encontradas em muitos comunicadores e pede a seus leitores para escolher qual lista representa melhor o tipo de orador que eles gostariam de ver. Aqui estão as listas apresentadas por ela:

Lista 1	Lista 2
Caloroso	Pomposo
Honesto	Vago
Amigável	Sem sal
Empolgado	Complexo
Interessante	Condescendente
Informado	Nervoso
Organizado	Formal
Criativo	Irrelevante
Confiante	Chato
Inspirador	Monótono
Aberto	Intenso
Autêntico	Fechado
Informal	
Engraçado	

Sonya Hamlin continua descrevendo como as qualidades de cada lista nos impactam de forma positiva e negativa. Mas acho que é fácil ver por que o primeiro grupo de qualidades seria bom para nós, e o segundo não. Da próxima vez que você ouvir alguém se comunicar, acho que seria um bom exercício pegar as duas listas. Quando você perceber uma das qualidades, marque ao lado. Quando encontrar um comunicador cujo estilo e qualidades estejam refletidos na Lista 1, estude a pessoa para ver se existem técnicas interessantes que ele ou ela usa e as quais você possa adotar também.

Ninguém pode se conectar com todo mundo. Não importa o quão duro você trabalhe. Embora lute para ser um comunicador eficiente, sei que existem pessoas para as quais não faço a diferença quando falo. Tudo bem. Mas você pode ter certeza de que farei tudo em meu poder para tentar não deixá-las dormir. Quanto mais elas ficarem atentas, melhor a chance que tenho de ganhá-las. E maior a chance de agregar valor a elas.

Seja a pessoa com a qual você quer se conectar

Uma das minhas preocupações sobre este capítulo é que ele coloca muita ênfase em falar em público — talvez até demais. Existem muitos oradores que não se conectam, e existem várias pessoas que se conectam bem e não falam em público. Tentei fornecer algumas ferramentas para pessoas que desejam melhorar seu modo de falar, mas quero lembrar a vocês que conectar-se não é primariamente aprender a se tornar um apresentador melhor. É tornar-se o tipo de pessoa com quem os outros querem se conectar.

Billy Hawkins escreveu e contou uma história que ilustra de forma bonita o que significa se conectar criando uma experiência de que alguém gosta. Ele explicou:

> Tínhamos um menino de seis anos, Ollie, em nosso ministério que esteve em custódia do Estado a maior parte de sua vida. Sua mãe cometeu suicídio, e seu pai entrava e saía da prisão. Decidi que minha meta semanal era me conectar com Ollie. Todos os domingos, certificava-me de falar palavras de encorajamento para ele e, todas as segundas-feiras, mandava-lhe uma carta pelo correio. Certo domingo, notei que ele estava sentado no chão, no fundo da classe, separado das outras crianças. Ele tinha uma pilha de papéis espalhada à sua frente.
> Observei-o pegar os papéis um de cada vez, fingir que os lia e, depois, colocá-los de volta na pilha no chão. Ele se recusava a participar do programa. Tudo que ele queria fazer era olhar para seus papéis.

Preocupado, sentei-me no chão ao lado dele, tentando avaliar a situação. Quando me aproximei para falar com ele, notei minha letra em alguns dos papéis.

"Oi, Ollie", disse eu. "O que você tem aí?" E foi aí que percebi. Eram todas as cartas que tinha mandado para ele naquele tempo todo. Meus olhos se encheram de lágrimas quando ele olhou para mim, segurando uma carta manchada pela chuva, e disse: "Essas são minhas cartas muito especiais."

Billy continuou e explicou que, anos depois, Ollie foi internado em um hospital psiquiátrico infantil, e embora visitas normalmente não fossem permitidas, ele tinha permissão especial para visitar Ollie porque se conectava com ele. Billy resumiu a experiência:

> Que privilégio poder me conectar com uma criança cujo mundo está um caos e lembrar-lhe de como ele é especial para Deus e de como ele é amado.[9]

Nunca subestime o poder da conexão e o impacto que você pode causar simplesmente se esforçando para criar uma experiência que os outros curtam.

Conectando-se com as pessoas em todas as esferas

Prática de conexão: os que se conectam criam uma experiência que todos apreciam.
Conceito-chave: esforce-se para criar a experiência certa para o ambiente da sua conexão.

Conectando-se na esfera individual

Quando as pessoas curtem uma experiência de comunicação individual, geralmente é porque foi criado um clima de intimidade. Isso não significa necessariamente intimidade romântica; simplesmente significa uma conexão criada por uma comunicação honesta que beneficia ambas as partes. Esforce-se para criar isso fazendo uma das sugestões no capítulo, como fazer perguntas, usar humor ou contar histórias.

Conectando-se em um grupo

A experiência que as pessoas mais curtem em um cenário de grupo é o trabalho em grupo. Como comunicador, se você puder ajudar as pessoas a ter um senso de missão cumprida em conjunto, os participantes se sentirão conectados a você e uns aos outros. Na próxima vez em que você for responsável por liderar um grupo, peça que eles realizem algumas tarefas agradáveis juntos. Certifique-se de que todos se envolvam. Depois observe como isso afeta o nível de energia e de união do grupo.

Conectando-se com uma plateia

Quando as pessoas fazem parte de uma plateia ouvindo um comunicador, elas querem ser entretidas. Experimente usar algumas das muitas técnicas que compartilhei neste capítulo na próxima vez em que você se comunicar em frente a uma plateia. Em particular, use histórias como parte da comunicação. Mesmo um relatório enfadonho ou uma apresentação altamente factual pode ser enriquecido com uma boa história. (Talvez esses tipos de comunicação sejam os que mais precisam de uma boa história.)

Se você ainda não usou histórias, experimente usá-las de agora em diante quando você se conectar com os outros. Se você já usa histórias, pense em maneiras como você pode melhorar seu modo de contar histórias. Aqui vão algumas dicas de Martin Thielen, que participou do National Storytelling Festival [Festival Nacional de Contadores de Histórias] em Jonesborough, Tennessee. Ele observou que os melhores apresentadores exibiam o seguinte:

- **Entusiasmo**: os contadores de histórias obviamente gostavam do que estavam fazendo, expressando-se com alegria e vitalidade.
- **Animação**: as apresentações foram marcadas por expressões faciais e gestos animados.
- **Participação da plateia**: quase todo contador de história envolvia a plateia de alguma forma, pedindo aos ouvintes que cantassem, batessem palmas, repetissem frases, ou fizessem linguagem de sinais.
- **Espontaneidade**: embora as histórias fossem decoradas, os contadores de história respondiam livremente aos ouvintes.
- **Nada de notas**: esse era verdadeiramente um evento oral, e os contadores de história não leram suas histórias; mas as contaram, o que permitiu o contato visual.
- **Humor**: o humor era misturado até mesmo em histórias sérias ou tristes.

Quais desses aspectos você pode usar para enriquecer sua comunicação?

CAPÍTULO 9

OS QUE SE CONECTAM INSPIRAM AS PESSOAS

Bill Hybels, fundador da Willow Creek Community Church em Chicago, sedia uma conferência sobre liderança todos os anos da qual 70 mil pessoas participam pessoalmente ou via link de satélite. Sempre é um evento poderoso e impactante para os líderes de igrejas, e tenho o privilégio de falar nele de tempos em tempos. Em 2008, quando Bill falou durante a sessão de encerramento, seu discurso foi sobre a importância de os líderes inspirarem os outros. Ele começou sua sessão fazendo a seguinte pergunta:

> Quanto realmente importa se alguém é altamente motivado em seu trabalho e em sua vida? Parte da minha pesquisa sobre o quanto a motivação realmente importa foi surpreendente para mim... Muitos estudos que tinha lido mostravam números como 4% ou até mais quando comparavam o desempenho de funcionários motivados em comparação aos desmotivados. Um diferencial de desempenho de 40%; surpreendente para mim. Li um estudo que dizia que os funcionários motivados têm 87% menos possibilidade de deixar uma organização quando comparados a um funcionário

CAPÍTULO 9

desmotivado... Muitos estudos que li diziam que as pessoas que são motivadas faltam muito menos por causa de doenças, pedem muito menos sinistros de seguros, furtam menos, desperdiçam menos tempo, e a lista continuava... Há uma diferença enorme no resultado, no desempenho, nas realizações das pessoas motivadas *versus* as desmotivadas. Mas todos vocês, assim creio, sabem disso por experiência própria; sabem o quanto mais dão de si se alguém os inspira.

Não há dúvidas quanto a isso: todos se beneficiam da motivação. Todo mundo quer ser inspirado.

Olhando minha vida em retrospecto, posso ver que minha energia para meu trabalho muitas vezes dependeu das características inspiracionais da pessoa que estava na liderança. Isso remonta até o ginásio. Esforcei-me mais nos meus trabalhos da escola na quinta série com o professor Horton do que na sexta série com a professora Webb. O mesmo valeu para o resto dos meus anos na escola. Jogava basquete com mais intensidade com o treinador Neff do que com o treinador Shaw. E, como adulto, o mesmo aconteceu. Comprometia-me mais à visão de Tom Phillippe do que com os outros líderes no mesmo departamento. E dei mais dinheiro à organização filantrópica liderada por Tom Mullins que a outras organizações que possuem uma missão semelhante. Em todos os casos, o que fez a diferença foi a inspiração. Algumas pessoas nos inspiram mais que outras.

> Funcionários motivados têm 87% menos possibilidade de deixar uma organização quando comparados a um funcionário desmotivado.
> — Bill Hybels

Tudo se resume à inspiração

Há muitos anos, estudo líderes e oradores que inspiram e se conectam com as pessoas. Quando alguém começa a se comunicar com os outros, a primeira coisa que as pessoas fazem é começar a fazer perguntas de forma subconsciente. Elas querem saber o que ganham com isso. Querem saber se o orador é confiável. Mas também se importam com a forma como a pessoa se comunica com elas.

Ao observar comunicadores eficazes inspirarem as pessoas, cheguei à conclusão de que existe uma espécie de fórmula, que chamo de a Equação da Inspiração, que entra em ação. Funciona assim:

O que elas sabem + o que elas veem + o que elas sentem = inspiração

Quando esses três fatores entram em ação e um comunicador consegue alinhá-los, isso cria uma sinergia que inspira as pessoas. E, a partir dessa inspiração, você, muitas vezes, pode levar as pessoas à ação. Examinaremos cada uma dessas três partes da Equação da Inspiração.

O que as pessoas precisam saber

Quando oradores que não se conectam pensam no que seus ouvintes precisam saber, concentram-se em informações. Não é disso que estou falando aqui. No contexto da conexão, as pessoas precisam saber que você está do lado delas. O filósofo grego Aristóteles entendia isso e comentou sobre isso em seu livro *Retórica*. No contexto da persuasão, ele identificou o elemento mais importante como *pathos*, a habilidade dos comunicadores de se conectarem com os sentimentos, vontades, desejos, medos e paixões de seus ouvintes. É uma maneira de dar às pessoas afirmação, de lhes mostrar que podem confiar em você, de lhes dizer que devem ouvi-lo. Como se transmite isso? Acho que se resume a duas coisas:

AS PESSOAS PRECISAM SABER QUE VOCÊ AS ENTENDE,
E SEU FOCO ESTÁ NELAS

Quanto você é inspirado pelas pessoas que parecem estar preocupadas apenas consigo mesmas? Provavelmente, nem um pouco. Não consigo me lembrar de uma só pessoa que se conecta que não se importa com seus ouvintes. Pessoas autocentradas geralmente não se conectam.

Capítulo 9

Se você quer se conectar, as pessoas precisam saber que você as entende. Precisam sentir que você faz coisas tendo as razões delas em mente, e não pelas razões da pessoa que está falando. Dessa forma, concentram-se nas necessidades de seus ouvintes, não nas suas.

As pessoas que se conectam entendem a mesma coisa que a atriz Lisa Kirk sabia quando disse: "Um fofoqueiro é aquele que fala sobre você para os outros; um chato é aquele que fala para você sobre ele mesmo; e um conversador brilhante é aquele que fala com você sobre você."[1] É isso que fazem os que se conectam. Eles falam com você sobre você. Falam na sua língua inspiracional.

Líderes e oradores que entendem isso podem causar um baita impacto nas pessoas. Por exemplo, Henry J. Kaiser, fabricante de navios durante a Segunda Guerra Mundial, usou essa compreensão das pessoas para inspirar seus funcionários para aumentar a produção da empresa quando os Estados Unidos precisavam desesperadamente de mais navios. Qual era a linguagem inspiradora naquela época? A competição. Assim Kaiser disse a seus funcionários em sua fábrica em Richmond, Califórnia, que queria ver se eles conseguiam quebrar os recordes de fabricação de navios para o esforço da guerra. Eles estavam inspirados, não só para trabalhar mais duro, mas também para dar sugestões que melhorassem os métodos de produção. Como resultado disso, construíram os navios Liberty em surpreendentes 72 dias, enquanto os outros fabricantes levavam, em média, o dobro do tempo.

Quando as pessoas sabem que você se importa com elas e as compreende, isso deixa uma impressão duradoura. Lea Carey guarda com carinho a primeira nota que recebeu de um antigo chefe, que ela descreve como o melhor líder para quem ela já trabalhou. "Quando vejo sua nota escrita a mão depois de todos esses anos", disse ela, "meu coração ainda dispara — só porque ele encontrou tempo para escrever-me".[2] E o Pastor Adam Henry nunca se esquecerá das palavras positivas faladas a sua congregação por um antigo professor: "Algum dia poderei dizer: 'Dei aula para esse camarada.'" Adam e sua esposa ficaram emocionados. "Aqui estávamos, apenas um jovem casal no ministério, e esse homem altamente considerado que também respeitávamos profundamente estava dizendo que ficaria feliz de dizer que me conhecia. Ainda me inspira lembrar isso. Suas palavras fizeram algo em meu coração que é mais profundo que simplesmente receber um elogio."[3]

Ao se preparar para se comunicar com os outros, você deve lhes mostrar que os compreende e quer ajudá-los. Você deve aprender a linguagem que os inspira e usá-la para falar com eles. Como se faz isso? Fazendo estas perguntas:

O que eles estão pensando? Antes de me comunicar com as pessoas, tento descobrir o máximo possível sobre elas. Quero aprender sua cultura e seus valores organizacionais. Quero conhecer suas responsabilidades. Quero entender seus sonhos. Por quê? Porque quero saber o que estão pensando. Isso me ajuda a falar sua linguagem da inspiração. Oradores muitas vezes têm essa atitude: *Isso é o que penso; sente-se e escute.* Os que se conectam têm a seguinte atitude: *Eu me sentarei e ouvirei antes de compartilhar o que penso.*

O que eles estão dizendo? Maya Angelou, poetisa e a escritora norte-americana, notou: "O pré-requisito mais exigido de um amigo é um ouvido acessível." Isso também é um pré-requisito para ser um líder ou comunicador inspirador.

Bons líderes são bons ouvintes. Para ser mais eficaz, eles seguem esse padrão: ouvir, aprender e, depois, liderar. Os bons comunicadores agem de forma semelhante. Ouvem o que as pessoas estão dizendo. Ouvem como o estão dizendo. Ouvem até o que não está sendo dito. É assim que eles leem as pessoas. É assim que alguns conseguem ler uma sala antes de falar para os presentes, e isso impacta a forma como eles se comunicam. Até mesmo a coisa certa dita na situação errada acaba por não conectar.

> "O pré-requisito mais exigido de um amigo é um ouvido acessível."
> — Maya Angelou

O que eles estão fazendo? Essa pergunta final pode ser respondida observando os outros. Sempre que entro em um lugar onde terei de me comunicar, observo para ver em que atividades as pessoas estão engajadas. Também observo a linguagem corporal das pessoas e tento discernir suas atitudes e níveis de energia. Mais uma vez, isso me ajuda a ler a sala antes de falar.

Capítulo 9

É claro, observar as pessoas também pode lhe ajudar a se conectar com os outros individualmente, não só em eventos formais. Recentemente em uma viagem, observei um comissário de bordo que demonstrava vontade de ajudar os passageiros, mas que parecia muito nervoso. Quando veio ao meu assento, perguntei-lhe seu nome. Ele me disse que era Tim, e confidenciou-me que era comissário recém-contratado.

Quando ele seguiu para atender os outros passageiros, decidi lhe escrever uma nota de encorajamento. Quando a entreguei a ele, observei-o ir a sua estação e lê-la. Depois o vi dá-la para outra comissária de bordo, e ela a leu. Alguns minutos depois, ela veio ao meu assento e disse: "Sr. Maxwell, o senhor levou cinco minutos para lhe dar algo que ele guardará para sempre." Muitas vezes não é necessário muito para encorajar ou inspirar os outros. Tudo que é preciso é uma pequena coisa que mostre a alguém que você entende e se importa com essa pessoa.

As pessoas precisam saber que você tem grandes expectativas em relação a elas

O presidente Abraham Lincoln, um comunicador incrível, durante a Guerra Civil, frequentava uma igreja não muito longe da Casa Branca nas noites de quarta-feira. O pastor, Dr. Gurley, deixava o presidente se sentar no escritório do pastor com a porta aberta para o altar para que pudesse ouvir o sermão sem ter que interagir com a multidão.

Uma quarta-feira à noite, quando, depois do sermão, Lincoln e um acompanhante caminhavam de volta à Casa Branca, o acompanhante do presidente perguntou:

— O que o senhor achou do sermão de hoje?

— Bem — respondeu Lincoln — foi muito bem bolado, bíblico, relevante e bem apresentado.

— Então foi um grande sermão?

— Não — respondeu Lincoln. — Ele falhou. Falhou porque o Dr. Gurley não nos pediu para fazer algo grandioso.

Comunicadores inspiradores sempre esperam muito de seus ouvintes.

Toda vez que fico de pé diante de um grupo para me comunicar, acredito que será uma boa experiência para eles e para mim. Por quê? Porque acredito no melhor das pessoas e acredito que elas podem (e querem) mudar para melhor. Estou convencido de que todos os líderes e comunicadores eficazes possuem essa característica positiva. Eles acreditam que podem ajudar as pessoas a fazer coisas fantásticas. É como Steve Jobs, co-fundador da Apple, disse: "Gerenciamento é persuadir as pessoas a fazer coisas que elas não querem fazer, enquanto liderança é inspirar as pessoas a fazer coisas que elas nunca pensaram que pudessem fazer."

Quando me comunico com as pessoas, faço algo que chamo de colocar um 10 na cabeça de meus ouvintes. Com isso quero dizer que vejo todo mundo como tendo potencial para ser "10" em uma escala de 1 a 10. Uma das razões pelas quais faço isso é que sou naturalmente positivo. Acredito que Deus criou todos nós com um valor e um potencial incríveis. Mas a outra razão pela qual faço isso é porque acredito que, na maioria das vezes, as pessoas respondem às expectativas dos outros. Se vejo alguém como um 5, tratarei a ele ou ela como um 5 e falarei com ele ou ela como um 5. E, muito provavelmente, depois de um tempo convencerei essa pessoa a agir como um 5. Qual o valor nisso? No entanto, se vejo alguém como um 10, ele ou ela sentirá isso e, possivelmente, responderá de forma positiva. Se tratarmos as pessoas tendo em mente em quem elas podem se tornar, elas ficarão inspiradas a subirem ao patamar de nossas expectativas.

> "Gerenciamento é persuadir as pessoas a fazer coisas que elas não querem fazer, enquanto liderança é inspirar as pessoas a fazer coisas que elas nunca pensaram que pudessem fazer."
> — Steve Jobs

Claro, colocar um alto valor nas pessoas pode algumas vezes ser levado a um extremo cômico. Jacques Fortin explicou que ele compartilhou com sua esposa a ideia de colocar um número dez na cabeça das pessoas. Um tempo depois, ele voltou da quitanda e disse a ela: "Tive que dar um vinte a uma mulher."

— Ela era tão bonita assim? — sua esposa perguntou.

— Não, ela estava grávida.[4]

Bart Looper me escreveu para confirmar o impacto positivo nos outros que nossas expectativas podem ter. Ele explicou: "Tenho dois funcionários que trabalham comigo há mais ou menos três anos. Eles têm a mesma idade e comportamento semelhante. Percebo agora que o motivo de um estar bem mais à frente que o outro é por minha causa. Algumas vezes, nos últimos três anos, via um deles como um 10, e o outro como um 5. E os tratei assim, e eles cresceram de acordo com isso. A partir de segunda-feira de manhã, quero me certificar de que vou tratar, treinar e compartilhar minha visão igualmente com eles porque ambos têm o mesmo potencial. Só tenho que comunicar isso a eles."[5]

Sempre tenho a intenção de conversar, escrever e falar com grandes expectativas em relação às pessoas. Quando encorajo as pessoas individualmente, acredito no melhor delas. Ao me sentar para trabalhar em um livro, vejo leitores abraçando o que digo e se tornando pessoas melhores como resultado disso. Quando falo, acredito que os ouvintes responderão de forma positiva. Sou desafiado a dar o meu melhor para os outros para eles darem o melhor de si. As pessoas respondem positivamente ao entusiasmo, não ao ceticismo. Elas querem nosso encorajamento mais que nosso conhecimento. De outra forma, ficamos como Walter Mondale, o candidato à presidência de 1984, durante sua campanha. Um jornalista observou: "Ele está espalhando apatia por todo o país."

Calvin Miller, pastor e professor, mostra o modo como a maioria dos públicos se sente em seu livro *The Empowered Communicator* [*O comunicador cheio de poder*]. Quando alguém se levanta para falar, o que a maioria dos leitores gostaria de dizer é o seguinte:

> Prometa-me que eu, que sou marcado pela inferioridade, finalmente acreditarei em mim mesmo. Sempre tive medo de altura. Desafie-me com o Everest. Prometa-me que, depois de suas palavras, estarei apto a escalar aquelas paredes de gelo e, com a ajuda de Deus, plantarei sua bandeira poderosa no pico de todas as minhas dúvidas. Prometa-me que finalmente saberei quem sou e o que nasci para conquistar. Prometa-me tudo isso, e você terá primeiro meus ouvidos... e depois a minha alma.

Todo mundo quer ser inspirado. Todas as pessoas querem alguém que acredite nelas. Eles estão esperando alguém para desafiá-las, motivá-las e encorajá-las a ser tudo que elas puderem ser. Se você conseguir uma oportunidade para se comunicar com os outros, por que não ser aquele alguém que os inspira?

O que as pessoas precisam ver

A maioria das pessoas decide muito rapidamente se elas continuarão ouvindo você ou se simplesmente "se desligarão" e pararão de prestar atenção. Frequentemente, elas tomam a decisão baseada no que veem. A percepção deles começa de forma superficial. Você está bem apresentável? Você sorri? Sua postura e comportamento são positivos? Se não existem sinais vermelhos para seus leitores, então eles geralmente estão dispostos a dar a você tempo suficiente para se provar. Aqui está o que eles estão procurando:

As pessoas precisam ver sua convicção

David Hume, filósofo escocês e cético religioso, foi, certa vez, visto saindo apressadamente de manhã para ouvir o evangelista George Whitefield pregar. Quando alguém perguntou aonde ele estava indo, ele disse: "Ouvir George Whitefield". A pessoa perguntou se ele acreditava no que o evangelista pregava.

— Claro que não! — Hume respondeu. — Mas Whitefield acredita, e quero ouvir um homem que acredita.[6]

Larry Phillips comentou: "Há uma diferença notável entre aço e latão — especialmente quando atingido. Convicções genuínas e sinceras simplesmente são transmitidas como 'palavras de aço'. Existe uma resolução determinada no tom. Como comunicadores, precisamos ser lembrados de que não podemos fingir as convicções! O público sempre saberá a diferença entre as palavras de aço e o som do latão — não importa o quão forte o latão seja atingido!"[7]

Pessoas que se conectam e inspiram as outras possuem uma convicção que, de longe, o que mais pesa são suas palavras. O que eles comunicam vem de dentro, de seus valores. A missão deles é persuadir, mudar pontos de vista. As pessoas, normalmente, podem sentir quando os oradores estão simplesmente transmitindo informação e quando são passionais, comunicando do fundo do coração.

O presidente Lyndon B. Johnson afirmou: "O que convence é a convicção. Acredite no argumento que você está propondo. Se não acreditar, está em uma enrascada. A outra pessoa sentirá que está faltando algo, e nenhuma corrente de argumentos — não importa o quão lógica, elegante ou brilhante seja ela — ganhará seu caso." Se o orador não tiver convicção sobre o tema de sua mensagem, por que os ouvintes a teriam?

As pessoas precisam ver sua credibilidade

Muitos de meus compromissos para falar foram únicos. Sou o orador principal e tenho 45 minutos para falar. Todavia, por conta de minha formação e experiência como ministro da igreja, também tenho muita experiência em falar essencialmente para as mesmas pessoas semana após semana por muitos anos. Mas, em ambos os casos, os ouvintes estão procurando pela mesma coisa em mim: credibilidade.

Quando as pessoas confiam em você, elas o ouvirão e estarão abertas a serem inspiradas por você. Se você for um orador de um dia só, muitas vezes as pessoas lhe darão o benefício da dúvida, contanto que suas credenciais sejam boas. Mas se você quiser falar para as mesmas pessoas de novo e de novo, tem que trabalhar para manter a credibilidade.

As pessoas precisam ver evidências de seu caráter

No fim das contas, as pessoas querem poder confiar no caráter da pessoa que está se comunicando com elas. O caráter de uma pessoa digna de confiança não acaba quando as palavras acabam. Ao contrário, ele continua na condução de sua vida diária. Talvez seja por isso que se diz que o professor medíocre conta. O bom professor explica. O grande professor demonstra. Por fim, cada um de nós deve se esforçar para *ser* a mensagem.

Isso certamente valeu para Mohandas Gandhi no movimento de independência da Índia. Ghandi inspirou seu povo com suas palavras. Mas o inspirou ainda mais com suas ações. Seu compromisso com a independência da Índia e seu exemplo de protesto sem violência uniram a nação para segui-lo na exigência de sua independência da Grã-Bretanha. Esse é o poder do caráter. Conforme comentou o escritor, orador e treinador Brad Cork: "Conectar-se tem muito que ver com deixar quem você é influenciar tudo que você faz."[8]

> O professor medíocre conta.
> O bom professor explica. O grande professor demonstra.

Como já disse, as pessoas muitas vezes decidem logo se querem ouvir alguém. Elas fazem esse julgamento inicial baseadas fortemente em impressões superficiais. Sua decisão de *continuar* a ouvir muitas vezes é baseada em uma percepção mais profunda relacionada à credibilidade da pessoa. Falarei sobre isso com mais detalhes no próximo capítulo.

O que as pessoas precisam sentir

Certificar-se de que as pessoas saibam que o que elas precisam saber é importante para inspirar os outros. Assim como temos de nos certificar de que vejam o que precisam ver. Mas o fator mais importante na Equação da Inspiração é o que eles sentem. Se você deixar essa parte de fora e não ajudar as pessoas a sentirem o que elas precisam sentir, elas nunca ficarão inspiradas. Por quê? Porque as pessoas nem sempre se lembrarão do que você disse ou do que fez, mas sempre se lembrarão de como você as fez sentir!

Se você quer inspirar as pessoas, existem três coisas que você precisa fazer para ajudar as pessoas:

As pessoas precisam sentir sua paixão pelo assunto e por elas

Visão sem paixão é uma foto sem possibilidades. A visão sozinha não inspira mudança. Deve ser fortalecida pela paixão. A história re-

Capítulo 9

vela muitos exemplos disso. Martin Luther King Jr. não ficou nos degraus do Lincoln Memorial e proclamou: "Eu tenho um plano." Nenhuma estratégia lógica poderia ter inspirado as pessoas a levantar da opressão ou mudar o modo como elas tratam os outros. Não, com a paixão de alguém que sofreu preconceito e sonhou com igualdade, King disse: "Eu tenho um sonho!"

Em *A Sense of Urgency* [Um senso de urgência], John Kotter, autor, professor e especialista em liderança, descreve comunicação da seguinte forma:

> Um caso para mudança poderia ser facilmente feito e foi feito por muitas pessoas na época: o tratamento com os negros era inconsistente com alguns dos valores mais apreciados do país, e as inconsistências têm efeitos perniciosos; desperdiçar o talento negro mina o interesse do país; o conflito odioso entre brancos e negros desperdiçou recursos e machucou pessoas; o comportamento não cristão em relação aos negros minou o próprio cristianismo e seu alicerce que serviu à sociedade. O discurso de King falou sobre todos esses pontos resumidamente, mas, mais importante, atingiu os sentimentos mais básicos das pessoas com poética retórica e palavras apaixonadas sobre justiça e moralidade. Ele atingiu o coração das pessoas de uma forma que converteu a ira e a ansiedade em um comprometimento para mudar, fazer a coisa certa, e fazer agora. Ele atingiu o coração das pessoas de modo que converteu a complacência em urgência real. Milhões de pessoas que não estavam no comício naquele dia viram o discurso na televisão ou o ouviram no rádio. A urgência cresceu, uma ação essencial se seguiu a essa manifestação, e uma legislação que provavelmente não teria sido aprovada no ano anterior foi transformada em lei.

> **As pessoas nem sempre se lembrarão do que você disse ou do que fez, mas sempre se lembrarão de como você as fez sentir!**

A paixão é poderosa. Ela substitui meras palavras. Joyce McMurran comentou: "Estou convencida de que sua paixão e propósito sempre aparecerão e causarão um impacto, não importa o que você esteja fazendo."⁹ Não é verdade? A mensagem pode ser escrita ou falada, mas para ser inspiradora, deve ser nascida da paixão da pessoa comunicando. Por isso que Horst Schultze, fundador presidente e ex-chefe de operações do grupo de hotéis Ritz-Carlton, disse: "Você não é nada a não ser que venha de seu coração. A paixão, a preocupação em realmente buscar a excelência. Se você desempenha funções e só vai ao trabalho para fazer processos, então você está efetivamente aposentado. E isso me assusta — a maioria das pessoas que vejo está aposentada aos 28 anos."

Alguns anos atrás, quando morava em San Diego, uma amiga, Geri Stevens, era a chefe da seleção do júri no departamento judicial da cidade. Todas as segundas-feiras, quando chegava um grupo de potenciais jurados ao tribunal, ela falava com eles sobre suas responsabilidades.

Se você já se sentou em uma sala de potenciais jurados, sabe que não é um lugar agradável. O lugar é geralmente cheio de pessoas infelizes que não estão inspiradas para estarem ali. Uma segunda-feira de manhã, depois de meses em que Geri insistia comigo, ela finalmente me convenceu a ir a uma dessas sessões. E fiquei surpreso com o que aconteceu.

> "Visão sem paixão é uma foto sem possibilidades."

Geri ficou em frente a sua plateia não receptiva com um ar de empolgação e disse: "Esta vai ser uma das melhores semanas de sua vida." Isso chamou a atenção de todo mundo. Ela, pelos 45 minutos seguintes, continuou falando de forma apaixonada sobre a grandeza dos Estados Unidos e o direito de cada cidadão em ter um julgamento justo. Explicou aos jurados como a decisão deles faria a diferença e que eles eram exemplos de por que os Estados Unidos era uma nação admirada pelos outros. No fim de sua fala inspiradora, os jurados em potencial se levantaram e a aplaudiram! Sua paixão foi transferida para eles. Eles estavam inspirados e queriam ser selecionados para o júri.

Quando você fala, você tem paixão? A paixão real é mais que apenas uma emoção que você junta para deixar os ouvintes entusiasmados. Ela vem de um lugar muito mais profundo que isso. Se você não tem certeza, na próxima vez em que você falar com as pessoas, faça a si mesmo estas perguntas:

1. Eu acredito no que digo?
2. Isso me mudou?
3. Eu acredito que isso ajudará os outros?
4. Eu vi isso mudar os outros?

Se você puder responder afirmativamente a todas as perguntas, fará mais do que acender uma luz nas pessoas. Construirá uma luz nelas! Se você tiver esse entusiasmo, ele contaminará os outros.

AS PESSOAS PRECISAM SENTIR SUA CONFIANÇA EM VOCÊ MESMO E NELAS

Como disse, a paixão tem um grande valor porque ela motiva as pessoas. Por quê? Porque ela lhes ajuda a responder afirmativamente à pergunta: "Valerá a pena?" Mas a paixão sozinha não é o suficiente. As pessoas devem, também, sentir sua confiança porque confiança é o que as inspira a responder afirmativamente à pergunta: "Posso fazer isso?" A inspiração vem às pessoas quando elas podem facilmente responder afirmativamente a essas duas perguntas. É quando elas se tornam dispostas a fazer mudanças que impactam positivamente a vida delas.

Você já ouviu um orador que não tinha confiança e disse que estava nervoso? Como você se sentiu com isso? Confiante? Provavelmente não. Muito provavelmente, você começou a se preocupar com o rumo que a palestra tomaria. Os apresentadores que criam preocupação em seus ouvintes não inspiram grande confiança. Na verdade, eles não inspiram nada.

Você, como comunicador, tem de se sentir bem com você mesmo para ajudar os outros a se sentirem bem com eles mesmos. Se eu estiver sentindo confiança em mim mesmo e lhe disser que estou confiante em você e em sua capacidade de fazer alguma coisa, é mais provável que você acredite no que estou dizendo.

Alguns líderes e oradores naturalmente exalam confiança e fazem com que os outros se sintam confiantes consigo mesmos. Dizem que o presidente Franklin Roosevelt era uma dessas pessoas. Doris Kearns, em sua biografia de Franklin e Eleanor Roosevelt, *No Ordinary Time* [*Um tempo nada comum*], Goodwin, observa que Roosevelt não era nosso presidente mais inteligente. Ele se cercava de pessoas que eram mais estudadas, talentosas e informadas. No entanto, o que ele tinha era extrema confiança nele mesmo e no povo dos Estados Unidos.

Sam Rosenman, conselheiro de Roosevelt na Casa Branca, observou que o presidente tinha a habilidade de fazer os outros acreditarem neles mesmos. Ele disse que as pessoas expostas à confiança de Roosevelt "começam a senti-la, a participar dela, a se alegrar nela — e a retornam dez vezes mais graças à própria confiança." Francis Perkins, secretária do trabalho, disse que ela sempre "vinha de uma entrevista com o presidente se sentindo melhor, não porque ele havia resolvido problemas..., mas porque ele me fez sentir mais feliz, forte e determinada".

Se você não está com confiança natural de sobra, então não desanime. Você ainda pode aprender a ajudar seus ouvintes a se sentirem mais seguros sobre eles mesmos se abordar a comunicação da mesma forma. Patterson, Grenny, Maxfield, McMillan e Switzler, em seu livro *Influencer* [*Influenciador*], contam a história de um grupo de trabalhadores norte-americanos da indústria automobilística que visitaram uma fábrica de automóveis japonesa e, ao voltar para casa, queriam contar aos seus colegas que todos precisavam trabalhar mais rápido e mais pesado. A história mostra que quase todo mundo pode aprender a se conectar melhor com as pessoas. Aqui está um trecho, explicando as múltiplas tentativas de comunicação dos trabalhadores e como eles, finalmente, descobriram como se conectar com o público deles e ajudá-los a ter mais segurança, não apenas no orador, mas neles mesmos:

> Eles reuniram um grupo de colegas e anunciaram sua descoberta — seus concorrentes realmente produziam 40% a mais por funcionário, pois trabalhavam mais rápido e de forma mais consistente. Ao final desse anúncio tão conciso e impopular, os membros da força tarefa foram expulsos do palco, debaixo de vaias, pelos seus companheiros de sindicato.
>
> Sem desanimar, os membros da força-tarefa reuniram outro grupo e lhes contaram a versão resumida do que aconteceu. Mais vaias. Finalmente, o coordenador selecionou o melhor contador de histórias e o soltou na nova assembleia com os funcionários. Ele

não arruinou a mensagem indo direto ao ponto — "Trabalhadores, uni-vos ou estamos mortos!" Em vez disso, esse talentoso contador de histórias levou dez minutos para narrar em detalhes vívidos o que havia acontecido.

Os membros da força tarefa tinham chegado ao Japão, e eles estavam absolutamente certos de que os estrangeiros que estavam prestes a observar se exibiriam. E, com toda certeza, eles o fizeram (zombarias). Mas a força tarefa não se deixou enganar (aplausos). Depois, o contador de histórias relatou como eles haviam entrado despercebidos na fábrica e espionaram o inimigo (mais aplausos). Mas espere um segundo; os trabalhadores estavam trabalhando ainda mais rápido (silêncio). Isso foi deprimente. Se os trabalhadores japoneses continuassem a superar o desempenho dos norte-americanos, as empresas japonesas poderiam manter seus custos mais baixos e dominar o mercado. As empresas norte-americanas teriam de demitir seus empregados, e os trabalhadores norte-americanos perderiam seus empregos.

Depois que eles espionaram os trabalhadores japoneses, os membros da força tarefa retornaram ao hotel e tentaram descobrir como derrotar seus competidores em seu próprio jogo. Aí caiu a ficha para eles. Por que não trabalhar como os japoneses e ver se eles conseguiam aguentar esse ritmo? Nos dois dias seguintes, eles fizeram uma variedade de trabalhos na produção japonesa e os desempenharam prontamente. Era trabalho, mas nada que eles não pudessem fazer (mais aplausos). E finalmente o gancho: "Se fizermos as escolhas certas, podemos tomar de volta nosso destino em nossas mãos e salvar nossos empregos" (muitos aplausos).

O contador de histórias abordou a comunicação com confiança e ajudou seus companheiros de trabalho a sentirem confiança em si mesmos. Esse é sempre um componente necessário para a comunicação inspiradora.

As pessoas precisam sentir sua gratidão por elas

O componente final necessário para inspirar as pessoas é a gratidão — sua gratidão pelos seus ouvintes. E é assim que deve ser. Como comunicador, você deve ser grato pelo fato de as pessoas estarem dispostas a ouvi-lo. Deve ser grato se eles ficarem no recinto e continuarem ouvindo-o. E você deve ser ainda mais grato se eles ficarem tão inspirados que levem a sério o que você tem a dizer.

Acredito que, de todas as virtudes, a gratidão provavelmente é a mais negligenciada e a menos expressada. Muitas pessoas são como o filho do comerciante imigrante que veio a seu pai, reclamando: "Pai, não entendo como você dirige essa loja. Você mantém suas contas a pagar em uma caixa de charutos. Suas contas a receber estão em um eixo. Todo seu dinheiro está na caixa registradora. Você nunca sabe quanto tem de lucro."

> De todas as virtudes, a gratidão provavelmente é a mais negligenciada e a menos expressada.

"Filho", respondeu o comerciante, "deixe-me dizer-lhe uma coisa. Quando cheguei a esta terra, tudo que tinha era a calça que estava usando. Agora sua irmã é professora de artes; seu irmão, médico; você, contador. Sua mãe e eu temos uma casa, um carro e essa lojinha. Some tudo isso e subtraia a calça e aí está seu lucro".

Gladys Stern observou: "A gratidão silenciosa não é útil a ninguém." Isso é muito verdadeiro. É por isso que trabalho para cultivar um coração de gratidão e me esforço para expressar a gratidão continuamente. Tento ser grato até pelas pequenas coisas. E pelas grandes também, e, às vezes, tenho que fazer algo altamente intencional para expressar minha gratidão.

Foi o caso no verão de 2008. Ao se aproximar o décimo aniversário de meu infarto, estava me sentindo especialmente grato pela minha vida e pelos médicos que me salvaram. Para agradecer, Margaret e eu decidimos fazer um jantar de agradecimento para eles e suas esposas para celebrar os dez anos adicionais de vida que tinha curtido (até aquele momento). Fizemos preparativos para fazer o jantar com nossos amigos na casa deles, contratamos um *chef* para preparar uma refeição com cinco pratos e escrevi algo especial para a ocasião.

A noite foi uma experiência inesquecível. Depois de algumas horas de ótima comida e conversa, li para eles a seguinte carta:

Capítulo 9

Doutores John Bright Cage e Jeff Marshall,

Dez anos atrás, tive um infarto. Deus usou vocês dois para poupar minha vida. Essa é uma carta de gratidão. As palavras nesta carta são do meu coração. Elas foram escritas como uma forma tangível de dizer obrigado. Acredito que a gratidão silenciosa não é útil para ninguém.

A vida de vocês tem sido dedicada a ajudar pessoas. Sem dúvida, com o passar do tempo, muitas pessoas tiveram uma segunda chance para viver. Há dez anos, tenho vivido minha "segunda chance" na vida. Por causa da bondade de Deus e dos dons de vocês, permitam-me compartilhar o que aconteceu durante esse tempo:

- eu aproveitei meus dez anos extras com Margaret e minha família;
- cinco netos nasceram e roubaram meu coração;
- trinta e oito livros foram escritos e venderam mais de quinze milhões de cópias;
- a Amazom.com me colocou no Hall da fama deles;
- eu fui nomeado o Guru nº 1 de liderança do mundo;
- três eventos de lideranças foram fundados por mim —
    Catalyst — uma conferência de jovens líderes com média de doze mil pessoas por evento;
    Maximum Impact Simulcast — que alcança cem mil pessoas todos os anos;
    Exchange — uma experiência de executivos dos altos escalões;
- duas de minhas empresas tiveram um crescimento maravilhoso —
    INJOY Stewarship Services fez uma parceria com 4 mil igrejas e conseguiu levantar mais de 4 bilhões de dólares;
    EQUIP treinou 3 milhões de líderes em 113 países;
- foi um privilégio falar para as Nações Unidas, West Point, NASA, CIA e muitas empresas da Fortune 500;
- o mais importante, mais de 7.500 pessoas receberam Cristo por intermédio de meus ensinamentos!

Primeiro Samuel 2:9 diz: "Ele guardará os pés dos seus santos." Dr. Cage, não foi nenhum "acaso" quando o senhor me deu seu cartão e disse: "John, Deus me pediu para tomar conta de você. Ligue-me a qualquer hora se precisar de ajuda." Dr. Marshall, não foi nenhum "acaso" quando o senhor me encontrou no hospital com a sua equipe e disse: "Estamos aqui para tomar conta de você, tudo vai ficar bem."

Nos últimos dez anos, continuamente mostro a Deus minha gratidão por vocês dois. Hoje, dou esta carta para vocês e digo com grande amor e apreciação: "Obrigado!"

Seu amigo,
JOHN

Margaret, a seguir, deu a cada um deles a carta que havia acabado de ler. Eu estava em lágrimas, e eles também. Nos 30 minutos seguintes, trocamos expressões de afeto e abraços. A experiência foi indescritível. E, por mais que eu tentasse, ainda não podia expressar adequadamente a gratidão que sentia.

Para ajudar os ouvintes a se sentirem apaixonados, seguros e inspirados, você deve mostrar gratidão. E para fazer isso, você deve primeiro ser uma pessoa grata. Não pode dar o que você não tem. A boa notícia é que gratidão é uma qualidade que pode ser cultivada — não importa suas circunstâncias. Cada um de nós deveria se esforçar para ser parecido com Matthew Henry, que viveu no século XVIII. Quando ele foi roubado, escreveu o seguinte em seu diário: "Deixe-me agradecer primeiro porque nunca fui roubado antes; segundo, embora eles tenham levado minha bolsa, não levaram minha vida; terceiro, porque eles levaram tudo que tinha em minha bolsa, mas não foi muito, e, quarto, porque foi quem fui roubado, e por não ser a pessoa que roubou."

Ação — inspiração na mais alta esfera

Quando um comunicador junta estas três coisas:

Capítulo 9

O que eles sabem + o que eles veem + o que eles sentem

então o resultado é inspiração. É o que Jerry Weissman, autor de *Presenting to Win* [*Apresentando para Vencer*], chama de "momento hãhã" ou "momento heureca". Weissman escreveu:

> O momento hãhã! Seria representado pela imagem de uma lâmpada se acendendo em cima da cabeça de seu público. É aquele momento satisfatório de entendimento e concordância que ocorre quando uma ideia da cabeça de uma pessoa foi comunicada com sucesso para outra pessoa. Esse processo é um mistério tão antigo quanto a linguagem e quase tão profundo como o amor; a habilidade dos humanos, usando apenas palavras e símbolos, para entender um ao outro e achar um ponto em comum em uma ideia, um plano, um sonho.
>
> Talvez você tenha vivenciado momentos como esse em suas experiências passadas como apresentador, orador, vendedor ou comunicador, momentos quando você viu a lâmpada se acendendo, quando os olhos fizeram contato, os sorrisos se abriram e as cabeças concordaram. Hãhã! é o momento quando você sabe que seu público está pronto para marchar no seu ritmo.[10]

Alguns comunicadores param aqui. Eles encorajam as pessoas, fazem com que elas se sintam bem, ajudam-nas a se sentir seguras, mas nunca as levam para a ação. Que tragédia! Nunca é suficiente ajudar alguém a se sentir bem! Entender muda *mentes*. As ações mudam *vidas*. Se você realmente quer ajudar os outros, precisa levar sua comunicação para o patamar seguinte — chamar as pessoas para a ação. Como comentou Maribeth Hickman: "A conexão fornece uma ponte entre: 'É assim', e: 'Comece agora'."[11] Quando as pessoas inspiradas agem? Quando você faz duas coisas:

Diz as palavras certas na hora certa

Para levar as pessoas da inspiração à ação, você deve juntar as palavras certas e transmiti-las no momento certo. Bons líderes entendem a importância do tempo. Em meu livro *As 21 irrefutáveis leis da liderança*, escrevi sobre a Lei do Tempo Certo, que diz: "Quando liderar é tão importante quanto o que fazer e aonde ir." Presença de espírito, muitas vezes, representa a diferença entre o sucesso e o fracasso em qualquer empreitada. Bons comunicadores entendem a importância das palavras certas. O romancista Joseph Conrad observou: "As palavras colocaram nações inteiras em movimento e ergueram o chão duro e seco em que repousa nosso tecido social. Dê-me a palavra certa e o sotaque certo e moverei o mundo." Quando ambos aparecem juntos, isso é poderoso!

Terry Felber, em seu livro *Am I Making Myself Clear?* [*Estou sendo claro?*], escreve como Franklin Roosevelt preparou seu discurso para o Congresso após o bombardeio em Pearl Harbor. Ele explica que Roosevelt, no primeiro rascunho, ditou: "Ontem, 7 de dezembro de 1941, uma data que viverá na história do mundo, os Estados Unidos foram repentina e deliberadamente atacados..." Depois de uma secretária datilografar a mensagem de 500 palavras, ele olhou de novo e fez apenas uma mudança. Ele cortou as palavras "história do mundo" e as substituiu por uma única e bem escolhida palavra — "infâmia". Felber escreveu: "Conforme sabemos, 'uma data que viverá na infâmia' são algumas das palavras mais famosas já faladas por um presidente dos Estados Unidos. A escolha certa das palavras criou uma mensagem que viverá para sempre na história."

Aquela frase, dita como o foi no dia depois do ataque em Pearl Harbor, levou a nação à ação. Milhares de jovens se alistaram nas forças armadas após as ouvirem. E o povo norte-americano se preparou para a guerra.

Dê às pessoas um plano de ação

Existe uma história antiga sobre um fazendeiro que perguntou a seu vizinho:

— Você vai participar da aula do novo vereador na semana que vem?

Seu vizinho respondeu:

— Não. Já sei mais sobre plantação do a que já estou praticando.

É assim que a maioria das pessoas é: seu conhecimento supera suas ações. Bons comunicadores ajudam as pessoas a superar essa tendência.

Capítulo 9

Penso em mim mesmo como um professor motivacional, não como um orador motivacional. Qual a diferença entre os dois? Um orador motivacional faz você se sentir bem, mas, no dia seguinte, não pratica nada do que ouviu. Um professor motivacional faz você se sentir bem e, no dia seguinte, você se lembra a razão por que se sente assim e toma alguma atitude. Em outras palavras, o primeiro tipo de comunicadores quer que você *se sinta* bem e o segundo quer que você *faça* bem.

Uma vez li a estatística que 95% das pessoas em um público entendem o que está sendo comunicado e concordam com o ponto de vista do orador. No entanto, elas não sabem como aplicar o que está sendo dito à vida delas. Isso não é incrível? É por isso que geralmente dou às pessoas um plano de ação. Também é um dos motivos pelos quais comecei a escrever livros e a oferecer lições em áudio. Queria que as pessoas tivessem algo que elas pudessem levar com elas para ajudá-las de forma contínua. Meu desejo é ajudar as pessoas a sair do "saber-como" para o "faça agora".

Pessoas que se conectam inspiram as pessoas a saírem do "saber-como" para o "faça-agora".

Muitas vezes, ofereço passos muito específicos para meus leitores tomarem. Mas mesmo para uma mensagem que é tão ampla ou que não se estabelece em passos concretos, ainda recomendo um plano de ação baseado na palavra AME. Digo a eles:

- coloque uma letra "A" ao lado das coisas que você precisa **a**plicar;
- coloque uma letra "M" ao lado das coisas que você precisa **m**udar;
- coloque a letra "E" ao lado das coisas que você precisa **e**nsinar.

Então, o encorajo a pegar um item para colocar em prática dentro das próximas 24 horas e compartilhar a coisa mais importante que você aprendeu com a outra pessoa. Isso pode parecer simples, mas se aplicado, pode mudar a vida.

Transforme o inspirar continuamente os outros em um compromisso

Norm Lawson conta a história de um rabino e um fabricante de sabão que saíram para caminhar juntos. O fabricante de sabão disse:

— Para que serve a religião? Olhe para toda a miséria e os problemas do mundo! Veja bem, mesmo depois de anos, milhares de anos, de ensinamentos sobre bondade e verdade e paz. Veja bem, depois de todas essas preces, sermões e ensinamentos. Se a religião é boa e verdadeira, por que deve ser assim?

O rabino não disse nada. Eles continuaram andando até perceberem uma criança brincando na sarjeta.

Então o rabino disse:

— Olhe aquela criança. Você diz que sabão limpa as pessoas, mas veja a sujeira naquele jovem. Sabão é bom? Com todo sabão no mundo, durante todos estes anos, a criança ainda está suja. Pergunto-me o quão eficiente é o sabão, afinal!

O fabricante de sabão protestou:

— Mas rabino, o sabão não pode fazer nada de bom a não ser que seja usado!

— Exatamente — respondeu o rabino.

Raymond Master comentou: "Nossa sociedade parece ir de inspiração a inspiração, procurando a próxima coisa que os faz sentir bem, mas fazendo muito pouco sobre isso."[12] Que triste. De acordo com alguns estudiosos, nem sempre existiu tal divisão entre entendimento e ação. Um linguista diz que, em até vinte línguas primitivas, as palavras para "ouvir" e "fazer" são a mesma. Apenas em nosso contexto moderno as dividimos. Como comunicadores, precisamos reunir essas ideias para nossos ouvintes. E isso requer um comprometimento para continuamente se conectar com os outros, inspirá-los e encorajá-los a tomar uma atitude.

O ator Will Smith, certa vez, disse: "O modo como gosto de medir a grandeza é a seguinte: Quantas pessoas você afeta? Em seu tempo na terra, quantas pessoas você pode afetar? Quantas pessoas você pode levar a querer melhorar? Ou quantas pessoas você pode inspirar?" No final, quão boa é nossa comunicação se o impacto termina no momento em que paramos de falar?

O verdadeiro propósito da inspiração não é o aplauso. Seu valor não está na admiração que pode criar ou nos sentimentos positivos que pode evocar em outros. O verdadeiro teste de inspiração é a ação. É isso que faz a diferença.

> "O modo como gosto de medir a grandeza é [...] quantas pessoas você pode levar a querer melhorar?"
> — Will Smith

Se você deseja se conectar com outros, deve tentar inspirar as pessoas. Mas não faça isso para fazer você mesmo se sentir melhor ou os outros se sentirem melhor. Faça isso para tornar o mundo melhor. Se você puder inspirar os outros, então tornar o mundo melhor está a seu alcance.

Conectando-se com as pessoas em todas as esferas

Prática de conexão: pessoas que se conectam inspiram pessoas.
Conceito-chave: o que as pessoas mais lembram é de como você as fez sentir.

Conectando-se na esfera individual

Todos os três fatores na Equação da Inspiração entram em jogo quando inspiramos pessoas, mas eles têm valores diferentes em diferentes cenários de comunicação. Individualmente, o que tem o maior peso é o que as pessoas veem. Quem você é de fato inspira (ou desencoraja) as pessoas mais próximas a você. Você não pode esconder isso. O caráter, acima de tudo, é o que causará a maior impressão nas pessoas nessa esfera.

Que qualidades ajudam as pessoas a se conectarem com você? Aqui está o que elas querem ver:

- um coração para servir — as pessoas precisam saber que você quer servir a elas;
- uma pessoa com bons valores — mostre seus valores pelas palavras e ações;
- uma mão para ajudar — agregue valor aos outros e sempre tente elevá-los;
- um espírito que se importa — as pessoas não se importam com quanto você sabe até saberem quanto você se importa;
- uma atitude de crença — as pessoas procuram aquelas que acreditam nelas.

Conectando-se em um grupo

O que as pessoas sabem sobre você conta mais quando você inspira pessoas em um grupo. Elas querem saber o que você fez. É isso que dá a você mais credibilidade. Se as pessoas conhecem e respeitam suas conquistas, e se você acredita nelas, então elas acreditarão em si mesmas e serão inspiradas a agir.

As pessoas em um grupo querem saber...

- que você irá à frente e liderará pelo exemplo;
- que você só pedirá a elas para fazerem o que você já fez ou está disposto a fazer;
- que você as ensinará a fazer o que você já fez;
- que o sucesso delas é mais importante para você que seu próprio sucesso;
- que elas terão crédito por suas conquistas; e
- que você comemorará o sucesso delas.

Conectando-se com uma plateia

O aspecto mais importante da comunicação quando você tenta se conectar com um público é como você os faz sentir. Na maioria das vezes, eles não podem realmente conhecer o orador nem nada do caráter dele ou dela à distância. Podem ter dado a eles informações sobre as conquistas do orador, mas eles não podem ter certeza sobre essa informação. O que eles têm é a reação deles aos poucos minutos do orador no palco. Se eles se sentirem bem, eles se sentem conectados. Senão, eles não se sentem conectados. Então, se você estiver se preparando para falar em público, tenha certeza de que você tenta se conectar com eles na esfera emocional. As dicas a seguir lhe ajudarão a fazer isso:

- devem ver que você curte estar com eles e quer ajudá-los;
- devem sentir que você é amigo deles;
- devem sentir que você é autêntico e vulnerável — não perfeito, mas crescendo;
- devem sentir que você está conversando com eles, não falando acima deles;
- devem sentir que você acredita neles e que eles podem acreditar em si mesmos.

Capítulo 10

Os que se conectam vivem o que comunicam

Normalmente, quando alguém novo na organização assume uma posição de liderança, as pessoas impactadas passam a ter esperança. Elas querem que seu líder vá bem. E se o líder tiver boas habilidades de comunicação e puder se conectar, as pessoas o ouvem, acreditam nele e o seguem. Mas essa lua de mel não dura para sempre.

Nos primeiros seis meses de relacionamento — quer profissional, quer pessoal, quer individual, quer do líder para seguidor — focamos as habilidades de comunicação de uma pessoa para fazer julgamentos sobre ela. Você nunca comprovou que isso é verdade? Se as pessoas não se comunicam bem, temos dúvidas. Mas se elas são bons comunicadores, temos esperança. Por exemplo, quando temos um novo chefe que fala bem e nos dá uma visão irresistível, nós a aceitamos. Quando nos conectamos bem com um vizinho ou colega de trabalho, sentimos que temos um novo amigo. Quando encontramos a pessoa com quem acabamos nos casando, achamos que tudo será maravilhoso. E, para a maioria das pessoas, a lua de mel é maravilhosa. Mas após a lua de mel vem o casamento. Algumas vezes, também, é maravilhoso, mas, outras vezes, não é.

CAPÍTULO 10

O que faz a diferença? Credibilidade! Aqui está como isso funciona em todos os tipos de relacionamento:

Os primeiros seis meses — a comunicação ultrapassa a credibilidade.

Depois de seis meses — a credibilidade ultrapassa a comunicação.

Quando uma pessoa tem credibilidade, quanto mais tempo de convivência, melhor fica o relacionamento. Para alguém que não tem credibilidade, quanto mais tempo de convivência, pior fica o relacionamento. Credibilidade é a moeda para todos os líderes e comunicadores. Com ela, eles são solventes, mas, sem ela, eles estão falidos. Com credibilidade, os líderes continuam a se conectar com as pessoas. Sem ela, eles se desconectam.

O teste da confiança

Em janeiro de 2009, Barack Obama tomou posse como o 44º presidente dos Estados Unidos. No momento em que escrevo isso, ele está há menos de seis meses no cargo. Todo mundo ainda tem esperança. O presidente é um bom comunicador. Sabe se conectar com as pessoas. Fez uma campanha muito boa. Carl M. Cannon, autor de "*Ten Reasons Why Obama Won*" [*Dez razões pelas quais Obama ganhou*], escreveu sobre Obama: "Ele combinou, em uma alquimia fora do normal, a disciplina da campanha de Kennedy, o dom de Bill Clinton de falar sem parar, o otimismo de Ronald Reagan e a capacidade de desviar-se das críticas e de alcançar seus objetivos."[1] Ele foi realmente excepcional em sua campanha para presidente.

> Credibilidade é a moeda para todos os líderes e comunicadores. Com ela, eles são solventes, mas, sem ela, eles estão falidos.

Quando você ler isso, muito tempo terá se passado, e o júri já terá entrado em cena. Ou você reconhecerá que o presidente Obama desenvolveu credibilidade, provando ser bom e que conduziu bem a presidência — ou você dirá que sua comunicação ultrapassou sua credibilidade e não fez o que disse que faria. É assim que a credibilidade funciona, não apenas para ele, mas para todos os políticos, todos os líderes, todos os pais. Com o passar do tempo, o modo como as pessoas vivem pesa mais que as palavras que usam. Se viverem bem, o tempo é seu amigo.

Credibilidade tem tudo que ver com confiança. Stephen M. R. Covey escreveu em The Speed of Trust [*A velocidade da confiança*] sobre o impacto da credibilidade nos negócios. Ele afirma: "A confiança significa segurança", porque a confiança apaga as preocupações e o liberta para seguir adiante com outros assuntos. "A pouca confiança", escreve ele, "é um custo invisível na vida e nos negócios, porque cria motivos ocultos e comunicação reservada, retardando assim a tomada de decisões. A falta de confiança obstrui a inovação e a produtividade. A confiança, por outro lado, produz velocidade porque alimenta a colaboração, a lealdade e, no final das contas, os resultados."

> Com o passar do tempo, o modo como as pessoas vivem pesa mais do que as palavras que usam.

A confiança desempenha o mesmo papel em todos os relacionamentos e sempre impacta a comunicação. Para se conectar de forma eficaz no longo prazo, você tem de estabelecer credibilidade vivendo o que você comunica. Se não o fizer, você mina a confiança, as pessoas se desconectam de você e param de ouvi-lo. A questão principal é que a eficácia da comunicação se apoia mais no caráter do mensageiro do que no conteúdo da mensagem.

Você é sua mensagem

Uma das coisas que achei muito frustrante são as ações de muitos jogadores na Liga Profissional de Beisebol. Quando mais novo, adorava beisebol e era um grande fã do time Cincinnati Reds. Recentemente, os jogadores vêm quebrando recordes de muitos anos, mas o vêm fazendo usando anabolizantes. Um jogador aparentemente excelente após o outro já foi autuado por usar anabolizantes. Alguns admitiram a vida dupla que vinham levando. Outros negaram ou apelaram para a quinta emenda — emenda da constituição dos Estados Unidos que protege os cidadãos contra abusos de poder em processos. O beisebol é um jogo de estatísticas. Se as estatísticas não são dignas de crédito por causa do uso de substâncias que melhoram o desempenho dos jogadores, o jogo fica irreparavelmente afetado.

Quer você queira quer não, você é a mensagem que comunica aos outros. Isso determina se as outras pessoas quererão se conectar com você. Nem mesmo o apresentador mais hábil consegue manter uma fachada para sempre. Por fim, quem você realmente é aparecerá — no palco, no trabalho ou em casa. Então, se você quiser se conectar bem com as pessoas, deve se tornar o tipo de pessoa com quem gostaria de se conectar. Como você se mostra, o que você comunica e como você vive precisam estar em harmonia, demonstrando consistência. Aqui estão minhas sugestões para fazer isso acontecer.

Conecte-se consigo mesmo

Os relacionamentos que temos com os outros são amplamente determinados pelo relacionamento que temos com nós mesmos. Se não aceitarmos quem somos, não nos sentiremos à vontade conosco como pessoas. Se não soubermos nossos pontos fortes e fracos, então as tentativas que fizermos de nos conectar com os outros geralmente falham. Como você pode se conectar com os outros em terreno comum se não se conhece nem se gosta? Como você pode ver os outros claramente se tem uma visão nublada de si? Depois que nos conhecermos, gostarmos de nós mesmos e nos sentirmos à vontade conosco, então estaremos abertos a conhecer os outros, gostar deles e ficar à vontade com eles. E, assim, teremos o potencial para nos conectar com eles.

O primeiro passo para nos conectar conosco é nos conhecermos, e isso vem da autoavaliação. Precisamos ter autoconsciência. Faça testes para descobrir seus pontos fortes. Separe um tempo para refletir, registrar e orar. Converse com os outros sobre seus pontos fracos. Você tem de querer. A ironia é que precisamos passar algum tempo nos concentrando em nós mesmos para podermos ficar livres para tirar o foco de nós e pô-lo nos outros.

O segundo passo é gostarmos de nós, e isso vem da conversa consigo mesmo. O mestre motivador Zig Ziglar diz: "A pessoa mais influente que vai falar com você o dia todo é você mesmo. Então, deve ser muito cuidadoso com o que diz a você mesmo." Se você está constantemente dizendo coisas críticas e negativas sobre você internamente, não se sentirá confiante com você nem com os outros. Você tem que ser positivo. Isso não significa negar os erros ou fingir que não viu problemas ou erros. Significa manter uma visão realista, mas positiva, da vida.

Recentemente, estava jantando com um amigo que lidera uma organização de sucesso no Arkansas, e uma das coisas que ele disse ao conversarmos foi: "John, de todas as pessoas que conheço, você é a que se sente mais à vontade consigo mesmo." Tomei isso como um grande elogio. Estou à vontade comigo mesmo. Sei quem sou. Não sou muito letrado. Meus pontos fortes são poucos — acredito que tenho apenas quatro (liderança, comunicação, criação e *networking*). Meus pontos fracos são muitos. Tento ser honesto em relação aos meus pontos fracos, concentrar-me em usar meus pontos fortes e ter integridade em todas as áreas da minha vida. O que mais posso fazer?

Se você nunca tirou um tempo para se conectar consigo mesmo, espero que o faça e comece hoje. Não é um ato egoísta. Acho que você só conseguirá fazer o que foi criado para fazer caso se conheça e se conecte consigo mesmo. E também poderá se conectar melhor com os outros e agregar valor a eles se souber o que você tem e o que não tem a oferecer.

REPARE SEUS ERROS

Como mencionei, para conectar-se com as pessoas você deve ter credibilidade. Mas quanta credibilidade você consegue manter quando comete erros? Isso depende de como você responde.

> Não admitir erros
> faz com que
> a mensagem seja questionada,
> o que faz com que
> a integridade do líder seja questionada!

Capítulo 10

Todos cometem erros. Já cometi erros como líder, comunicador, marido e pai. Ser humano é cometer erros; para conectar-se, você deve admitir seus erros.[2] É assim que você mantém sua integridade e recupera sua credibilidade. Você deve estar disposto a:

Reconhecer seus erros. Quando as decisões não saem da maneira que deveriam ter saído, você deve uma explicação às pessoas. Uma das coisas que admirei nos primeiros meses da presidência de Obama foi sua disposição para admitir erros. Quando a indicação para o gabinete de Tom Daschle deu errada, o presidente Obama disse simplesmente: "Fiz besteira." Admiro isso em um líder.

Pedir desculpas. Quando suas ações machucam os outros, você precisa admitir que o que você fez foi errado e dizer que sente muito por seu erro. Isso geralmente é muito doloroso no momento, mas não só é a coisa certa a fazer, mas pode também encurtar a agonia que você sente, ajudando-o a deixar o incidente para trás. É por isso que devemos seguir o conselho de Thomas Jefferson sobre o assunto. Ele comentou: "Se você tiver que engolir um sapo, coma-o enquanto estiver jovem e tenro."[3]

Reparar seus erros. E, é claro, se estiver ao seu alcance, você precisa encontrar maneiras de compensar as pessoas a quem você causou danos. Pouco tempo atrás, tive que fazer isso depois de cometer um erro terrível durante um discurso de retorno para uma organização. Enquanto falava, percebi, pela reação da plateia, que havia alguma coisa errada, mas não conseguia descobrir o que era. Só quando desci do palco foi que me ocorreu que podia ser que tivesse feito essencialmente o mesmo discurso que tinha feito anteriormente. Chamei minha assistente, e ela confirmou que minha suspeita estava correta. Imediatamente fui ao meu anfitrião, pedi desculpas a ele e perguntei se podia pedir desculpas à plateia no dia seguinte. Ele foi muito gentil ao permitir que fizesse isso. Depois me ofereci a retornar no ano seguinte, pagar todas as minhas despesas e fazer outro discurso para ele sem custos. Achei que essa era a coisa certa a fazer naquela circunstância. Não podia voltar no tempo, mas podia fazer tudo que podia para reparar meu erro.

> **Ser humano é cometer erros; para conectar-se, você deve admitir seus erros.**

SEJA CONFIÁVEL

Como você provavelmente já percebeu, gosto de estudar líderes, e os presidentes dos Estados Unidos são de especial interesse para mim. Desse interesse, tenho uma pergunta para você. O que Theodore Roosevelt, Franklin Delano Roosevelt, Harry Truman e Ronald Reagan têm em comum? Se você já leu sobre eles, sabe que eram todos muito diferentes. Eram de diferentes partidos políticos. Tinham diferentes filosofias e estilos de liderança. Mas o que eles tinham em comum? Considerava-se que todos eles cumpriram o que prometeram.

Qual é um dos melhores elogios que você pode fazer a uma pessoa? Acho que é este: "Posso contar com você." É por isso que incluí a Lei da Confiança em *As 17 irrefutáveis leis do trabalho em equipe*. Ela diz que os colegas de equipe devem poder contar um com o outro quando necessário. Mas essa necessidade de poderem contar ou não conosco vale para qualquer relacionamento — não só os de equipe. Por isso: quando você assume um compromisso, cria esperança. Quando você mantém um compromisso, cria confiança.

> Quando você assume um compromisso, cria esperança.
> Quando você mantém um compromisso, cria confiança.

Em geral, precisamos mais de confiabilidade em nossos pontos fracos. Estamos bem no que diz respeito aos nossos pontos fortes. Gostamos de trabalhar com nossos pontos fortes. Provavelmente, seguiremos em nossas áreas mais fortes. As pessoas esperam isso de nós. No entanto, no que diz respeito às nossas fraquezas, precisamos deixar que nos façam perguntas, que nos desafiem. Se não deixarmos, possivelmente sairemos do trilho em algum momento.

LIDERE DA MANEIRA COMO VOCÊ VIVE

Jim Rohn, escritor e orador, observou: "Você não pode falar o que não sabe. Não pode dividir o que você não sente. Não pode traduzir o que não tem. E não pode dar o que não possui. Para dar e dividir e para ser eficaz, você primeiro tem de ter." Isso quer dizer que, primeiro, você precisa vivê-lo!

Na liderança, a importância de modelar o que você comunica é clara. A história é cheia de exemplos de líderes que causaram impacto ao estar à frente e, em essência, dizer: "Sigam-me." Fred A. Manske Jr. observa em *Secrets of Effective Leadership* [*Segredos da liderança eficaz*]:

- o General Robert E. Lee fazia questão de visitar suas tropas na noite que antecedia uma grande batalha, fazendo isso à custa de ele mesmo não ter tempo para dormir;
- o General George S. Patton, muitas vezes, era visto no tanque da frente das suas unidades, inspirando seus homens a lutar;
- o Duque de Wellington, que derrotou Napoleão em Waterloo, acreditava que a presença de Napoleão no campo de batalha equivalia a 40.000 soldados.

As pessoas que vivem sua mensagem — que lideram da forma como vivem, que têm integridade entre palavras e ações — são diferentes das que não fazem isso. Elas se conectam, em parte, por causa da forma como vivem. Onde algumas pessoas veem uma mensagem como *uma lição a ser dada*, os que se conectam veem uma mensagem como *uma vida a ser vivida*. Onde alguns oferecem uma mensagem que é uma *exceção* à forma como vivem, os que se conectam comunicam mensagens que são *extensões* da forma como vivem. Para alguns comunicadores, o *conteúdo* é o mais importante. Para os que se conectam, a credibilidade é o mais importante.

A professora Lindsay Fawcett comentou: "Ouvi que o primeiro emprego que você aceita como professora influencia o resto da sua carreira. Algumas vezes, é difícil demais, e ninguém está disposto a lhe ajudar a ficar de pé (como com minha amiga que não é mais professora) e, outras vezes, a administração levanta você e o encoraja a atingir seu potencial. Experimentei o último", disse Lindsay sobre seu primeiro emprego depois que se formou na faculdade em Minneapolis. "Meu diretor e meu coordenador de ESL [Inglês como segunda língua] me incentivaram a liderar e a experimentar coisas novas e confiaram no meu julgamento. Senti-me tão amada e valorizada que tudo que queria fazer era provar que estavam certos. Eles sabem como se conectar com sua equipe, e isso fez com que trabalhar para eles parecesse que estava com minha família."[4] A liderança digna de crédito causa um impacto enorme nas pessoas em uma organização.

Se você não estiver disposto a tentar viver algo, provavelmente não deve tentar comunicar isso para os outros. Isso não quer dizer que você tem de tentar ser perfeito porque, é claro, você não pode. Só significa que você tem de tentar ser o que você exorta os outros a ser. Senão você não tem credibilidade, e sua liderança está em apuros. Como Adam Jones, estudante para pastor, pôs em seu *blog*: "Liderar com falta de integridade é escolher falhar antes de dar seu primeiro passo."[5]

CONTE A VERDADE

Uma mulher acompanhava seu marido muito doente ao consultório médico. Depois do exame, o médico pediu que o homem saísse para a sala de espera para conversar a sós com a mulher.

"A condição de seu marido é grave", disse o médico. "Se você não fizer o seguinte, seu marido certamente morrerá:

- preparar um café da manhã saudável para ele todas as manhãs e mandá-lo para o trabalho com bom humor;
- deixar que ele ponha os pés para o alto e descanse quando ele chegar em casa, certificando-se de que não o incomodará com preocupações nem tarefas domésticas;
- preparar-lhe uma refeição quente e nutritiva para o jantar todas as noites;
- ter relações sexuais com ele várias vezes por semana e satisfazer todos os seus caprichos."

No caminho para casa, a esposa dirigiu em silêncio. O marido, finalmente, perguntou: "Bem, e o que o médico disse?"

"Más notícias", respondeu ela. "Ele diz que você vai morrer."

Eu sei, é uma péssima piada, mas a adoro. Por quê? Porque descreve como as pessoas muitas vezes interagem com as outras. Elas simplesmente não agem de forma honesta. E, no entanto, a honestidade é crucial para a credibilidade. O jornalista Edward R. Murrow observou: "Para sermos persuasivos devemos ser dignos de ser críveis; para sermos críveis devemos ser dignos de crédito; para sermos dignos de crédito devemos ser verdadeiros."

Muitos anos atrás, estava falando a um grupo de executivos, e alguém me perguntou quais princípios seguia quando contratava.

"Qual o segredo?", perguntou.

"Só tenho uma regra", expliquei. "Eu nunca faço as contratações." Isso atraiu a atenção deles. "E aqui está o porquê disso: sou péssimo nessa tarefa."

Continuei e expliquei meu histórico horroroso com contratações de pessoas. Como sou extremamente otimista e acredito muito nas pessoas, não sou realista. Não importa quais sinais vermelhos apareçam quando entrevisto um candidato. Sempre penso o seguinte: *Posso ajudar essa pessoa a melhorar e ser bem-sucedida*. Essa não é a atitude certa para um entrevistador. Para ser bem-sucedido nessa área, você precisa de pessoas que sejam céticas — o tipo de indivíduo que não contrataria nem sua própria mãe. Quando parei de contratar, minha organização alcançou um novo patamar.

Quando disse a essa sala cheia de executivos que não contratava mais, pude ver que a primeira reação deles foi negativa. Mas, quando expliquei, pude sentir que eles apreciaram o fato de conhecer minhas próprias fraquezas e respeitaram minha honestidade. Poucas coisas são piores que alguém que não sabe o que está falando, que inventa enquanto fala e que finge que tem conhecimento sobre algo quando, na verdade, não tem a menor noção. Conforme Roger, comentarista, disse no *blog*: "A credibilidade não é perfeição, mas uma disposição de admitir a imperfeição."[6]

SEJA VULNERÁVEL

Quando Bob Garbett estava nos Fuzileiros Navais, um novo segundo-tenente recém-saído da Escola de Cadetes foi designado para sua unidade. Bob diz que o rapaz estava obviamente sobrecarregado com sua nova tarefa. Mas ele lidou bem com ela.

"Em seu primeiro dia", diz Bob, "ele reuniu todos os oficiais não comissionados e nos disse que estava contando conosco para ensiná-lo. Ele disse: 'Não me decepcionem. Estou confiando em vocês.' Nunca me esqueci de suas palavras, e ele, sem demora, começou a crescer em seu cargo a olhos vistos."[7]

Quando você é honesto com as pessoas, isso o deixa vulnerável. Muitas pessoas não ficam à vontade assim. Alguns líderes, professores e oradores acreditam que alguém que se comunica com os outros deve ter todas as respostas. Senão, eles acham que parecerão fracos. Mas obviamente esse é um padrão irreal. É melhor ser autêntico e vulnerável, porque as pessoas podem se identificar com isso, e isso leva à conexão. Parker Palmer, autor de *The Courage to Teach* [*A coragem para ensinar*], diz: "Todos nós sabemos que a perfeição é uma máscara. Então, não confiamos nas pessoas por trás de máscaras do sabe-tudo. Elas não estão sendo honestas conosco. As pessoas com quem temos a conexão mais profunda são aquelas que reconhecem suas fraquezas."

> "Todos nós sabemos que a perfeição é uma máscara. [...] As pessoas com quem temos a conexão mais profunda são aquelas que reconhecem suas fraquezas."
> — Parker Palmer

Recentemente, falando sobre liderança para alguns diretores-executivos, falei sobre a importância de ser vulnerável, admitir seus erros e reconhecer suas fraquezas. Depois que acabei de falar, um diretor-executivo esperou até que estivesse sozinho e se aproximou de mim.

"Acho que você está totalmente errado sobre ser tão aberto com seu pessoal", disse ele. "Um líder nunca deve parecer fraco. Você nunca deve deixar seu pessoal vê-lo suar."

"Sabe", respondi, "acho que você está trabalhando com um conceito errôneo."

"E qual é?", perguntou, ainda cético.

"Você acha que seu pessoal ainda não conhece suas fraquezas", respondi. "Eles sabem. Ao admiti-las, você está lhes mostrando que *você* também as conhece."

Capítulo 10

O motivo pelo qual lhe disse isso com tanta confiança é que costumava pensar como ele. Nos primeiros dez anos da minha carreira, tentava ser o Senhor das Respostas. Queria lidar pessoalmente com todos os problemas, responder a todas as questões e confrontar todas as crises. Queria ser indispensável. Mas não estava enganando ninguém além de mim mesmo.

O artista Walter Anderson observou: "Nossa vida só melhora quando arriscamos — e o primeiro e mais difícil risco que podemos correr é sermos honestos conosco mesmos." Quando percebi que os outros sabiam coisas que eu não sabia e sabiam fazer algumas coisas melhor que eu, isso me liberou para tirar minha máscara, baixar minha guarda e ser eu mesmo com os outros. E isso conecta as pessoas. Ninguém gosta de um falso ou de um sabe-tudo.

Siga a regra de ouro

Algumas organizações são como uma árvore cheia de macacos. Se você é um líder no topo da árvore, tudo que vê quando olha para baixo é um bando de rostos sorridentes olhando para você lá em cima. No entanto, se você estiver na base da organização e olhar para cima, a visão não é tão bonita. E se você ficar onde você está, sabe que todos os que estão acima de você jogarão coisas em você. Ninguém quer ser tratado assim pelos outros.

Sempre que as pessoas têm poder, você pode aprender muito sobre elas observando o que elas fazem com esse poder. Quando interagem com os outros que não têm poder, posição ou força, como elas os tratam? É consistente com o que comunicam? É consistente com a Regra de Ouro? A resposta a essas perguntas lhe dirá muito sobre seu caráter.

Se você quiser se conectar com os outros, precisa tratá-los de acordo com a Regra de Ouro — você precisa tratá-los como você quer ser tratado. Isso é especialmente verdadeiro se você for um líder, ou palestrante, ou tiver algum outro tipo de autoridade. Acho que a maioria das pessoas concordaria com isso. É fácil tomar consciência disso, mas algo muito difícil de fazer. Como foi dito, a sabedoria é saber o caminho certo a se tomar. Integridade é tomá-lo.

Um dos líderes que admiro é Jim Blanchard, antigo diretor-executivo da Synovus Financial Corporation, que se aposentou em 2006. A Synovus tinha sido várias vezes reconhecida pela Fortune como uma das melhores organizações para se trabalhar nos Estados Unidos. Certa vez, quando cumprimentei Jim e perguntei a chave para o sucesso da organização, ele me disse: "A companhia só tem uma regra — a Regra de Ouro." Ele continuou e disse que, nos primeiros dois anos depois que todos souberam que a Regra de Ouro seria adotada como o padrão da Synovus, um terço dos executivos foram demitidos porque não estavam tratando as pessoas da forma adequada. Jim também explicou que, todos os anos, na reunião anual da empresa, ele costumava dar o número de seu celular pessoal para todo mundo, dizendo-lhes que, se alguém na Synovus os tratasse de uma forma que fosse inconsistente com a Regra de Ouro, eles deveriam lhe telefonar e contar sobre isso. Bem, isso é que chamo de viver o que você comunica!

ENTREGUE RESULTADOS

Peter Drucker, o pai do gerenciamento moderno, afirmou: "A comunicação [...] sempre faz exigências. Sempre exige que quem a recebe se torne alguém, faça algo, creia em algo. Sempre apela para a motivação." Em outras palavras, os comunicadores exortam as pessoas a entregarem resultados. Mas para ser crível como comunicador, você também deve entregar resultados!

Sempre fico surpreso pelo número de oradores, consultores e treinadores existentes no mercado hoje. Alguns deles são fantásticos, mas outros têm muito pouca credibilidade. Por quê? Porque eles próprios nunca de fato atingiram nada. Estudaram sobre sucesso, liderança ou comunicação, mas nunca estiveram na linha de frente, criando um negócio, liderando uma organização ou desenvolvendo um produto ou serviço. Estão vendendo uma promessa, mas não têm um histórico de sucesso. Isso me deixa perplexo.

Nada fala melhor que os resultados. Se você quiser construir o tipo de credibilidade que se conecta com as pessoas, então entregue seus resultados antes de entregar uma mensagem. Saia e faça tudo que você aconselha os outros a fazer. Comunique pela experiência.

Capítulo 10

A credibilidade conecta

Para ser bem-sucedido no longo prazo, você precisa fazer mais que só se conectar. Você precisa continuar se conectando, e só pode fazer isso quando vive o que comunica. Quando você o faz, os resultados podem ser fantásticos. Como disse no começo deste capítulo, quanto mais o tempo passa, melhor o relacionamento fica.

Meu amigo Collin Sewell, que trabalha na diretoria de minha organização filantrópica EQUIP, contou-me recentemente uma história que ilustra o poder de viver o que você comunica. Não é segredo como os tempos têm sido difíceis para a indústria automotiva norte-americana. A economia tem ameaçado levar à falência alguns fabricantes de carros. As vendas estão em baixa; os incentivos, em alta, e, ainda assim, muitas concessionárias tiveram que fechar suas portas.

Collin é o diretor-executivo da Sewell Family of Dealerships em Odessa, Texas, então sabe pessoalmente como essa situação tem sido difícil. Sua família está no ramo de venda de carros desde 1911, quando seu avô, Carl Sewell Sr., abriu um negócio com três ramificações: a loja de ferramentas, o cinema e a concessionária Ford. Logo ficou claro que era o potencial que estava na concessionária Ford. Nos quase 100 anos desde então, a família Sewell abriu concessionárias pelo Texas para vender e servir não só os automóveis da Ford, mas também os da Cadillac, Hummer, Infiniti, GMC, Lexus, Pontiac, Saab, Buick, Mercury, Lincoln e Chevrolet. Os Sewell têm sido muito bem-sucedidos.

> Para ser bem-sucedido no longo prazo, você precisa fazer mais que só se conectar. Você precisa continuar se conectando, e só pode fazer isso quando vive o que comunica.

Mas, no início de 2009, os tempos estavam difíceis, e os negócios estavam operando no vermelho. Collin me disse que, por nove meses, tentou tudo que conseguiu pensar para virar o jogo e levar a empresa de volta para o azul. Em março, fez até mesmo um corte de 65% em seu próprio pró-labore, vivendo de suas economias para tentar ajudar o negócio. Nada parecia ser o suficiente. Ele, finalmente, teve de enfrentar uma decisão difícil que estava esperando evitar. Demitiria muitos de seus empregados ou cortaria seus salários?

A maior parte dos conselheiros de Collin dividiu com ele a sabedoria convencional: não corte os salários de todo mundo, porque isso deixa todos de mau humor e acaba com o moral de todos. Em vez disso, demita tantas pessoas quanto necessárias para tornar o negócio lucrativo. Assim, as pessoas que ficarem não serão afetadas negativamente. Mas Collin não queria fazer isso. Ele queria manter o emprego de tantas pessoas quanto possível. Então ele e sua equipe gerencial bolaram um plano.

Eles não viam outro jeito além de cortar vinte empregos, reduzindo a força de trabalho de 250 para 230 funcionários. Mas todos os outros — gerentes, técnicos, equipe de vendas e pessoal do escritório — teriam de ter um corte em seus salários. As reduções variavam entre um dólar por hora e milhares de dólares em salário.

Quando Collin anunciou os cortes de pagamento para todo o pessoal, não esperava que essa iniciativa fosse ser bem aceita — melhor dizendo, que tudo fosse correr de forma suave. Contou a todos a verdade, explicando como a situação estava ruim, mas imaginou que todos, ainda assim, ficariam muito zangados e negativos. Uma mulher, que trabalhava a nove dólares por hora que tinha acabado de receber um corte de um dólar, aproximou-se dele depois da reunião. Ele imaginou o pior, mas, em vez de esbravejar, ela peguntou a Collin se podia orar com ele.

Um técnico se aproximou de Collin, e ele podia ver a raiva na expressão do técnico. "Não me insulte", disse o técnico. Collin se preparou, pensando que fosse ouvir muito. Mas, em vez disso, o homem disse: "Você não cortou o bastante. Vou para casa nesse final de semana e conversarei com minha esposa. Depois lhe direi quanto devo receber."

No final, nenhum dos empregados que tiveram cortes pediu demissão. O moral permaneceu alto. E o negócio começou a melhorar. Como isso foi possível? Collin tinha vivido o que comunicava.

"Levei anos para criar credibilidade com a minha equipe, para criar a 'mudança' com eles", diz Collin, referindo-se à ideia de que você cria moeda relacional na liderança toda vez que toma boas decisões e lidera com integridade. "Eu ganhei essa mudança com um centavo de cada vez. Tive de gastar o que ganhara aos poucos com muitos dólares naquele dia ."

Não podemos esperar nos conectar com os outros se não vivermos o que comunicamos. Isso pode machucar alguém profissionalmente, mas, claro, é ainda mais doloroso na esfera pessoal. Uma das formas como me mantenho confiável para viver direito é pensar no impacto das minhas ações na minha família. É por isso que sempre tento manter em mente essa definição de sucesso: "Aqueles que são os mais próximos de mim me conhecem melhor, amam-me e respeitam-me mais." Quando as pessoas que sabem como você vive todos os dias veem que suas palavras e ações se alinham, aí elas podem confiar em você e se conectar com você. E isso torna a vida uma maravilhosa e agradável jornada todos os dias.

O verdadeiro poder de se conectar com os outros não vem de interações superficiais com os outros — sorrir para um estranho, ser amigável com um garçom ou impressionar uma plateia que o vê só no dia em que se apresenta diante dela. Vem de se conectar com as pessoas no longo prazo. Em relacionamentos em progresso, podemos causar um impacto de valor real. Quando vivemos com integridade consistente com nossa esposa ou marido, filhos e netos. Quando tratamos nossos clientes e colegas como eles querem ser tratados. Quando nossos vizinhos veem nossos valores e ações alinhados. Quando lideramos os outros com honestidade e respeito. Essas são as coisas que nos dão credibilidade, permitem que nos conectemos e nos fornecem uma oportunidade de ajudar os outros e de agregar valor a eles. Como disse o consultor de treinamento Greg Schaffer: "Se você não se conectar com os outros, a influência está fora de questão."[8]

Henry Adams disse: "Um professor afeta a eternidade; ele nunca sabe dizer onde sua influência acaba."[9] Acredito que o mesmo pode ser dito de uma pessoa que se conecta e tem integridade. Podemos fazer uma diferença em nosso mundo, mas, para isso, devemos começar com nós mesmos — certificando-nos de que nossas palavras e nossas ações sejam consistentes todos os dias. Devemos viver o que comunicamos. Se o fizermos, não há como dizer o que poderemos atingir.

Conectando-se com as pessoas em todas as esferas

Prática de conexão: os que se conectam vivem o que comunicam.
Conceito-chave: a única maneira de continuar se conectando com as pessoas é viver o que você comunica.

Conectando-se na esfera individual

Mais de 90% de toda a conexão ocorre individualmente. É, geralmente, assim que você se comunica com as pessoas que o conhecem melhor: família, amigos e colegas de trabalho. É também menos provável que você esteja de guarda com essas pessoas e mais provável que assuma compromissos com elas. Como resultado, essas são as pessoas que conhecem melhor seu caráter.

Seu caráter enfatiza o que você diz ou o mina? O seu caráter o ajuda a seguir adiante e manter as suas promessas ou ele trabalha contra você? Onde você precisa melhorar?

Conectando-se em um grupo

Quando nos comunicamos em um grupo ou com uma equipe, as pessoas observam o nosso exemplo, desempenho e trabalho em equipe. Você está fazendo o que pede que os outros façam? Seu histórico apoia o que você comunica? As pessoas podem depender do seu desempenho e da sua disposição para colocar a equipe em primeiro lugar? Se não, você precisa fazer algumas mudanças para melhorar sua credibilidade.

Conectando-se com uma plateia

As pessoas estão mais tentadas a pegar atalhos de caráter quando se comunicam com uma plateia porque seus ouvintes não os conhecem pessoalmente. É fácil mostrar apenas seu lado melhor e minimizar ou cobrir inteiramente suas fraquezas. Isso cria inautenticidade em sua comunicação. As pessoas não se conectam com comunicadores que são falsos. Em vez disso, seja vulnerável com as pessoas e mostre-lhes quem você realmente é.

Conclusão

As pessoas, muitas vezes, perguntam-me como aprendi liderança e comunicação. Quem eram meus modelos? Onde descobri meus princípios? Como consegui melhorar ao longo dos anos? Certamente aprendi muito observando bons líderes e comunicadores. Li muitos grandes livros. Entrevistei líderes que estavam à minha frente. E aprendi muito com tentativas e erros. Mas as maiores lições que aprendi vieram da Bíblia. E acho que a história de um de seus líderes será um encorajamento para você.

Aprendendo a se conectar bem

Um dos maiores líderes na história humana foi Moisés. Ele guiou uma nação inteira, e realocou todos os israelitas e a tudo que eles tinham de uma terra a outra. Ele lhes apresentou um código de leis. E passou o bastão para outro líder que os assentaria em seu novo lar.

Mas Moisés não começou a vida como um grande líder. Na verdade, você pode ver que ele teve que crescer em todas as áreas de sua vida para ser bem-sucedido:

Ele não era bom no trato com pessoas

Pensamos em bons líderes e comunicadores como naturalmente bons no trato com pessoas. Esse não foi o caso de Moisés. Na verdade, ele era tão ruim com pessoas que no primeiro incidente registrado em que ele tentou influenciar outra pessoa acabou por matar um egípcio.[1] Moisés teve que fugir do país e viver no exílio.

Ele não era um bom comunicador

Quando recebeu o chamado de Deus no monte por intermédio da sarça ardente, Moisés não queria atender ao chamado. Não tinha confiança em sua habilidade de se comunicar com as pessoas. Moisés respondeu: "Quem sou eu para apresentar-me ao faraó e tirar os israelitas do Egito?"[2] E adicionou: "Ó Senhor! Nunca tive facilidade para falar, nem no passado nem agora que falaste a teu servo. Não consigo falar bem! [...] Ah, Senhor! Peço-te que envies outra pessoa."[3] Para Moisés aceitar a tarefa, Deus teve que concordar em enviar Arão, o irmão de Moisés, com ele.

Ele não era um bom líder

Depois que Moisés conseguiu tirar os filhos de Israel do Egito, não foi particularmente bem-sucedido em liderá-los mais. As pessoas estavam continuamente tentando seguir na direção errada, e Moisés estava tentando fazer tudo sozinho — uma receita para o fracasso na liderança. Foi necessário o sogro de Moisés, Jetro, para ver o que ele estava fazendo de errado e lhe ensinar a escolher outros líderes para lhe ajudarem a carregar o fardo.

Por que o exemplo de Moisés é importante? Porque ele mostra que a habilidade de se conectar com os outros, de comunicar-se de forma eficaz com eles e de aumentar sua influência pode ser aprendida. Lorin Woolfe, em *The Bible on Leadership* [*A Bíblia da liderança*], diz: "Existe um grande debate sobre a natureza ou 'possibilidade de aprender' as habilidades da comunicação eficaz e a natureza do 'carisma'." Ele afirma que pode ser aprendida. Disse:

> A sugestão de Deus a Moisés foi agrupá-lo com seu irmão, Arão, que era um melhor orador. Mas foi Moisés, não Arão, quem falou com o faraó e guiou seu povo para fora do Egito. Moisés, o que não tinha em habilidade de orador, tinha em convicção, coragem e compaixão por seu povo. Essas características foram comunicadas sem erro a todos que eram expostos a ele, seguidores e inimigos.

Moisés pegou as habilidades que possuía e as aproveitou ao máximo. Fez o que foi chamado a fazer e aumentou sua influência e a usou para ajudar um sem-número de pessoas. E se conectou com elas. Quando morreu, uma nação inteira chorou. As pessoas choraram sua perda por trinta dias.

Comece a conectar-se hoje mesmo!

O que você pode fazer com o talento que tem? O que quer que esteja em você pode ser mais bem usado se você aprender a se conectar com as pessoas. Você *pode* aprender a aumentar sua influência em todas as situações porque conectar-se é mais habilidade do que talento natural. E você pode aprender a fazê-lo. Então comece a dar passos. Abrace os princípios de conexão. Comece a usar as práticas de conexão. E faça algo positivo no seu canto do mundo.

COLABORADORES DE JOHNMAXWELLONLEADERSHIP.COM

A Maroun, Aaron, Abaunza, Adam Coggin, Adam Henry, Adam Jones, Adam Reineke, Adeyemi Adeleke, Al Fenner, Al Getler, Al White, Alan Humphries, Alana Watkins, Aldo Raharja, Alejandro Pozo, Alessandra Bandeira Malucelli, Alexander Polyakov, Alice McClure, Alisha Callahan, Alison C, Alison Dicken, Alison Gitelson, Allen, Alyssa Lee, Amanda Bouldin, Amanda Kasper, Amanda Strnad, Amenze, Amy King, Amy McCart, Amy Wood, Andrea, Andrew Suryadi, Andy Heller, Andy Perkins, Angela Chrysler, Angela Conrad, Angela Hansen, Angela Mack, Angelina Morris, Ani Victor, Anita Ryan, Annabelle, Anne, Anne Stavrica, Anne-Marie Moutsinga, Anthea, Anthony, Anthony McLean, Anthony T Gitonga, Antoinette Morales, Ardy Roberto, Ariane Ross, Arnold Ardian, B Cassandra Thornton, Babou Srinivasan, Ban Huat, Barb Giglio, Barbie Buckner, Barry Cameron, Bart Looper, Becca, Becca Chen, Becky Laswell, Belinda Hurt, Ben Dawe, Beth Hovekamp, Bethany, Bethany Godwin, Betty, Bev A, Bill Fix, Bill Spinks, Billy Hawkins, Binish, Bob Garbett, Bob Gio, Bob Starkey, Bobbie Nelson, Bobby Capps, Bobby Robson, Bobby Rosa, Brad Cork, Brandon Best, Brandon Byler, Brandon Reed, Brenda Ballard, Brenda McGinnis, Brenton Chomel, Brett Rachel, Brian, Brian Heagle, Brian Jones, Brian Tkatch, Bridget Haymond, Brit, Brittany Turner, Bruce Baker, Bruce Carden, Bryon Ownby, Bud Louse, Buddy, Burdette Rosendale, C Hannan, Caleb Gallifant, Caleb Irmler, Candace Sargent, Carina Dizon, Carl Boniface, Carla Conrad, Carlos Velasquez, Carol Shannon, Carol Shore-Nye, Carolann Jacobs, Carolyn De Jesus, Carolyn Moosvi, Cassandra, Cassie, Cathie Heath, Cathy Kilpatrick, Cathy Welch, Catie Perschke, Catrin Henslee, Chad Payne, Chadwick Wilkerson, Char McAllister, Charlene Hatton, Charles Chung, Charles Coachman, Charles D Martin, Charlie Kentnor, Charlotte, Cheryl, Cheryl Lohner, Cheryl Navaroli, Chew Keng Sheng, Chia Hui Ling, Chike Ekwueme,

Chin M C, Christopher B Carrera, Christy Moosa, Chuck Bernal, Chuck Branch, Chut Aleer Deng, Cindy Carreno, Cindy Fisher, Clancy Cross, Clint Neill, Colin Tomlin, Connie Bergeron, Connie Cavender, Connie Martinez, Cora, Craig, Crystal, Curtis, Curtis Howe, Cyndi Toombs, Cynthia Wesley, Cynthia Zhai, D Jonelle Cousins, D Mann, Dagny Griffin, Daina House, Dale Hart, Dan, Dan Black, Dan Dutrow, Dan Fishbeck, Dan H, Dan Holke, Dana Hayes, Dana Henson, Daniel J Larsen, Daniel Schultz, Daniel Tillman, Daniel Ukpore, Danita Sanders, Danny Anderson, Danny L Smith, Danny Simon, Darrell Irwin, Darren, Darret King, Dave Findlay, Dave Pond, Dave Ramage, Dave Wheeler, Dave Williamson, David Dalka, David Kosberg, David Ligon, David Quach, David Seow, David Seow Sin Khaing, David Tally, Davis B Ochieng, Dawncheri Farrell, Dawnena Rodriguez, Deanne Tillman, Deb, Deb Ingino, Debbie, Debbie Reno, Debora McLaughlin, Debra Steeves, Deeleea, Delbert Ray, Dema Barishnikov, Demetric Phillips, Dennis Chavez, Detra Trueheart, Dewey Esquinance, Dhes Guevarra, Diana Dominguez, Diane, Diane Neff, Diane Stortz, Dominick Stanley, Donna McMeredith, Donna Reavis, Dorina Goetz, Doug Dickerson, Doug Jenkins, Doug Renze, Doug Wilson, Duke Brekhus, Dwayne Hutchings, E J Williams, Earl Waud, Ed Backell, Ed Higgins, Ed Hird, Ed Lopez, Edison Choong, Edith Fragoso de Weyand, Edwin Sarmiento, Elisha Velasco, Elizabeth Ann Yoder, Elizabeth Cottrell, Ellen Bunch, Emily, Emmanuel Eliason, Emran Bhojawala, Ericka Towe, Erin Shell Anthony, Erin Wilcynski, Esele Akhabue, Essy Eisen, Fasanya Adeola, Femi Fortune-Idowu, Folayemi Oyedele, Fradel Barber, Fran, Fran Foreman, Franisz Ginting, Freddy Villareal, Gail McKenzie, Gareth Stead, Gary, Gary Acosta, Gary Haist, Geoffory Anderson, George Dean, George Johnson, George Thimiou, Gerald, Gerald Leonard, Gerald Weathers, Gerry Carrillo, Giaco Higashi, Gilson Cesar Geraldo, Gina Brady, Gloria, Goran Ogar, Grace Bower, Graham, Grant Higgins, Greg Kell, Greg Lubben, Greg Schaffer, Gus, Hank Dagher, Hans Schiefelbein, Heidi Kraft, Helen McCutchen, Henry Will, Henry Yap, Hershel Kreis, Hope Hammond, Htaik Seng, Hydee Miguel VanHook, Intan Jingga, Irfan Simanjuntak, Isabelle Alpert, Ita Imelda, J Bruce Hinton, J Jayson Pagan, J Pinheiro, J R Agosto, J R Davis, Jack Sparling, Jackie Mendez, Jaco Junior, Jacqueline, Jacqueline Campbell, Jacques Fortin, Jake Sledge,

James Higginbotham, James M Leath II, James Masimer, James Ost, James Richardson, Jana, Janet Cowan, Janet George, Janine Murray, Jasman Hazly, Jason Glenn, Jason Goss, Jason R Morford, Jason Vreeman, Jasz, Jay Benfield, Jay Stancil, Jeanne Goldman, Jeff Engebose, Jeff Hartley, Jeff Pinkleton, Jenni Baier, Jennie, Jennifer, Jennifer L McCarty, Jennifer Miskov, Jennifer Schwilling, Jennifer Wideman, Jennifer Williams, Jenniffer Vielman-Vasquez, Jeremiah Nyachuru, Jerry Stirpe, Jesse Giglio, Jesse Smith, Jill Beckstedt, Jill Wilberger, Jim Chandler, Jim Ericson, Jim Gore, Jim Johnston, Jim Smith, Jim Thompson, Jimmy Baughcum, Joan Charron, Joanna Holman, Joanna Jayaprakash, Joanne Maly, Jocelyn E Frasier, Jody A Smith, Joe St Germain, Joe Tipton, Joe Windham, Joel Dobbs, Joey Colasito, John Cattani, John Colyer, John Davison, John Gallagher, John Love, John Marker, John O'Donnell, John Sanabria, John See, John Vaprezsan, Johnny Benavides, Johnson Obamehinti, Johnson Tey, Jon M, Jon Rapusas, Jonathan Sutton, Jonell Hermanson, Jose Franco, Jose M Pujol Hernandez, Joseph DeVenuto, Joseph Garibay, Joseph Marler, Joseph T Duvall, Joseph V Morrone Jr, Joshua Robbins, Joshua Wulf, Joy Holder, Joy Lee, Joyce, Joyce McMurran, Jozel Jerez, Jr Davis, Judy, Judy Camp, Judy Fossgreen, Judy Montgomery, Judy White, Juli Thompson, Julia, Jun S, June Paul, Justin, Justin Joiner, Justin Westcott, Karen, Karen Krogh Christensen, Kasaandra Roache, Katherina H, Kathleen Bankole, Kathy, Kathy Gerstorff, Kathy Nicholls, Kathy Nygaard, Kayode Ejodame, Keith, Keith Brown, Kelley Burns, Ken Anderson, Ken Karpay, Kendra St John, Kent Sanders, Keri Jaehnig, Kerry Atherton, Kevin Beasley, Kevin Card, Kevin Friedman, Kevin Leochko, Kevin Phillips, Kiera Roberto, Kim, Kim Andrews, Kim Kumar, Kimberly Tucker, Krissie Goetz, Kriszel Torres, Kunruthai, Kurt, Kurt Billups, Kyle Prisock, LaCinda, LaFern Batie, Lanny Donoho, Larry Baxter, Larry H, Larry Lanier, Larry Phillips, Lars Ray, Laura Morlando, Laura Nelson, Laura Surovik, Laura Wilkett, Laurie Akau, Laurinda, Laverne, Laverne Lai, Lea Carey, Leann Seehusen, Leonor, Lepang Ferguson, Les Stobbe, Leslie Hulbert, Lew, Lillian Ruiz, Lily Trainor, Linda G Smith, Linda Lister Reinhardt, Lindsay Fawcett, Lindsey Sparks, Lis Maxwell, Lisa Hale, Lisa Kovalchik, Lisa R Combs, Lisa Simmon, Lisa Thorne, Lisa Youngblood, Liza Schwartz, Lois, Lois Mwende, Lokesh S, Lonnie, Lorenzo McGrew, Lori Maas, Lori Mode,

PRÓLOGO

Lucas Nel, Lucia Diaz, Lucinda, Luis Fernando Rodriguez Patiño, Lydia Dross, Lydia Maria Gonzalez Dross, Lyn, Lynn Imperiale, M Jason Rump, MacNeal, Madhan, Mai Vu, Malachi O'Brien, Manraj Dhillon, Marc Hopkins, Marc Millan, Marcelo J Paillalef, Marcia, Marcia Neel, Marcos Gaser, Margret Howard, Mariam Bederu, Mariana, Maribeth Hickman, Maribeth Kuzmeski, Marie, Marie Clark, Marie Ruth, Marietjie Steyn, Mariette van Aswegen, Marissa Briones, Mark, Mark Clark, Mark Patrick Brooker, Mark Ralls, Markie Story, Marlene L Balingit, Marshal Ausberry Sr, Martha Castillo, Martha Klein, Martin Gonzalez, Martin Press, Martin Thong, Marvin Penick, Marvin Quianzon, Mary Angelica Reginaldo, Mary Ballard, Mary Martinez, Mary Moh, Mary Toby Ballard, Mary West, MaryAnne, Maryjane Zavala Padron, Maswache, Matt Gaylor, Matthew Mattmiller, Maureen Craig McIntosh, Maureen Sherman, Maurice, Mauro Pennacchia, Mayowa, Mekru Bekele, Melanie Ray, Melissa Albers, Melissa M Frank, Melonie Curry, Metamor4sis, Michael, Michael Barnes, Michael C Tolentino, Michael Craig, Michael Hall, Michael Harrison, Michael Ray, Michael Shuffield, Michelle Pack, Michelle Swallow, Mike Driggers, Mike Henderson, Mike Otis, Mike Parker, Mike Torrey, Mikhaila David, Milton Solorzano, MinistryGeek, Miranda Martin, Miss C, Misty Phillips, Mohnish Bahl, Moises Mendez, Mollie Marti, Monica, Monica Allen, Morten Jacob Sander Andersen, Mr White, Munish Varma, Musho, N C Walker, Nacir Coronado, Nate Manthey, Naw Annabelle, Neil Atiga, Nicholas McDonald, Nicholas Yannacopoulos, Nicole Wyatt, Nigel J Wall, Nina Roach, Nivine Zakhari, Noel Powell, Nona W Kumah, Noni Kaufman, Ogunsakin Adeyemi, Olufunmike Nasiru, Opatola Olufolarin, P Waterman, Patricia, Patrick L Holder, Patty, Paul, Paul Kandavalli, Paul T, Paulas Panday, Pearlene Harris, People-power, Perry Holley, Pete Krostag, Peter Bishop, Peter G James Sinclair, Peter H, Peter Lee, Peter Nyagah, Petie Huffman, Phil, Phil Holberton, Phil Winn, Philip TFL, Pia, Pinkan Chrisnindia, Piya Medakkar, Polly, Polly Scott, Preston Lawrence, R Burt, R Lynn Lane, R. Moreno, Rachel Bentham, Rachel Setzer, Rachel Shultz, Ralph Guzman, Rambu Elyn Kaborang, Randy Griffin, Raul de la Rosa, Ravi Butalia, Ray McKay Hardee, Raymond Figaro, Raymond Master, Raymond R Brown, Regina Stradford, Rena Williams, Renata Mandia, Rene Jones, Renee Rivera, Renu, Rhonda, Rhonda Baker, Rhonda Thomas,

Rhonda York, Richard, Richard Bankert, Richard Boothby, Richard H, Richard Whitehead, Rick, Rick Alanis Jr, Rick Brown, Rick Clack, Rick Costa, Rick Nelson, Rick Pollen, Rick Santiago, Rick Shafer, Ricky, Rita Diba, Robby, Robert Carey, Robert Ferguson, Robert Keen, Robert Nicholson, Robert Zullo, Robin Arnold, Robin Ley, Robin McCoy, Robin Willis, Rodney Stewart, Roger, Rolando Cubero Monge, Ron, Ron Pantoja, Ronnie, Roscoe Thompson, Rosemary Medel, Rowantre, Roy Gibon, Ruben Perez Bustamante, Russell Wright, Rusty Williams, Ruth Demitroff, Ruth Post, Ryan, Ryan Carruthers, Ryan Ladner, Ryan Maraziti, Ryan Tongs, S R Smith, Salman Yazdani, Sam Buchmeyer, Sam McDowell, Samantha, Sandi Benz, Sandie, Sandra Crosson, Sandra Kendell, Sandy Gorman, Sara Canaday, Sarah Doggett, Satinder Manju, Scott A Houchins, Scott Melson, Scott Nichols, Sean Willard, Selma Collier, Septi Suwandi Putra, Shalini, Shantanu Kulkarni, Shari, Shari Berry, Sharon, Sharon Smith, Sharon Tindell, Sharri Tiner, Shawn Ebaugh, Shawn Francis, Shawn Villalovos, Shelley Quiñones, Sheryl, Shiketa, Shiketa Morgan, Shireen, Shirley de Rose, Shyju, Simeone, Simon Herbert, Simone N Riley, Snovia M Slater, Sohail Pirzada, Sohan, Srikrishna, Stacey Lyn Butterfield, Stacey Morgan, Stenovia Curry, Steph, Stephanie, Stephanie Cruz, Stephanie Eagle, Stephany Hanshaw, Steve, Steve McMahan, Steve Payne, Steven Hiscoe, Subu Musti, Sue Cartun, Sue Duffield, Sumesh, Sun Yi Scott, Sunnie Templeton, Susan Davis, Susan Wright-Boucher, Suuprmansd, Suzanne Caldeira, T, Tamella Davies, Tami Rush, Tammie Dobson, Tanja van Zyl, Tara Lancaster, Tara Turkington, Ted Oatts, Teresita Vigan, Teri Aulph, Terri Trapp, Terry, Terry D Smith, Terry McReath, Terry Smith, Tes Casin, Theresia Halim, Thomas Kinsfather, Thomas Nyaruwata, Thomas Watson, Tiffany Wright, Tim Buttrey, Tim Skinner, Timothy, Timothy Teasdale, TJ Ermitaño, Tobi Lytle, Tochi, Tom Chereck Jr, Tom Cocklereece, Tom Martin, Tom McCrea, Tony L Jones, Tracy Hunter, Tran Bao Hung, Trudy Metzger, Twyla Allen, Val, Vera L E Archilla, Vicki, Vicki Znavor, Vickie, Vixon, VoNi Deon, Vskumar, W Dwight Kelly, Wade Sadlier, Wade Thompson, Waldemar Smit, Walt Kean, Wanda, Warren Blake, Wendi Weir, Wennie Comision, William Eickhoff, Wylie Rhinehart Jr, Yousuf Siddiqui, Yvette Kinley, Yvonne Green, Zeina.

Notas

Capítulo 1

1. "Welcome to the Age of Communications", Elway Research, Inc., http://www.elwayresearch.com, acessado em 21 de outubro de 2008.
2. Matthias R. Mehl et al, "Are Women Really More Talkative Than Men?" *Science*, 6 de julho de 2007, 82, http://www.sciencemag.org/cgi/content/full/317/5834/82, acessado em 11 de novembro de 2008.
3. Citado em G. Michael Campbell, *Bulletproof Presentations* (Franklin Lakes, NJ: Career Press, 2002), p. 7.
4. John Baldoni, *Great Communication Secrets of Great Leaders* (Nova York: McGraw-Hill, 2003), p. xv–xvi.
5. Bert Decker, "The Top Ten Best (and Worst) Communicators of 2008", *Decker Blog*, http://www.bertdecker.com/experience/2008/12/top-tenbest-and-worst-communicators-of-2008.html, acessado em 6 de janeiro de 2009.
6. Tom Martin, comentário no blog, 10 de setembro de 2009, http://johnmaxwellonleadership.com/2009/08/31/connecting-increases your-influence-inevery-situation/#comments.

7. Cassandra Washington, comentário no *blog*, 13 de setembro de 2009, http://johnmaxwellonleadership.com/2009/08/31/connecting-increases-yourinfluence-in-every-situation/#comments.

8. Lindsay Fawcett, comentário no *blog*, 1º de setembro de 2009, http://johnmaxwellonleadership.com/2009/08/31/connecting-increases-your-influence-in-every-situation/#comments.

9. Jennifer Williams, 31 de agosto de 2009, http://johnmaxwellonleadership.com/2009/08/31/connecting-increases-your-influence-in-every-situation/#comments.

10. Al Getler, 10 de setembro de 2009, http://johnmaxwellonleadership.com/2009/08/31/connecting-increases-your-influence-in-every-situation/#comments.

11. Jay Hall, "To Achieve or Not: The Manager's Choice", adaptado do *California Management Review*, vol. 18, nº 4, 5–18, http://theraffettogroup.com/To%20Achieve%20or%20Not.pdf, acessado em 21 de setembro de 2009.

12. Cathy Welch, 1º de setembro de 2009, http://johnmaxwellonleadership.com/2009/08/31/connecting-increases-yourinfluence-in-every-situation/#comments.

Capítulo 2

1. Isabelle Alpert, comentário no *blog*, 14 de setembro de 2009, http://johnmaxwellonleadership.com/2009/09/13/connecting-is-all-about-others/#comments.

2. Barb Giglio, comentário no *blog*, 14 de setembro de 2009, http://johnmaxwellonleadership.com/2009/09/13/connecting-is-all-about-others/#comments.

3. Gail McKenzie, comentário no *blog*, 14 de setembro de 2009, http://johnmaxwellonleadership.com/2009/09/13/connecting-is-all-about-others/#comments.

4. Joel Dobbs, comentário no blog, 15 de setembro de 2009, http://johnmaxwellonleadership.com/2009/09/13/connecting-is-all-about-others/#comments.
5. Pete Krostag, comentário no blog, 20 de setembro de 2009, http://johnmaxwellonleadership.com/2009/09/13/connecting-is-all-about-others/#comments.
6. Michael V. Hernandez, "Restating Implied, Perspective and Statutory Easements", *Real Property, Probate and Trust Journal* (American Bar Association, Spring 2005), citado em in *May It Please the Court*, http://www.mayitpleasethecourt.com/journal.asp?blogID=898, acessado em 20 de novembro de 2008.
7. Calvin Miller, *The Empowered Communicator: 7 Keys to Unlocking an Audience* (Nashville: Broadman & Holman, 1994), p. 42.
8. Atribuído a Joann C. Jones, *All Great Quotes*, http://www.allgreatquotes.com/graduation_quotes.shtml, acessado em 8 de dezembro de 2008.
9. Bridget Haymond, comentário no blog, 15 de setembro de 2009, http://johnmaxwellonleadership.com/2009/09/13/connecting-is-all-about-others/#comments.
10. Chew Keng Sheng, comentário no blog, 19 de setembro de 2009, http://johnmaxwellonleadership.com/2009/09/13/connecting-is-all-about-others/#comments.
11. "Peter Irvine and Nabi Saleh: The Glory of the Bean", *Wealth Creator*, janeiro/fevereiro 2006, http://www.wealthcreator.com.au/peter-irvine-nabi-saleh-gloria-jeans.html, acessado em 5 de janeiro de 2009.
12. Ibid.
13. "Lessons from Top Entrepreneurs: Cup of Re-charge Juice", *Smart Company*, 8 de janeiro de 2008, http://www.smartcompany.com.au/Features/Lessons-from-Top-Entrepreneurs/20071211-Cup-of-re-charge-juice.html, acessado em 5 de janeiro de 2009.
14. "Gloria Jean's Coffees International", Gloria Jean's Coffees, http://www.gloriajeanscoffees.com.au/pages/content.asp?pid=77, acessado em 13 de janeiro de 2009.

15. "Peter Irvine and Nabi Saleh: The Glory of the Bean", *Wealth Creator*, janeiro/fevereiro 2006, http://www.wealthcreator.com.au/peter-irvine-nabi-saleh-gloria-jeans.htm, acessado em 5 de janeiro de 2009.
16. Laura Surovik, comentário no *blog*, 18 de setembro de 2009, http://johnmaxwellonleadership.com/2009/09/13/connecting-is-all-about-others/#comments.
17. Calvin Miller, *The Empowered Communicator* (Nashville: Broadman & Holman, 1994), p. 12.
18. Jerry Weissman, *Presenting to Win: The Art of Telling Your Story* (Upper Saddle River, NJ: FT Press, 2008), p. 7.
19. Emran Bhojawala, comentário no *blog*, 16 de setembro de 2009, http://johnmaxwellonleadership.com/2009/09/13/connecting-is-all-about-others/#comments.
20. Mike Otis, comentário no *blog*, 20 de setembro de 2009, http://johnmaxwellonleadership.com/2009/09/13/connecting-is-all-about-others/#comments.

Capítulo 3

1. "Silent Messages — A Wealth of Information About Nonverbal Communication (BodyLanguage)." http://www.kaaj.com/psych/smorder.html, acessado em 16 de dezembro de 2008.
2. Sonya Hamlin, *How to Talk So People Listen* (Nova York: Collins Business, 2005), p. 59.
3. Ibid., 11.
4. John Love, comentário no *blog*, 21 de setembro de 2009, http://johnmaxwellonleadership.com/2009/09/20/connecting-goes-beyond-words/#comments.
5. Sue Duffield, comentário no *blog*, 27 de setembro de 2009, http://johnmaxwellonleadership.com/2009/09/20/connecting-goes-beyond-words/#comments.

6. Fonte desconhecida.
7. Steven Hiscoe, comentário no blog, 21 de setembro de 2009, http://johnmaxwellonleadership.com/2009/09/20/connecting-goes-beyond-words/#comments.
8. Hershel Kreis, comentário no blog, 22 de setembro de 2009, http://johnmaxwellonleadership.com/2009/09/20/connecting-goes-beyond-words/#comments.
9. J. Jayson Pagan, comentário no blog, 23 de setembro de 2009, http://johnmaxwellonleadership.com/2009/09/20/connecting-goes-beyond-words/#comments.

Capítulo 4

1. Susan RoAne, "Chapter Four: Visibility Value", www.susanroane.com/books_tapes/booksecretschap4.html, acessado em 19 de janeiro de 2010.
2. Laurinda Bellinger, comentário no blog, 4 de outubro de 2009, http://johnmaxwellonleadership.com/2009/09/27/connecting-always-requires-energy/#comments.
3. Simon Herbert, comentário no blog, 28 de setembro de 2009, http://johnmaxwellonleadership.com/2009/09/27/connecting-always-requires-energy/#comments.
4. Lisa Thorne, comentário no blog, 28 de setembro de 2009, http://johnmaxwellonleadership.com/2009/09/27/connecting-always-requires-energy/#comments.
5. Trudy Metzger, comentário no blog, 28 de setembro de 2009, http://johnmaxwellonleadership.com/2009/09/27/connecting-always-requires-energy/#comments.
6. Ed Higgins, comentário no blog, 4 de outubro de 2009, http://johnmaxwellonleadership.com/2009/09/27/connecting-always-require-energy/#comments.

7. José Manuel Pujol Hernández, comentário no blog, 3 de outubro de 2009, http://johnmaxwellonleadership.com/2009/09/27/connecting-always-requires-energy/#comments.
8. Anne Cooper Ready, Off the Cuff: What to Say at a Moment's Notice (Franklin Lakes, NJ: Career Press, 2004), p. 19.
9. Ryan Schleisman, comentário no blog, 29 de setembro de 2009, http://johnmaxwellonleadership.com/2009/09/27/connecting-always-requires-energy/#comments.
10. Clancy Cross, comentário no blog, 3 de outubro de 2009, http://johnmaxwellonleadership.com/2009/09/27/connecting-always-requires-energy/#comments.

Capítulo 5

1. Lars Ray, comentário no blog, 5 de outubro de 2009, http://johnmaxwellonleadership.com/2009/10/04/connecting-is-more-skill-than-natural-talent/#comments.
2. Jesse Giglio, comentário no blog, 8 de outubro de 2009, http://johnmaxwellonleadership.com/2009/10/04/connecting-is-more-skill-than-natural-talent/#comments.
3. "The Evolution of George Michael" por Imaeyen Ibanga [Entrevista com Chris Cuomo], Good Morning America, 24 de julho de 2008, http://abcnews.go.com/GMA/SummerConcertstory?id=5432454&page=1.

Capítulo 6

1. Adaptado do Saturday Evening Post, maio/junho de 2006, p. 6.
2. Terry Felber, Am I Making Myself Clear? Secrets of the World's Greatest Communicators (Nashville: Thomas Nelson, 2002), p. 118–20.
3. Submetido por John Ross, Leadership, primavera de 1991.
4. Deb Ingino, comentário no blog, 18 de outubro de 2009, http://johnmaxwellonleadership.com/2009/10/11/connectors-connect-on-common-ground/#comments.

5. Citado por Franisz Ginging, comentário no blog, 16 de outubro de 2009, http://johnmaxwellonleadership.com/2009/10/11connectors-connect-on-common-ground/#comments.
6. D. Michael Abrashoff, It's Your Ship (Nova York: Warner Books, 2002), p. 55.
7. C. Hannan, comentário no blog, 18 de outubro de 2009, http://johnmaxwellonleadership.com/2009/10/11/connectors-connect-on-common-ground/#comments.
8. Jim Lundy, Lead, Follow, or Get out of the Way (Nova York: Berkley Books, 1986), p. 5.
9. Ibid, 50.
10. Hans Schiefelbein, comentário no blog, 18 de outubro de 2009, http://johnmaxwellonleadership.com/2009/10/11/connectors-connect-on-common-ground/#comments.
11. Duke Brekhus, comentário no blog, 14 de outubro de 2009, http://johnmaxwellonleadership.com/2009/10/11/connectors-connect-on-common-ground/#comments.
12. *Webster's New World Dictionary of American English*, Third College Edition (Nova York: Webster's New World, 1991).
13. Michelle Pack, comentário no blog, 13 de outubro de 2009, http://johnmaxwellonleadership.com/2009/10/11/connectors-connect-on-common-ground/#comments.
14. Grace Bower, e-mail pessoal de 21 de outubro de 2009.
15. Citado em Pat Williams, *American Scandal* (Treasure House, 2003), p. 230–31.
16. Joel Dobbs, comentário no blog, 17 de outubro de 2009, http://johnmaxwellonleadership.com/2009/10/11/connectors-connect-on-common-ground/#comments.

Capítulo 7

1. Ronnie Ding, comentário no blog, 19 de outubro de 2009, http://johnmaxwellonleadership.com/2009/10/18/connectors-do-the-difficult-work-of-keeping-it-simple/#comments.

2. Sue Cartun, comentário no blog, 19 de outubro de 2009, http://johnmaxwellonleadership.com/2009/10/18/connectors-do-the-difficult-work-of-keeping-it-simple/#comments.
3. "Engrish? Bad English Translations on International Signs", http://www.joe-ks.com/Engrish.htm, acessado em 16 de março de 2009.
4. Janet George, comentário no blog, 25 de outubro de 2009, http://johnmaxwellonleadership.com/2009/10/18/connectors-do-the-difficult-work-of keepingit-simple/#comments.
5. *Harvard Business Review*, 1989.
6. Ann Cooper Ready, *Off the Cuff* (Franklin Lakes, NJ: Career Press, 2004), p. 66.

Capítulo 8

1. Lars Ray, comentário no blog, 26 de outubro de 2009, http://johnmaxwellonleadership.com/2009/10/26/connectors-create-an-experience-everyone-enjoys/#comments.
2. Joseph Marler, comentário no blog, 26 de outubro de 2009, http://johnmaxwellonleadership.com/2009/10/26/connectors-create-an-experience-everyone-enjoys/#comments.
3. Robert Keen, comentário no blog, 26 de outubro de 2009, http://johnmaxwellonleadership.com/2009/10/26/connectors-create-an-experience-everyone-enjoys/#comments.
4. Jeff Roberts, comentário no blog, 1º de novembro de 2009, http://johnmaxwellonleadership.com/2009/10/26/connectors-create-an-experience-everyone-enjoys/#comments.
5. Provérbios 17:22.
6. Nancy Beach, *Celebration of Hope*, parte 1, Willow Creek Resources, 20/4/2008.
7. Duke Brekhus, comentário no blog, 27 de outubro de 2009, http://johnmaxwellonleadership.com/2009/10/26/connectors-create-an-experience-everyone-enjoys/#comments.

8. Candace Sargent, comentário no blog, 1º de novembro de 2009, 27 de outubro de 2009, http://johnmaxwellonleadership.com/2009/10/26/connectors-create-an-experience-everyone-enjoys/#comments.
9. Billy Hawkins, comentário no blog, 30 de outubro de 2009, 27 de outubro de 2009, http://johnmaxwellonleadership.com/2009/10/26/connectors-create-an-experience-everyone-enjoys/#comments.

Capítulo 9

1. NY Journal-American 9 de março de 1954, citado em Simpson's Contemporary Quotations, compilado por James B. Simpson, 1988, Bartleby.com, http://www.bartleby.com/63/34/4634.html, acessado em 30 de março de 2009.
2. Lea Carey, comentário no blog, 8 de novembro de 2009, http://johnmaxwellonleadership.com/2009/11/02/connectors-inspire-people/#comments.
3. Adam Henry, comentário no blog, 5 de novembro de 2009, http://johnmaxwellonleadership.com/2009/11/02/connectors-inspire-people/#comments.
4. Jacques Fortin, comentário no blog, 5 de novembro de 2009, http://johnmaxwellonleadership.com/2009/11/02/connectors-inspire-people/#comments.
5. Bart Looper, comentário no blog, 6 de novembro de 2009, http://johnmaxwellonleadership.com/2009/11/02/connectors-inspire-people/#comments.
6. Doug Wilson, comentário no blog, 2 de novembro de 2009, http://johnmaxwellonleadership.com/2009/11/02/connectors-inspire-people/#comments.
7. Larry Phillips, comentário no blog, 3 de novembro de 2009, http://johnmaxwellonleadership.com/2009/11/02/connectors-inspire-people/#comments.

8. Brad Cork, comentário no blog, 2 de novembro de 2009, http://johnmaxwellonleadership.com/2009/11/02/connectors-inspire-people/#comments.
9. Joyce McMurran, comentário no blog, 8 de novembro de 2009, http://johnmaxwellonleadership.com/2009/11/02/connectors-inspire-people/#comments.
10. Jerry Weissman, *Presenting to Win: The Art of Telling Your Story*, Edição expandida e atualizada (Upper Saddle River, NJ: Financial Times Press, 2009), p. xxvi–xxvii.
11. Maribeth Hickman, comentário no blog, 5 de novembro de 2009, http://johnmaxwellonleadership.com/2009/11/02/connectors-inspire-people/#comments.
12. Raymond Master, comentário no blog, 8 de novembro de 2009, http://johnmaxwellonleadership.com/2009/11/02/connectors-inspire-people/#comments.

Capítulo 10

1. Carl M. Cannon, "Ten Reasons Why Obama Won", Reader'sDigest.com, 5 de novembro de 2008, http://www.rd.com/blogs/loose-cannon/ten-reasons-why-obama-won/post7386.html, acessado em 3 de abril de 2009.
2. Brett Rachel, comentário no blog, 15 de novembro de 2009, http://johnmaxwellonleadership.com/2009/11/09/connectors-live-what-they-communicate/#comments.
3. Ray McKay Hardee, comentário no blog, 15 de novembro de 2009, http://johnmaxwellonleadership.com/2009/11/09/connectors-live-what-they-communicate/#comments.
4. Lindsay Fawcett, comentário no blog, 15 de novembro de 2009, http://johnmaxwellonleadership.com/2009/11/09/connectors-live-what-they-communicate/#comments.

5. Adam Jones, comentário no blog, 9 de novembro de 2009, http://johnmaxwellonleadership.com/2009/11/09/connectors-live-what-they-communicate/#comments.
6. Roger, comentário no blog, 15 de novembro de 2009, http://johnmaxwellonleadership.com/2009/11/09/connectors-live-what-they-communicate/#comments.
7. Bob Garbett, comentário no blog, 9 de novembro de 2009, http://johnmaxwellonleadership.com/2009/11/09/connectors-live-what-they-communicate/#comments.
8. Greg Schaffer, comentário no blog, 8 de novembro de 2009, http://johnmaxwellonleadership.com/2009/11/02/connectors-inspire-people/#comments.
9. Bethany Godwin, comentário no blog, 15 de novembro de 2009, http://johnmaxwellonleadership.com/2009/11/09/connectors-live-what-they-communicate/#comments.

CONCLUSÃO

1. Êxodo 2:11-14.
2. Êxodo 3:11.
3. Êxodo 4:10,13.

Este livro foi composto em joana 12/15 e impresso
pela Vozes sobre papel pólen natural $70g/m^2$
para a Thomas Nelson Brasil em 2022.